연봉 앞자리를 바꾸는

개발자
기술 면접
노트

개정판

개발자 기술 면접 노트 개정판

20년 차 카카오 면접관의 빅테크 기업 취업/이직 가이드

초판 1쇄 발행 2024년 3월 25일
개정판 1쇄 발행 2025년 4월 7일

지은이 이남희 / **펴낸이** 전태호
펴낸곳 한빛미디어(주) / **주소** 서울시 서대문구 연희로2길 62 한빛미디어(주) IT출판2부
전화 02-325-5544 / **팩스** 02-336-7124
등록 1999년 6월 24일 제25100-2017-000058호 / **ISBN** 979-11-6921-367-7 93000

책임편집 홍성신 / **기획·편집** 박혜원
디자인 표지 박정우 내지 최연희 / **전산편집** 다인
영업마케팅 송경석, 김형진, 장경환, 조유미, 한종진, 이행은, 김선아, 고광일, 성화정, 김한솔 / **제작** 박성우, 김정우

이 책에 대한 의견이나 오탈자 및 잘못된 내용은 출판사 홈페이지나 아래 이메일로 알려주십시오.
파본은 구매처에서 교환하실 수 있습니다. 책값은 뒤표지에 표시되어 있습니다.

한빛미디어 홈페이지 www.hanbit.co.kr / 이메일 ask@hanbit.co.kr

Published by HANBIT Media, Inc. Printed in Korea
Copyright © 2025 이남희 & HANBIT Media, Inc.
이 책의 저작권은 이남희와 한빛미디어(주)에 있습니다.
저작권법에 의해 보호를 받는 저작물이므로 무단 복제 및 무단 전재를 금합니다.

지금 하지 않으면 할 수 없는 일이 있습니다.
책으로 펴내고 싶은 아이디어나 원고를 메일(writer@hanbit.co.kr)로 보내주세요.
한빛미디어(주)는 여러분의 소중한 경험과 지식을 기다리고 있습니다.

연봉 앞자리를 바꾸는
개발자 기술 면접 노트
개정판

TECH INTERVIEW NOTE
FOR DEVELOPERS

20년 차 카카오 면접관의
빅테크 기업
취업/이직 가이드

이남희 지음

한빛미디어

> 서문

새로운 출발을 앞두고 있는 개발자들을 위해

수년간 면접관으로 서류 검토와 면접에 참여하면서 역량이 충분한 지원자들이 탈락의 고배를 마시는 순간을 많이 보았습니다. 어떤 지원자는 면접이 끝난 후 탈락을 직감했는지 질문 시간에 '무엇을 공부해야 할지 모르겠다'며 고민을 털어놓은 적도 있었습니다. 상위권 대학을 졸업한 것은 물론 대기업 출신이었음에도 커리어 패스와 공부 방향의 갈피를 못 잡고 있었고, 이런 고민들을 계속 접하게 되면서 '도움을 주고 싶다'라는 마음이 커졌습니다.

마침 꽤 오래 면접관으로 있으며 자료를 모아놓았고 이 자료들을 정리하면 취업을 위한 안내서로 활용될 수 있을 것이라 판단했습니다. 열정을 갖고 개발을 하는 이들이나 역량을 갖추었으나 무엇을 해야 할지 몰라 헤매는 이들이 자신의 기량을 제대로 펼쳐 원하는 커리어를 밟아가길 바라며 이 책을 썼습니다.

서류 작성과 포트폴리오 준비, 기술 면접을 대비해 알아야 할 내용, 인성 면접에 어떤 마음가짐으로 임해야 하는지 등을 면접관이자 개발자로서의 경험과 주변의 조언, 면밀한 자료 조사 등을 통해 정리했습니다.

일단 서류에서는 본인이 걸어온 길을 잘 드러내는 것은 당연하고 지원자의 세세한 능력과 노력을 잘 알아보도록 흔적을 곳곳에 남겨야 합니다. 평범한 개발자라면 이 흔적을 어떤 방식으로 남겨야 할지 고민이 될 것입니다. 저 역시 중소기업에서 출발한 평범한 이력을 가지고 끊임없이 고민하며 시행착오를 겪었습니다. 그 과정에서 기술 벤더나 중소 규모의 SI 업체를 전전하거나 관련 프로젝트의 프리랜서를 하는 등 깔끔하지 못한 이력을 갖게 되었습니다.

이를 극복하기 위해 몇 년 동안 스터디, 개인 프로젝트, 오픈소스화할 수 있는 결과물들을 만들어내며 바쁜 주말을 보낼 수밖에 없었습니다. 그 결과 대형 커머스에 입사해 이전보다 훨씬 좋은 환경에서 좋은 동료들과 일하게 되었습니다. 그 동료들 덕에 크게 성장도 할 수 있었습니다. 이 책을 읽는 개발자, 혹은 개발직을 꿈꾸는 분들은 제 이력서보다 더 훌륭한 이력서를 완성할 수 있을 것이라 믿습니다.

개발 직군에게 면접은 본인이 공부하며 쌓은 지식을 검증하고 토론하는 시간입니다. 면접이라는 절차를 단순 질문과 답변 과정으로 생각할 수 있지만 지원자와 면접관의 기대치를 서로 충족한다면 토론의 장이 열리는, 즐거운 자리가 될 수도 있습니다. 이 과정에서 깊은 인사이트를 얻을 수도 있고 미처 몰랐거나, 알고 있다고 생각했는데 잘 설명할 수 없는 개념들을 회고하며 성장할 수 있는 기회가 될 것입니다.

기술 면접을 여러 번 봤다면 '더 잘 할 수 있었는데 아쉽다'라거나 '이번 면접은 정말 좋은 경험을 했다'라고 생각하는 경우도 많을 것입니다. '떨어지면 안 되는데', '꼭 입사해야 하는데'와 같은 생각은 부담감만 높여 제 실력을 발휘하기 어렵게 만듭니다. 열정을 가지고 도전하되 '떨어지더라도 훗날 더 중요한 면접에 도움이 될 거야'와 같은 긍정적이고 가벼운 마음으로 임했으면 합니다. 그래야 훨씬 좋은 경험으로 남을 수 있고 실력을 발휘하기도 쉬워질 것입니다. '이번 면접에서 최소한

서문

80퍼센트 이상은 대답을 하고 나오자'와 같은 단기 목표를 세워 준비하면 더욱 역량을 발휘할 수 있을 것입니다.

물론 이 책 중 상당 부분은 개인의 관점이 많이 담겨 있기도 하고, 주로 서버 개발자의 입장에서 기술한 측면도 있으므로 이 책을 무조건 '정답'이라고 여기지는 않았으면 합니다. 하지만 다양한 분야에 있는 지원자들에게 도움이 될 만한 광범위한 내용으로 채우려 노력했습니다. 면접은 정답이 여러 개인 경우도 있고 특히 인성 면접은 정답 없이 지원자의 특성이나 관점을 파악하려는 의도가 큽니다. 그래서 'A 질문의 답은 B입니다'를 알려주기보다는 이 질문이 어떤 의도이며, 어떤 방향으로 접근해야 하는지 큰 틀에서 시야를 밝혀주고자 했습니다.

독자의 생각과 다른 부분도 분명 존재할 것이고 일부 면접관이 요구하는 정답이 아닐 수도 있습니다. 다만 문제의 실마리를 푸는 접근 방법, 연차에 따라 어떤 지식을 공부하고 경험해야 하는지에 대한 길잡이로 활용해주었으면 합니다. 독자 여러분의 앞날에 도움이 되는 책이기를 기원합니다.

이남희

지은이 소개

이남희 villainscode@gmail.com

20년 차 개발자로 카카오에서 셀장, 파트장, 리더를 거쳐 현재는 평범한 서버 개발자로 근무하고 있다.

제약회사 전산실에서 첫 직장생활을 시작하여 WAS 기술 벤더에서 근무한 뒤, 꽤 오랜 시간 SI 업계에 몸담았다. 커머스, 통신, 전자 등 큰 프로젝트에서 서비스 도메인 개발과 애플리케이션 아키텍트로 일했다. 그러던 중 스터디 그룹을 꾸려 만든 오픈소스 프로덕트가 2012년도에 공개SW 개발자 대회에서 입상하게 되어, 이를 계기로 쿠팡에 입사하여 4년가량 주문/배송 시스템의 MSA 분리 개발, 여행 예약 서비스 개발 업무 등을 수행한 후 LF를 거쳐 카카오로 이직하였다.

개발 5년 차인 SI 업체에 있을 때부터 '일할 사람을 직접 뽑아달라'는 고객사의 요청으로 수많은 지원자의 서류 검토, 기술 면접 담당자로서 경험을 쌓았다. 특히 쿠팡에서는 신입사원과 경력사원 공채, 대규모 개발자 채용 파티 등의 행사를 직접 기획하고 참여했다. 이 경험으로 개발자 채용 관련 정책이나 기술 면접 등 채용 절차에 더욱 깊게 관여할 수 있었다.

현재는 카카오에서 신입사원 공채나 인턴, 경력직 면접관으로 참여하고 있으며 좋은 동료들과 함께 평범한 회사 생활을 하고 있는 개발자이다.

추천의 말

과거와 달리 요즘 IT 기업은 신입 개발자에게도 굉장히 많은 역량을 요구합니다. 따라서 보유한 지식을 면접관에게 전달하는 커뮤니케이션 능력, 즉 쌓아온 역량을 잘 표현할 수 있도록 평소에도 설득력 있게 말하는 습관은 매우 중요합니다. 또한 공부의 시작과 끝이 어딘지도 파악해야 하고 쏟아져 나오는 신기술을 어떻게 공부해야 할지 로드맵과 계획 수립도 신경 써야 합니다. 이 책은 이런 고민을 갖고 있는 분들을 위해 신입에게는 탄탄한 기본기를, 경력직에게는 지식의 빈 공간을 채워줄 수 있는 내용이 알차게 정리되어 있습니다.

저자의 오랜 경험에서 기반한 기본적인 CS 지식은 물론 포트폴리오, 코딩 테스트, 면접 팁 등 방대한 내용을 체계적으로 정리한, 저자의 끈기와 통찰력이 망라된 책입니다. 흔히들 말하는 '간절하면 탈락한다'라는 말의 의미를 다시금 생각해보면 좋겠습니다. 이 책을 읽은 독자들은 차근히 역량을 길러 반드시 성공적인 취업 또는 이직을 할 수 있을 것이라 확신합니다.

김은기 아마존웹서비스 코리아 Technical Account Manager

원하는 기술과 도메인을 경험할 수 있는 회사에 지원하기 전에 이 책이 제시하는 방향성을 참고해 목표를 설정하고 준비한다면 취업 혹은 이직 성공에 큰 도움이 될 것입니다. 개발자라면 누구나 고민해봤을 커리어 관리는 물론 규모가 큰 서비스 회사에서 필요로 하는 기술 역량인 대용량 데이터 처리 등 알찬 내용이 가득합니다. 따라서 효율적인 취업과 이직 준비, 커리어 관리를 고민하는 모든 분에게 적극 추천합니다.

박세우 11번가 전시서비스 개발팀 매니저

팬데믹 여파로 IT 업계가 크게 주목받았던 시기를 지나 이제는 혹한기라는 표현도 부족한 채용 불황의 시기입니다. 그만큼 기업들의 눈높이는 높아졌고 채용 공고는 줄어들었습니다. 회사에 잘 다니던 사람들조차 강제로 구직 시장으로 내몰리고 있습니다. 몇 년 전 이 책의 저자가 면접 평가를 마치고서 "어쩜 이리 답답하지?"라는 말을 했던 때가 기억합니다. 상위권 대학을 좋은 성적으로 졸업하고 대기업을 다녔음에도 커리어에 대한 자신감과 지식이 부족했던 면접자를 두고 한 이야기였습니다. 개발자에게 역량 강화에 쏟아붓는 노력만큼이나 중요한 것은 방향과 방법입니다.

이 책의 저자는 친절한 개인 멘토처럼 각 준비 단계마다 디테일한 해법을 제시하며 당신을 합격으로 이끌어줍니다. 급속도로 성장하는 회사에서 훌륭한 동료들과 함께 발전하는 꿈같은 일을 실현 가능한 목표로 만드는 방법을 제시합니다. 어려운 시기에 취업이나 이직을 준비하는 주니어뿐만 아니라 시니어 개발자에게도 이 책의 노하우가 큰 도움이 될 것입니다.

이승만 마이리얼트립 experience 개발팀장

이 책은 개발자가 기술 면접을 준비하는 데 필요한 모든 것을 제공합니다. 기본적인 이력서와 경력기술서 작성부터 코딩 테스트, 1차와 2차 면접 과정과 스킬을 친절히 안내합니다. 실제로 면접관이 하는 다양한 질문과 답변 예시를 통해 전략적으로 접근할 수 있습니다. 또한 간과하기 쉬운 소프트 스킬 가이드도 포함되어 있어서 큰 도움이 될 것입니다. 기술 면접 준비뿐만 아니라 지속적 성장을 바라는 개발자에게 커리어 길잡이로서도 훌륭한 책입니다.

김민구 LINE+ EC Search&Recommendation팀

추천의 말

개발자에게 가장 필요한 것은 나를 성장시켜주는 사람들을 만나는 것입니다. 주위에 본받을 만한 사람들이 있으면 자연스럽게 그들이 상황에 따라 어떤 행동과 대화를 하는지 지근거리에서 보고 듣고 배울 수 있습니다. 저는 운 좋게 주니어일 때 커뮤니티와 스터디를 통해 좋은 사람을 많이 만나 크게 성장할 수 있었습니다. 그중 한 명이 이 책의 저자인 이남희 파트장입니다. 약 13년 동안 함께하며 덕분에 소프트웨어 엔지니어가 가져야 할 기본적인 소양을 습득하고 좋은 회사를 알아보는 안목을 키울 수 있었습니다.

저 역시 현재 쿠팡에서 면접관으로 임하며 한국의 대다수 소프트웨어 엔지니어가 면접 스킬이 부족하고, 전반적인 준비 또한 미흡하다는 것을 직접 느끼고 있습니다. 반면 해외의 소프트웨어 엔지니어들은 면접 스킬을 늘리는 데 많은 시간을 할애하고 있으며 면접관인 제가 부족하다고 느낄 정도로 준비가 잘된 이들이 많습니다. 여러분도 이 책을 읽고 면접 능력을 키우는 데 많은 시간을 할애하면 꼭 좋은 결과가 있을 것입니다. 그리고 많은 IT 회사는 개발자, 특히 주니어를 채용할 때 잠재력을 많이 봅니다. 잠재력이란 지원자의 기본기(CS 지식)와 사고(문제 접근 방법), 그리고 열정(포트폴리오)입니다. 여러분들이 이 책을 자신의 잠재력을 높이는 데 활용한다면 좋은 결과가 있을 것입니다. 이 책이 소프트웨어 엔지니어를 시작하는 데 좋은 길라잡이가 되길 바랍니다.

최용은 쿠팡이츠 Purchase&Discovery Engineering팀 테크니컬 리더

경력 업그레이드를 위해 이직을 고려하는 이들에게 이 책이 든든한 선배이자 멘토가 되어줄 것입니다. 저자는 자신의 경험과 거기서 배운 교훈, 그리고 실무에서 얻은 깊은 인사이트를 공유함으로써 여러분이 꿈꾸는 회사로 한 걸음 더 다가갈 수 있게 도와줍니다. 이 책에서 알려주는 지식과 팁이 커리어 발전에 큰 도움이 될 것이라 확신합니다. 성공적인 이직을 진심으로 응원하면서 이 책을 강력히 추천합니다.

김선준 비마이프렌즈 시니어 백엔드 개발

개발자로서 첫 회사를 선택할 때의 막막함과 첫 이직을 준비할 때 기술 면접을 어떻게 대비해야 할지 몰라 인터넷에 질문 목록 같은 걸 애타게 검색했던 불안함이 기억납니다. 또한 열심히 일하며 여러 문제 해결을 해냈음에도 이력서와 면접에서 제대로 표현하지 못해 허무함이 밀려온 적도 많습니다. 저의 이런 10년 전 경험이 현재도 많은 개발자가 겪고 있는 고민임을 알고 무척 안타까웠습니다.

이 책은 이런 고민을 해결하기 위해 첫 취직을 앞둔 개발자부터 이직을 준비하는 경력 개발자까지 아우르는 면접에 관한 기술적인 노하우를 전합니다. 게다가 선배가 아끼는 후배에게 전하듯 커리어에 도움이 되는 내용을 깊이 있게 담아냈습니다. 이 책의 내용을 바탕으로 어떤 회사를 선택할지, 이력서 작성은 어떻게 할지, 커리어는 어떻게 관리할지 공부하고 준비한다면 면접 후 밀려오는 허무함은 더 이상 겪지 않을 것입니다. 대신 내가 무엇이 부족했고 어떻게 보강할지 배워 크게 성장하는 기회가 될 것입니다.

손지성 11번가 전시플랫폼 매니저

추천의 말

세심한 멘토가 멘티에게 전하듯 소규모 회사부터 빅테크 기업까지 취업과 이직 노하우를 정성스레 알려주는 책입니다. 마치 개발자의 라이프 사이클을 관리해주는 코칭 가이드북 같은 친절한 책입니다. IT 분야에 선배가 없어서 고민하는 개발자나 막연히 남들과 비슷한 진로를 선택한 후 커리어패스를 관리하는 데에 어려움을 겪는 이들에게 적극 추천합니다. 이 책에서 제시하는 방법을 단계별로 따라가다 보면 더 분명한 목표를 가지고 체계적인 계획을 세우고 실천하는 자신을 발견하게 될 겁니다.

신재근 나이키 코리아 소프트웨어 엔지니어

우리는 정보의 바다에서 살고 있습니다. 누구나 의지만 있다면 IT 기술을 경험하고 학습할 수 있습니다. 하지만 실무나 취업을 위한 IT 지식은 달라야 합니다. 짧은 시간 내에 앞으로 계속 함께할 동료를 판단해야 하는 면접에서는 좀 더 세밀한 관점에서 접근하는 경우가 많습니다. 이러한 관점은 직접 겪어보지 않으면 구직자 입장에서는 알기 어렵습니다. 그리고 지인이나 동료에게 기술 면접에 대해 논의하는 것도 부담스러울 수밖에 없습니다. 이 책은 서류 심사부터 기술 면접까지 구직자와 면접관 각각의 시선에서 세심하게 살펴보고 준비해야 할 것들을 짚어줍니다. 모든 일이 그렇듯 '은총알은 없지만(No Silver Bullet)' 이직을 고민하는 주니어 혹은 이직 경험이 적은 시니어라면 이 책이 마중물 역할을 해줄 것입니다.

한용희 두산디지털이노베이션 Cloud HR팀 수석

신입부터 경력직까지 모든 개발자를 위한 지침서가 나왔습니다. 취업, 경력 관리, 이직, 스터디, 개발 실무… 개발자라서 갖게 되는 고민과 불안을 해소할 수 있도록 저자의 다년간 경험을 바탕으로 실용적인 조언과 노하우를 제시합니다. 주변의 고민하는 개발자들에게 망설임 없이 추천해주고 싶은 책입니다. 이 책 『개발자 기술 면접 노트』는 커리어를 한 단계 업그레이드하려는 모든 개발자를 위한 필수 지침서가 될 것입니다.

백승현 디스패치뉴스그룹 CTO

베타리더의 말

취직이나 이직을 앞두고 막막함을 느끼는 모든 개발자에게 추천하고 싶습니다. 이 책은 저자가 개발자 멘토링과 채용을 진행하며 중요하게 살폈던 점들을 상세히 설명해 탄탄한 기초와 내실을 다질 수 있습니다. 더불어 서비스 운용에 대해서도 체계적으로 정리되어 있어 당장 취업 계획이 없더라도 전체적인 개발 프로세스와 로드맵을 익힐 수 있습니다.

강찬석 LG전자 소프트웨어 엔지니어

이 책은 취업 준비 과정을 거시적인 관점에서 접근합니다. 잘 맞는 회사를 선택하는 방법부터 면접까지 일목요연하게 정리해서 제공합니다. 특히 면접에 필요한 기본 CS 지식뿐만 아니라 저자의 경험에 바탕한 성공과 실패 사례를 통해 취업 프로세스를 깊이 이해하도록 도와줍니다. 막연했던 취업 준비를 구체적이고 명확한 계획으로 발전시키고 싶은 분들께 반드시 필요한 책입니다.

김주원 컴퓨터공학부 졸업생

이직을 준비하는 입장에서 실제로 큰 도움이 되는 내용이 많았습니다. 무엇을 어떻게 준비해야 할지, 내가 잘하고 있는 것인지 궁금했던 부분들을 18년 차 면접관의 노하우가 담겨 있는 이 책으로 해소할 수 있었습니다.

신진욱 네이버

성장을 꿈꾸는 개발자들에게 커리어 내비게이션과 같은 책입니다. 불확실한 취업과 이직의 길에서 최신 IT 업계 채용 트렌드와 명확한 방향성을 제공합니다. 단순히 기술 면접 가이드북을 넘어 개발자로서의 성장에 있어 꼭 필요한 지침서가 되어줄 것입니다.

이희준 카카오

온갖 '카더라' 속에서 길을 잃은 제게 이 책은 IT 취업의 길잡이가 되어주었습니다. 비전공자는 듣기 어려운 선배의 '찐' 경험담을 토대로 진짜 실무자들이 무엇을 바라는지 자세히 알 수 있었습니다. 실제로 선배들이 사용하는 좋은 소스들, 시기별로 어떤 공부를 해야 하는지 등 혼자서는 알기 힘든 정보를 자세히 전달해주는 가이드입니다.

임경륜 비전공 백엔드 준비생

개발자의 취업이나 이직과 관련해 채용 담당자 입장에서 잘 정리한 책입니다. 나에게 맞는 회사를 찾는 법부터 원하는 회사에 갈 수 있는 방법을 면접관의 시야에서 다채로운 노하우를 전수해줍니다. 취업을 준비하며 무엇부터 해야 할지 헤매고 있다면 이 책이 답이 되어줄 것입니다.

최현웅 무신사(29CM)

이 책에 대하여

대상 독자

이 책은 개발자로 첫 취업을 앞둔 이들과 더 큰 기업을 목표로 이직을 준비하는 경력직 개발자들을 위해 개발 커리어 관리라는 긴 여정의 나침반이 되어주고 싶어 집필하였습니다.

아직 졸업하지 않았거나 공부 중인 이들에게는 어떤 부분을 중점적으로 공부해야 하는지, 어떤 이력 사항을 부각해야 좋은지 구체적인 방안을 알려주고자 했습니다. 경력직으로 이직을 준비하는 개발 실무자에게는 대형 서비스 및 IT 기업에서 요구하는 기술 역량을 강화할 수 있는 방향을 제시합니다.

이 책의 구성

원하는 회사에 지원한다는 건 형식적인 서류 제출과 단편적인 기술 문답에 그치는 것이 아니라 내 지식을 한 번 더 정리하고 더 큰 성장을 해내는 과정입니다. 따라서 체계적인 지식과 사례를 통해 시행착오를 줄이고 더 큰 영역에 좀 더 쉽게 발 디딜 수 있도록 구성하였습니다.

면접 시 질문 너머의 의도를 파악하는 방법과 꼭 알아야 할 기술적 개념, 이를 확장한 커리어 관리 방법까지 다룹니다. 백엔드뿐만 아니라 다른 분야 개발자들도 기본적인 프로그래밍 언어와 CS 지식만 가지고 있다면 쉽게 읽어나갈 수 있도록 꼭 필요한 이론과 성공 사례들을 발굴해 정리하였습니다.

1부 취업과 이직을 위한 서류 준비

나에게 맞는 회사 혹은 성장하는 회사를 찾는 방법부터 기업의 눈을 사로잡는 서류 작성까지 저자가 쌓아온 경험을 바탕으로 소개합니다. 내 이력과 능력을 포트폴리오에 알차게 담는 법, 경력 관리를 위한 개발 스터디와 오픈소스 참여 방법 등 다양하고 구체적인 노하우를 정리하였습니다. 개정판에는 아직도 많은 개발자가 간과하는 채용 공고를 분석하는 구체적인 팁과 준비 방법을 더욱 자세하게 다뤘습니다. 또한 이력서와 포트폴리오를 과하지 않게 핵심만 담백하게 구성할 수 있도록 예제 문서들을 추가했습니다.

2부 실전에서 마주하는 기술 면접과 코딩 테스트

면접 전에 필수 기술 지식을 장착할 수 있도록 대용량 처리 기법 개념과 코딩 테스트 준비 전략을 실제 질문과 답변 사례를 기반으로 제시하였습니다. 주니어부터 시니어 개발자에 이르기까지 애플리케이션 개발 사이클 전반에 걸쳐 알아둬야 할 핵심적인 내용을 기술 노트 형태로 풀어내었습니다.

특히 2부의 후반부는 많은 이가 '어떤 질문이 나올지 감조차 잡기 어렵다'고 토로하는 인성 면접과 임원 면접에 대비하기 위해 다양한 행동 양식 기반 검증 사례를 소개하였습니다. 이를 통해 조직 관점에서의 리더십과 합리적인 문제 해결을 추구하게 될 것이고 이는 곧 성공적인 취업과 이직으로 이어질 것입니다.

개정판에서는 AI 도구를 이용해 이력서를 수정하거나, AI 도구와의 모의 면접을 통해 본인의 지식을 점검하는 방법을 설명합니다. 코딩 테스트와 같은 코드 학습에서 도움을 받는 방법들도 꼭 활용해보길 바랍니다. 또한 분산 처리를 위한 서버

> 이 책에 대하여

스케일링 전략이나 데이터베이스 확장 전략은 주니어에서 시니어로 발돋움하기 위해서 반드시 알아야 할 필수적인 내용입니다. 따라서 트래픽이 몰리는 단계별 아키텍처 확장 전략을 소개하므로 꼭 이해하고 넘어가길 당부합니다.

코드 예제

- https://github.com/villainscode/tech-interview

추가로 공부하면 좋은 코드 예제

- **디자인 패턴 설명**: https://github.com/villainscode/DesignPattern
- **Spring Redis 기본 개념**: https://github.com/villainscode/Spring-Redis
- **코딩 가이드 설명**: https://github.com/villainscode/coding-guide

목차

서문 ··· 4
지은이 소개 ·· 7
추천의 말 ·· 8
베타리더의 말 ··· 14
이 책에 대하여 ··· 16

PART 01 취업과 이직을 위한 서류 준비

CHAPTER 01 취업을 위한 기본 준비물

CHAPTER 02 지원하려는 회사와 목표 정하기

2.1 회사 기본 정보 알아보기 ································ 32
    2.1.1 IT 취업 정보만 알차게 얻기 ··················· 32
    2.1.2 스타트업을 목표로 한다면 ······················ 34
2.2 나와 핏이 맞는 회사 찾기 ································ 35
    2.2.1 채용 공고 뜯어보기와 지원 전략 ············ 37
2.3 회사별 채용 절차 알아보기 ································ 40
2.4 성장하는 회사 찾아보기 ···································· 43
    2.4.1 알아서 정보가 들어오게 만들자 ·············· 43
    2.4.2 투자 유치 정보로 급성장 기업을 알아보자 ····· 45

19

목차

2.5 가장 적절한 이직 시즌 ········· **47**
　　2.5.1 수시 채용보다는 대규모 공채를 노리자 ········· **48**
　　2.5.2 계단식 이직을 고려하자 ········· **49**
　　2.5.3 좀 더 유리한 지원 시기 ········· **51**
2.6 경력직을 뽑을 때 중요하게 보는 것 ········· **52**
2.7 신입을 뽑을 때 중요하게 보는 것 ········· **54**
2.8 신중하게 고민해야 할 채용 공고 ········· **56**

CHAPTER 03 취업과 이직을 위한 첫걸음, 이력서와 자기소개서

3.1 이력서 관리와 서류 전형을 위한 준비 ········· **58**
　　3.1.1 기본적인 주의 사항 ········· **58**
　　3.1.2 꼭 챙겨야 할 항목 ········· **59**
　　3.1.3 취업에 도움이 되는 분야별 스킬셋 ········· **62**
3.2 지원서에서 나를 돋보이게 만드는 방법 ········· **67**
　　3.2.1 한눈에 보이는 경력 사항 ········· **67**
　　3.2.2 능력을 드러내는 숙련도와 학업 표기 ········· **69**
　　3.2.3 치열하게 준비한 증거, 입상 경력과 교육 사항 ········· **72**
　　3.2.4 심플하면서도 매력적인 자기소개서 ········· **74**
　　3.2.5 내부 추천의 기회를 얻는 방법 ········· **77**
　　3.2.6 이력서 샘플과 작성 가이드 ········· **79**
3.3 [사례 연구 1] 탈락을 부르는 이력서와 지원 사례 ········· **86**

CHAPTER 04 시선을 사로잡는 커리어, 경력기술서

4.1 포트폴리오는 왜, 어떻게 적어야 할까 ········· 92

    4.1.1 작성하기 전 기본 유의 사항 ········· 92

    4.1.2 트러블 슈팅 경험을 중심으로 ········· 93

4.2 포트폴리오는 어떤 내용으로 채워야 할까 ········· 94

    4.2.1 깃 잔디 관리 ········· 94

    4.2.2 깃으로 이력서와 포트폴리오 꾸미기 ········· 96

    4.2.3 포트폴리오 샘플과 작성 가이드 ········· 99

4.3 커리어를 성장시키기 위한 스터디와 개인 프로젝트 ········· 101

    4.3.1 스터디를 해야 하는 이유 ········· 101

    4.3.2 구체적인 스터디 진행 방법 ········· 103

    4.3.3 스터디를 하기 위한 개인 혹은 팀 프로젝트 ········· 105

4.4 결정적인 한 수, 개발자의 킥 ········· 107

    4.4.1 소프트웨어 관련 입상 경험 만들기 ········· 108

    4.4.2 오픈소스 참여하기 ········· 109

    4.4.3 기술 세미나 연사로 참여하기 ········· 113

4.5 [사례 연구 2] 핸디캡을 극복한 합격 사례 ········· 115

    4.5.1 빅테크 회사의 합격률 ········· 115

    4.5.2 한계를 극복한 이력서들 ········· 115

    4.5.3 채용은 함께 일할 사람을 뽑는 것 ········· 117

목차

PART 02 실전에서 마주하는 면접의 기술과 코딩 테스트 준비

CHAPTER 05 프로그래머의 역량

5.1 소프트 스킬과 하드 스킬의 이해 ······ 123

CHAPTER 06 코딩 테스트 준비 전략

6.1 기본적인 테스트 준비 ······ 129
   6.1.1 쉬운 문제부터 다양한 형태의 문제로 ······ 129
   6.1.2 계산과 로직, 자료구조를 고려한 훈련 ······ 133
   6.1.3 실행 속도 고려와 더 나은 코드 고민하기 ······ 144
   6.1.4 테스트 검증하기 ······ 147

6.2 기본적으로 알아야 할 알고리즘 ······ 148
   6.2.1 코딩 테스트의 유형 ······ 148
   6.2.2 코딩 테스트를 위한 주요 알고리즘 ······ 149

6.3 테스트 통과를 위한 키 포인트 ······ 167
   6.3.1 시간 배분 ······ 167
   6.3.2 공부 방법과 로드맵 ······ 167
   6.3.3 회고와 리뷰 그리고 마무리 ······ 169
   6.3.4 빅오 표기법 정리 ······ 170

CHAPTER 07 기술 면접 대비하기

- 7.1 기술 면접 준비 시작 ··· **179**
  - 7.1.1 채용 공고 다시 뜯어보기 ··· **179**
  - 7.1.2 면접의 시작과 끝 ··· **182**
- 7.2 기술 영역별 공부해야 할 것들 ··· **184**
  - 7.2.1 기술 면접에서 알아야 할 지식들 ··· **187**
- 7.3 기본적인 웹 환경의 아키텍처 설명하기 ··· **199**
- 7.4 커리어를 위한 로드맵과 공부해야 할 분야 ··· **205**
  - 7.4.1 백엔드 기술 로드맵 ··· **206**
  - 7.4.2 그 외의 로드맵에 대해서 ··· **212**
  - 7.4.3 경력이 쌓이면서 알아둬야 할 사항 ··· **212**
- 7.5 애플리케이션 성능 관리와 대용량 데이터 처리 ··· **214**
  - 7.5.1 성능 테스트를 통해 알 수 있는 것 ··· **218**
  - 7.5.2 장애 처리 ··· **222**
  - 7.5.3 DB 개선 ··· **225**
  - 7.5.4 대용량 테이블의 처리 기법 ··· **239**
  - 7.5.5 분산 처리를 위한 서버 확장 전략과 아키텍처 개선 ··· **246**
  - 7.5.6 비동기 메시지 처리 ··· **262**
  - 7.5.7 스케일 아웃과 스케일 업 ··· **269**
- 7.6 API 설계에서 고려해야 할 것들 ··· **271**
- 7.7 기술 면접 마무리 ··· **277**
- 7.8 [사례 연구 3] 기술 면접 탈락 사례 ··· **277**

목차

CHAPTER 08 기술 면접 이후 만나게 될 난관

- 8.1 2차 면접은 인성 면접일까? 기술 면접일까? ·············· 280
- 8.2 정답이 없는 질문과 최선의 답변 ························· 283
  - 8.2.1 행동 양식 기반 면접과 STAR 기법을 통한 해법 모색하기 ··· 286
- 8.3 기업 문화 들여다보기 ····································· 287
- 8.4 나는 이 회사와 어울리는 사람일까 ······················ 289
  - 8.4.1 리더십과 그라운드 룰 ································ 291
  - 8.4.2 나의 역량은 무엇일까 ································ 295
- 8.5 소프트웨어 품질과 유지보수 ····························· 298
  - 8.5.1 실수를 방지하기 위한 제도적인 장치 ··············· 298
  - 8.5.2 코드의 가독성과 테스트 ····························· 302
  - 8.5.3 코드 리뷰를 더 잘하기 위한 방법 ··················· 304
  - 8.5.4 일정과 품질의 트레이드 오프 ······················· 311
  - 8.5.5 기술 부채 해소하기 ································· 317
- 8.6 회고와 성장, 그로스 마인드셋 갖추기 ··················· 320
- 8.7 Wrap up ·· 330
- 8.8 처우 협상이 제일 어려웠어요 ···························· 331

CHAPTER 09 AI 시대의 개발자, AI 도구 활용으로 업무 능력 향상하기

9.1   AI 시대에 개발자가 갖춰야 할 능력 ················· **336**
9.2   AI 도구를 업무에 활용하기 ························· **338**
9.3   AI 도구 튜터링을 활용한 개발자 학습과 성장 ········ **341**

찾아보기 ··· **347**

PART
01

취업과 이직을 위한 서류 준비

1부에서는 취업과 이직을 위해 기본적으로 점검해야 할 사항과 어떤 정보를 바탕으로 지원할 회사를 찾아야 하는지, 어떤 전략으로 이력서와 포트폴리오 등의 서류를 작성해야 하는지 정리했다. 자신에게 꼭 맞는 회사를 찾는 것부터 꾸준한 이력 관리를 위한 필수 사항들을 정리하였으니 차근히 따라오길 바란다.

PART 01

취업과 이직을 위한 서류 준비

- 나와 맞는 회사 찾기
- 채용 공고 뜯어보기와 지원 전략
- 적절한 이직 시기
- 이력서와 자기소개서 작성하기
- 경력기술서(포트폴리오) 구성하기
- 성공적인 취업/이직을 위한 경력 관리 방법

CHAPTER 01

취업을 위한 기본 준비물

서류는 항상 준비해놓기

취업이든 이직이든 평소에 커리어를 돋보이게 만드는 활동을 꾸준히 해서 이력서를 알차게 채워야 한다. 지원 서류는 이력서, 자기소개서, 경력기술서 등으로 분류된다. 회사 별도 양식이 있는 경우도 있지만 언제나 대응할 수 있도록 보편적인 형식으로 작성한 서류는 항상 가지고 있어야 한다.

이력서 매년 업데이트하기

헤드헌터나 기업 인사팀 쪽에서 이력서를 보내달라는 요청이 언제 들어올지 모른다. 그래서 매년 이력서 정보를 업데이트해놓으면 이직할 때 수월하다. 나는 연말마다 그해에 진행한 프로젝트를 갱신해두는 편이다. 이렇게 진행했던 업무들을 미리 정비해두어야 시간이 흘러 프로젝트에 대한 기억이 잘 나지 않더라도 이력서를 통해 어떤 업무들을 해왔는지 갈무리할 수 있고, 쉽게 답변도 할 수 있을 것이다.

포트폴리오 틈틈이 작성하기

한눈에 알아볼 수 있는 포트폴리오를 준비해야 한다. 포트폴리오에는 기본적으로 스킬셋skill set(테크니컬 스킬technical skills, 자바Java나 스프링Spring 같은 구사 언어나 프레임워크)과 프로젝트 내용, 코드를 확인할 수 있는 깃허브GitHub 저장소, 블로그 링크 등을 첨부한다. 또 필요하다면 시스템 아키텍처를 설명할 수 있는 자료도 첨부한다. 이 내용을 모두 지원서에 첨부하기에는 분량이 많기 때문에 노션Notion이나 개인 홈페이지, 블로그, 깃허브 페이지 링크를 첨부하는 게 좋다. 단, 노션은 링크가 깨지는 경우가 종종 있기 때문에 추천하지 않는다. 가급적 구글 Docs로 작성해서 보관하고, 제출할 곳이 있으면 원본을 복제 후 수정을 거쳐 PDF로 변환해 첨부하거나 깃의 README.md를 한 장으로 작성해서 링크를 제출하길 추천한다.

포트폴리오 작성은 4장에서 자세히 설명하겠지만 키워드를 나열하는 수준이 아니라 자신의 역량을 오롯이 드러내야 하기 때문에 많은 노력을 기울여야 한다. 자신이 가진 지식을 타인이 알아볼 수 있게 정리하는 건 하루 이틀의 노력으로는 불가능하다. 따라서 틈나는 대로 기록해두고 가급적 온라인에 공개되어 있어야 더 유리하다. 그래야 면접관이 쉽게 들어가서 내용을 살펴볼 수 있고, 추가 점수를 받을 수도 있다.

CHAPTER 02
지원하려는 회사와 목표 정하기

SI 회사에서 3년째 근무 중인 주니어 개발자 K씨는 올해 꼭 이직하겠다는 목표를 세웠다. 적당한 업무량과 워라밸은 물론 처우도 만족스럽고 개발도 재미있어 관련 공부 역시 게을리하지 않았다. 하지만 고객사의 기술 스택이 너무 올드한 편이고 3년째 똑같은 분야라서 변화가 필요하다고 생각했다. 부서를 바꾸는 방법도 있지만 절차나 적응 기간 등을 고려하면 더 높은 수준의 회사로 이직하는 게 마음 편할 것이라고 판단했다. K씨는 원하는 회사의 기준을 다음과 같이 정한 후 3개월 정도 준비 기간을 갖기로 하고 회사 정보를 찾아보기로 했다.

- 자체 서비스를 하는 IT 회사, 모바일 앱과 웹 서비스에서 인지도가 있는 회사
- 수익 모델이 이미 있는 안정적인 회사
- 상장사이거나 상장사가 아니어도 어느 정도 규모가 있는 회사

회사를 찾아보면서 IT 구인구직 사이트에 이력서를 새로 업데이트해두었다. 그동안 공부했던 내용을 다시 정리하고, 코딩 테스트를 대비해 주말에는 프로그래머스나 백준 온라인 저지에서 문제를 풀어보기로 했다.

대학생 때 자주 방문했던 취업 커뮤니티에서 회사 정보를 찾아보고 있지만 원하는 수준의 알찬 내용은 많이 없다. 다른 방식으로 찾고 싶은데 회사 정보와 투자 현황, 채용 스펙 등을 확인하기 위한 좋은 정보는 과연 어디에 있을까?

K씨가 원하는 조건에 부합하는 회사를 어떻게 찾아낼 수 있을까? 또 K씨는 계획한 기간 동안 목표한 바를 이룰 수 있을까? 다음 내용을 통해 두 가지 질문에 대한 답을 해보고자 한다.

2.1 회사 기본 정보 알아보기

예전에는 보통 사람인이나 잡코리아 같은 취업 포털을 통해 채용 정보를 파악하는 걸 선호했다. 하지만 몇 년 전부터는 IT 전문 취업 사이트들이 꽤 많이 생겨났고, 헤드헌터나 인사팀의 채용 활동도 이 사이트들 위주로 활발히 이루어지고 있다.

2.1.1 IT 취업 정보만 알차게 얻기

K씨처럼 기준을 세우더라도 채용 사이트를 조사해서 목록을 만들려면 긴 시간이 소요된다. 따라서 정확한 회사 정보를 접할 수 있는 다음의 사이트들을 통해 회사의 기본 정보, 평판, 연봉 정보 등을 알아보자.

① **IT 전문 구인구직 사이트**
- **원티드** (https://www.wanted.co.kr)
- **프로그래머스커리어** (https://career.programmers.co.kr)
- **인디드** (https://kr.indeed.com)
- **리멤버** (https://rememberapp.co.kr/home#/)

- 로켓펀치 (https://www.rocketpunch.com)
- 블라인드 하이어 (https://www.blindhire.co.kr)
- 점핏 (https://www.jumpit.co.kr)

② 기업 평판과 연봉 정보 참고 사이트
- 잡플래닛 (https://www.jobplanet.co.kr/job)
- 크레딧잡 (https://kreditjob.com)
- 블라인드 (https://www.teamblind.com/kr)

1번은 IT 전문 취업 정보만 모아놓은 구인구직 사이트인데 이력서를 등록해두면 연락이 오거나 맞춤 회사 정보를 안내해준다. 2번은 매출이나 연봉 등 회사 정보를 찾아보고 싶을 때 참고하면 좋다. 이런 채용 플랫폼들은 클릭 한 번에 지원까지 할 수 있으므로 편리하긴 하지만 헤드헌터나 인사 담당자에게 직접 이력서를 전달하는 경우도 많으므로 오프라인용 이력서를 하나쯤은 만들어둘 필요가 있다.

만약 우리나라 유명 회사들의 정보를 보고 싶다면 '테크컴퍼니즈' 사이트를 통해 매출 규모나 직원 수, 신입사원 연봉 정보를 한눈에 확인할 수 있다. 테크컴퍼니즈에는 2022년 기준으로 상장사나 유니콘급의 테크 대기업, 주요 스타트업뿐만 아니라 빅테크 기업의 계열사 목록이 소개되어 있다. 2022년 정보지만 주요 기업은 잘 정리되어 있으며 앞으로 업데이트될 것으로 기대하고 있다.

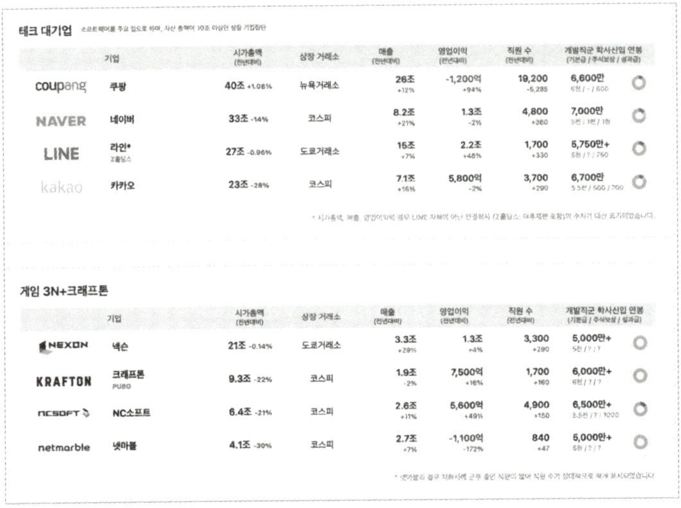

테크 대기업 소프트웨어를 주요 업으로 하며, 자산 총액이 10조 이상인 상장 기업집단

기업		시가총액 (전년대비)	상장 거래소	매출 (전년대비)	영업이익 (전년대비)	직원 수 (전년대비)	개발직군 학사신입 연봉 (기본급 / 주식보상 / 성과금)
coupang	쿠팡	40조 +1.08%	뉴욕거래소	26조 +12%	-1,200억 +94%	19,200 -5,285	6,600만 6천 / - / 600
NAVER	네이버	33조 -14%	코스피	8.2조 +21%	1.3조 -2%	4,800 +360	7,000만 5천 / 1천 / 1천
LINE	라인* Z홀딩스	27조 -0.96%	도쿄거래소	15조 +7%	2.2조 +48%	1,700 +330	5,750만+ 5천 / ? / 750
kakao	카카오	23조 -28%	코스피	7.1조 +16%	5,800억 -2%	3,700 +290	6,700만 5.5천 / 500 / 700

게임 3N+크래프톤

기업		시가총액 (전년대비)	상장 거래소	매출 (전년대비)	영업이익 (전년대비)	직원 수 (전년대비)	개발직군 학사신입 연봉 (기본급 / 주식보상 / 성과금)
NEXON	넥슨	21조 -0.14%	도쿄거래소	3.3조 +29%	1.3조 +4%	3,300 +290	5,000만+ 5천 / ? / ?
KRAFTON	크래프톤 PUBG	9.3조 -22%	코스피	1.9조 -2%	7,500억 +16%	1,700 +160	6,000만+ 6천 / ? / ?
NCSOFT	NC소프트	6.4조 -21%	코스피	2.6조 +11%	5,600억 +49%	4,900 +150	6,500만+ 5.5천 / ? / 1000
netmarble	넷마블	4.1조 -30%	코스피	2.7조 +7%	-1,100억 -172%	840 +47	5,000만+ 5천 / ? / ?

그림 2-1 테크컴퍼니즈가 제공하는 기업 정보

2.1.2 스타트업을 목표로 한다면

이런 회사 목록과 별개로 모바일의 구글 플레이 스토어나 앱 스토어의 분야별, 카테고리별 앱 순위를 참고해도 좋다. 상장사나 빅테크 기업을 노린다면 앞서 언급한 플랫폼으로 충분하지만 성장 가능성이 높은 스타트업을 목표로 한다면 앱 순위로 잘 몰랐던 회사들을 찾아낼 수 있다.

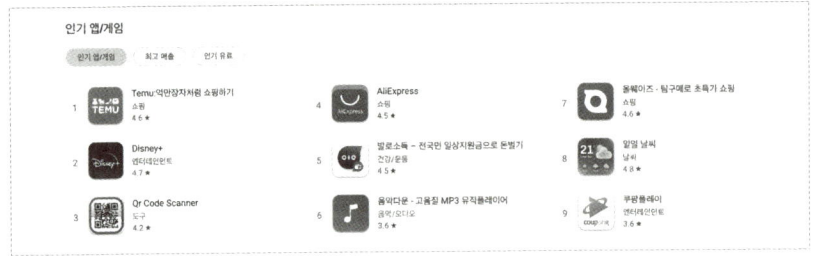

그림 2-2 구글 플레이 스토어 인기 앱 랭킹

각 스토어는 인기 순위나 최고 매출 순위 등을 카테고리별로 제공하며 각 앱별로 제작사 정보를 찾아볼 수 있다. 그다음으로는 복지도 궁금할 텐데 구글에서 '복지리'를 검색해서 들어가보면 국내 기업의 복지 정보를 한눈에 확인할 수 있다. 2025년 2월 기준 약 5200개 기업의 정보가 업데이트되어 있다.

2.2 나와 핏이 맞는 회사 찾기

소개한 사이트를 통해 원하는 조건에 부합하는 회사들을 찾아보고 회사 홈페이지나 구인 공고 페이지를 확인해보면 일하는 방식이나 요구하는 스킬셋도 확인할 수 있다. 비록 '카더라'일지언정 회사 정보를 최대한 모아놓는 것이 좋다. 블라인드에서 만든 '블라인드 하이어'라는 별도의 앱에서도 공고를 통해 지원 정보를 제공한다. 또한 지원자의 정보를 공개해두면 헤드헌팅도 이뤄지고 있으므로 채용 사이트 목록에 추가해놓길 바란다.

이렇게 관심 가는 회사들의 목록을 정리했다면 이 중에서 나와 핏^{fit}이 맞는 회사들을 다시 한번 필터링해야 한다. 핏이 맞는다는 것은 지원자가 원하는 특성을 회사가 갖추고 있는가의 관점도 있지만 반대로 회사도 지원자를 뽑을 가능성이 높은가도 판단해야 한다. 즉, '회사의 채용 공고도 나를 필요로 하는가'를 판단해야 한다. 무엇을 보고 판단해야 할까? 여러 요건 중 다음 세 가지 항목이 높은 비중으로 일치한다면 채용 확률이 높아진다고 본다.

① 채용 포지션이 일치하는가?

크게 보면 프런트엔드, 백엔드, 데이터나 인프라 등으로 나뉘지만 그 안의 세부

채용 포지션은 다르다. 이를테면 SRE[1]나 DevOps[2] 같은 포지션이 있을 수 있다. 또한 연차로 구분 지어 지원해야 하거나 특정 업무 경험이 필수인 경우도 있다.

만 3년 이상의 개발 경험이라든가 결제 모듈 연동 경험 필수라든가 여러 가지 조건이 있을 수 있으므로 상세하게 읽어보기 바란다. '우대사항' 부분은 꼭 필수인 것은 아니므로 관련 지식이 있는 정도라면 지원서를 내도 무방하다.

② 기술 스택이 일치하는가?

지원하려는 곳의 **1) 개발 플랫폼, 2) 언어, 3) 프레임워크**는 자신의 경력과 일치해야 한다. 나머지 운영 도구나 모니터링 도구, 배포 도구는 주니어 레벨에서 경험이 없어도 크게 문제가 되지 않지만 세 가지 기술 스택은 일치하지 않으면 이력서 검토 대상이 아니다.

③ 잘할 수 있거나 잘 알고 있는 분야인가?

경력자 채용에서 업무 도메인 유경험자라면 채용에서 당연히 우선순위가 된다. 해당 업무의 개발 경험이 있거나 업무는 경험해보지 못했지만 기반 기술들을 사용해서 개발해보았다면 유리하다.

보통 성장하는 IT 기업들은 자체 채용 설명 사이트를 공개하고 있다. 취업 사이트를 통해 채용 정보를 확인했더라도 **반드시 기업 자체 홈페이지에 들어가서 기업 문화나 업무 분야, 일하는 방식에 대해서 면밀히 검토해보길 권한다.**

설명한 세 가지 항목 중에 적어도 ①, ②번 두 개는 필수로 일치해야 하고 ③번

---

1. Site Reliability Engineering. 사이트 안정성 엔지니어라고 한다. 주로 서비스와 인프라 관점에서 확장과 고가용성, 장애 탐지와 복구, 재발 방지 등을 전문적으로 수행한다.
2. 개발(Development)과 운영(Operations)의 합성어. 개발, 배포, 운영, 품질관리, 모니터링 전반에 걸쳐 대응하는 조직

은 그래도 50퍼센트 정도 맞아야 잘 맞는 회사, 잘 맞는 포지션에 가깝다. 물론 이 항목들 외에 복지나 연봉 테이블, 업무 강도 등을 더 중시하는 사람도 있겠지만 공개된 자료로 판가름한다면 최소한 이런 적합성을 우선 판단해야 한다.

2.2.1 채용 공고 뜯어보기와 지원 전략

2024년 이후 가장 채용이 활발한 토스의 채용 공고 내용 중 일부를 살펴보며 서류를 제출하기 전 준비해야 할 사항을 점검해보고자 한다.

토스 채용 공고 상세 페이지

이력서에는 아래 내용을 꼭 포함해주세요
- 펀드 시스템 개발과 운영 경험에 대한 내용을 구체적으로 작성해주세요.
- 실제 본인이 참여한 프로젝트와 기여 정도, 어려운 과제를 극복한 과정이 필요해요.
- 개발자로서 어떤 성장을 생각하고 계시고, 성장을 위해 어떤 노력을 하고 계신지 적어주세요.
- 고가용성의 확장 가능한 시스템을 설계하고 운영해본 경험을 포함해주세요.
- 대규모의 실시간 트래픽을 처리하는 시스템 개발 경험을 공유해주세요.
- 성능 최적화와 운영 자동화를 위해 노력해오신 경험을 적어주세요.
- 개발자로서 어떤 성장을 생각하고 계시고, 성장을 위해 어떤 노력을 하고 계신지 공유해주세요.

이런 분과 함께하고 싶어요
- 고가용성의 확장 가능한 시스템을 설계하고 운영해본 경험이 필요해요.
- 대규모의 실시간 트래픽을 처리하는 시스템 개발 경험이 필요해요.
- Spring Framework 기반의 개발 경험이 필요해요.
- 성능 최적화와 운영 자동화를 위해 지속적인 노력을 해온 경험이 필요해요.
- 순발력과 빠른 판단을 통한 문제 해결 능력이 필요해요.

> - 변화를 두려워하지 않고 새로운 기술에 빠르게 적응하며 지속적인 성장을 원하는 분이면 좋아요.
> - 협업을 통해 모든 개발자들의 성장을 이끌어주실 수 있는 분이면 좋아요.
> - Mission-Critical한 서비스 운영 환경을 즐기며 높은 책임감으로 탄탄한 서비스를 같이 만들어갈 수 있는 분이면 좋아요.
>
> 꼭 확인해주세요
> - 토스뱅크는 연차에 따른 정량적인 평가보다, 그동안 '밀도 있는 경험을 했는지'와 앞으로도 '가파른 성장이 기대되는지'를 통해 가능성을 찾고자 해요.

채용 공고를 뜯어보는 데는 크게 두 가지 이유가 있다. 첫 번째는 채용 공고를 통해 회사에서 원하는 경험치와 기술 스택, 지원 자격 등 기본 정보를 얻을 수 있고 두 번째는 지금 당장은 아니더라도 목표로 하는 회사에 합격하기 위해 부족한 것이 무엇이고, 어떤 준비를 해야 다음 단계로 올라갈 수 있는지 미리 계획을 마련할 수 있기 때문이다.

회사마다 약간의 차이는 있지만 큰 틀에서 내가 앞으로 경험해야 할 기술 항목과 적합한 업무 역량을 정해 커리어를 설계해나갈 수 있는 지침이 된다는 측면에서 본인이 목표로 하는 회사의 채용 공고를 반드시 분석해보는 것을 추천한다.

토스 채용 공고는 몇 가지 키워드가 인상적인데, **성능 최적화와 운영 자동화를 위해 노력을 해온 경험과 성장이라는 키워드가 반복**해서 나오는 부분 그리고 **연차에 따른 정량적 평가보다 얼마나 밀도 있게 업무를 해왔는가를 평가**한다는 점이 흥미롭다.

만약 이 책을 읽는 독자가 중소 규모의 회사에서 토스와 같은 유니콘, 데카콘급의 회사를 목표로 커리어 플랜을 밟아 나간다고 가정해보자. 신입 레벨에서 미들급으로 넘어가는 과정에서 이직을 한다면 반드시 대용량 데이터를 처리하는 곳으로 가야 지원 자격이 생긴다는 점을 염두에 두고, 적어도 한 카테고리에서 상위권을 차지하고 있는 제품이나 서비스를 다루는 회사로의 이직을 목표로 해야 한다.

소위 네카라쿠배나 토스같이 한 분야에서 독보적인 회사들은 대용량 데이터/트래픽을 처리하기 위한 개발 경험, 문제 해결 경험이 반드시 있어야 하며 본인의 업무 영역에서 누가 시키지 않아도 주도적이고 효율적으로 일한 경험, 그리고 좀 더 명확한 목표를 가지고 자신의 포지션에서 성장하는 노력을 기울인 사람을 원한다는 점을 기억해두어야 한다.

그러기 위해서는 기본적으로 백엔드 환경에서 래빗MQ^{RabbitMQ}나 카프카^{Kafka}와 같은 대량의 메시징을 처리하기 위한 비동기 미들웨어를 숙달하려는 노력과 동시에 레디스^{Redis}나 애플리케이션 레벨에서의 캐싱 솔루션을 통한 성능 개선과 스케일링, API 병목 해소, DB 튜닝을 통한 속도 개선 등 아키텍처부터 개발 영역에 이르기까지 전반적인 지식을 꾸준히 쌓아두어야 한다. 또한 업무 외적으로 성장하는 것도 중요하지만, 개인 업무에서 수치로 증명할 수 있는 성취를 이루려고 노력하는 자세가 더욱 중요하다. 흔히 이런 부분을 비즈니스 임팩트라고 표현한다. 따라서 현재 회사에서 이런 경험을 쌓기 어렵다면, 성장 중인 좀 더 상위 회사로 단계별 이직을 시도하고 그 안에서 성취를 최대한 만들 수 있도록 노력해야 한다.

원하는 회사를 찾았더라도 기술 스택이 일치하지 않으면 지원서를 내기조차 어려울 것이다. 이런 점은 기술 블로그를 살펴보면 더 자세히 판단할 수 있다. 지원자가 공부해야 할 기술, 즉 회사가 쓰는 기술을 확인해볼 수 있기 때문이다. 다음 [표 1-1]에 회사별 기술 블로그를 정리해보았다.

표 1-1 회사별 기술 블로그

회사명	기술 블로그
강남언니(힐링페이퍼)	https://blog.gangnamunni.com/blog/tech
네이버	https://d2.naver.com/home
네이버웍스	https://naver.worksmobile.com/blog
네이버 플레이스	https://medium.com/naver-place-dev
당근	https://medium.com/daangn
라인	https://techblog.lycorp.co.jp/ko
무신사	https://medium.com/musinsa-tech
뱅크샐러드	https://blog.banksalad.com/tech
엔에이치엔 클라우드	https://meetup.nhncloud.com
우아한형제들	https://techblog.woowahan.com
직방	https://medium.com/zigbang
지마켓	https://dev.gmarket.com
카카오	https://tech.kakao.com/blog
컬리	https://helloworld.kurly.com
쿠팡	https://medium.com/coupang-engineering/kr/home
토스	https://toss.tech

2.3 회사별 채용 절차 알아보기

소위 '네카라쿠배'라고 불리는 주요 테크 기업을 포함한 기업들의 채용 절차를 정리해보았다. 먼저 채용에 관련된 용어부터 살펴보자.

① 스크리닝(Screening)

후보자의 자격, 경험, 기술 등을 검토하여 적합한지 여부를 판단하는 초기 단계이다. 빠르게 평가하여 리소스 효율을 제고하기 위함이다. 서류, 전화 인터뷰, 화상 인터뷰, 코딩 테스트 등이 포함된다.

② 루프 인터뷰(Loop Interview)

루프 인터뷰는 여러 명의 인터뷰어와 여러 단계의 인터뷰로 구성된다. 지원자는 하루 혹은 며칠에 걸쳐 1대N 인터뷰를 진행하는데, 각 인터뷰어의 전문 분야가 모두 달라 다양한 질문으로 지원자의 역량을 파악할 수 있다.

③ 바레이저(Bar-raiser) 인터뷰

리더십과 기술을 평가하는 최종 단계이다. 채용 부서와 직접적인 이해관계가 없는 다른 부서의 제3자 면접관이 참여하기 때문에 급하게 진행하지 않고 보다 냉정하게 평가한다.

④ 컬처 핏(Culture fit)

고유한 조직 문화와 룰에 적합한 사람인지 판단하는 자리이다. 회사의 문화와 코드를 저해하는 이는 아닌지 판단한다.

⑤ 디브리프(Debrief)

인터뷰가 끝난 후, 인터뷰어들이 모여서 지원자에 대해 논의하는 회의이다. 각 인터뷰어는 자신의 의견을 공유하고, 지원자의 강점과 약점을 평가하여 최종 채용 여부를 결정한다.

다음은 주요 회사별 채용 프로세스를 살펴보자.

모든 회사의 첫 관문은 서류 검토이므로 서류 검토 절차는 제외하였고, 여기에 정리하지 못한 회사들도 대부분 비슷한 절차를 거쳐 채용하니 참고하기 바란다. 회사별 공식 홈페이지에는 비교적 간략한 버전으로 소개되어 있지만 각 직무별, 경력별 면접 프로세스가 다르므로 반드시 지원하는 부서의 채용 프로세스를 한 번 더 확인해야 한다. 같은 회사여도 주니어는 코딩 테스트를, 시니어는 과제 전형이 나온다거나 추가 인터뷰가 더 존재할 수도 있다. 면접 시간이나 절차는 상황에 따라 바뀌기도 한다. 챗GPT가 나온 이후에 일부 기업들은 온라인으로 하는 코딩 테스트를 라이브 코딩으로 대체하기도 하였다.

2.4 성장하는 회사 찾아보기

2.4.1 알아서 정보가 들어오게 만들자

이직하려는 곳이 스타트업이거나 인원이 많지 않은 경우 투자 규모를 통해 회사의 성장성을 확인할 수 있다. 플래텀platum이나 지디넷코리아ZDNET, 앞서 소개한 바 있는 크레딧잡, 원티드의 기업 정보를 참고하면 도움이 된다. 또한 넥스트 유니콘과 혁신의 숲같이 스타트업의 투자 유치와 관련해 분석 데이터를 확인할 수 있는 사이트를 활용하는 것도 추천한다.

- **플래텀** (https://platum.kr)
- **지디넷코리아** (https://zdnet.co.kr)
- **넥스트 유니콘** (https://www.nextunicorn.kr)
- **혁신의 숲** (https://www.innoforest.co.kr)

다음 지디넷 기사 이미지를 살펴보면 딜라이트룸이라는 스타트업이 앱 구독(광고 포함)만으로 글로벌 앱 마켓에서 2024년 기준 337억의 매출, 190억의 영업이익을 만들어낸 회사임을 알 수 있다.

그림 2-3 스타트업 매출 관련 기사

이처럼 내가 잘 모르는 시장에서도 독보적인 서비스나 기술력을 바탕으로 승승장구하는 회사가 존재하므로 이런 곳들을 잘 찾아내서 핵심 구성원으로 일할 수 있다면 커리어적으로 큰 성장과 높은 업무 밀도를 경험할 가능성이 높다. 중요한 것은 필요할 때가 되어 급히 찾는 것보단 **알짜 정보가 평소에 나에게 흘러 들어오게 만들어야 한다**는 점이다. 다음 [그림 2-4]는 스타트업 위클리Startup Weekly라는 뉴스레터 사이트로, 국내 투자 관련 뉴스들을 모아서 메일 구독 서비스를 해주는 곳이다. 이런 정보들이 '나에게', '필요할 때' 들어오게 만들고 늘 이직 정보로 활용할 수 있어야 한다.

그림 2-4 스타트업 투자 현황 뉴스레터

로켓펀치, 원티드같이 채용 서비스를 제공하는 곳 역시 필요한 채용 조건을 설정하면 메일로 채용 정보를 보내준다.

2.4.2 투자 유치 정보로 급성장 기업을 알아보자

만약 성장 곡선이 J 커브[3]를 그리며 급성장하는 곳에 입사하고 싶다면 펀딩 규모로 가늠할 수 있다. 다음 [그림 2-5]를 살펴보자. '투자 유치'라는 키워드로 검색해서 나온 기사의 이미지인데 공교롭게도 앞서 설명한 플래텀의 기사[4]이다.

그림 2-5 레브잇 투자 유치 기사 이미지

보통 시리즈별로 투자 규모나 기업 가치 평가가 달라지기에 정확하게 판단하기에는 무리가 있다. 하지만 대략 시리즈별로 지분의 10~20퍼센트 내외를 확보한다고 가정하면 1차 투자 유치 시점에 100~200억 정도일 경우 1000~2000억 내외의 회사 가치를 인정받았다고 볼 수 있다.

---

3   J 커브 개념과 단계 참고: https://matched.biz/blog/9
4   기사 출처: https://platum.kr/archives/209044

레브잇의 경우 시리즈 B 단계[5]에서 600억 투자를 유치했다고 발표했기 때문에 10퍼센트만 계산해도 6000억, 지분 20퍼센트 확보로 산정하면 3000억 원의 기업 가치를 인정받았다고 판단할 수 있다. 비슷한 케이스로 HR플랫폼을 제공하는 스타트업 플렉스Flex의 경우 시리즈 B 단계의 380억 규모 투자[6]를 유치하며 기업 가치가 3500억 정도로 책정되었다.

여기서 중요한 정보는 두 가지이다. 하나는 펀딩 규모와 평가받은 기업 가치의 수준이며, 다른 하나는 투자한 회사가 국내 회사인지 외국계 유명 투자사(VC)인지 여부이다. 이 둘을 주의 깊게 보면 성장성과 미래 가치에 대해서 구체적으로 유추할 수 있다. 개정판을 쓴 2025년 2월 기준, 최근에는 1인 가구를 위한 무료 배달앱 두잇Doeat이 시리즈 A1, A2 단계를 합쳐 총 306억의 투자를 유치했다는 뉴스가 발표되었다. 이처럼 투자 유치 뉴스가 나온 후에는 반드시 대규모 채용 공고(기업 규모에 따라 채용 인원은 다소 차이가 있다)가 이뤄진다는 것을 염두에 두고 지원 전략을 세운다면 도움이 될 것이다.

주요 벤처캐피털이 투자한 테크 기업을 조사해보면 어렵지 않게 원하는 정보를 알아낼 수 있다. 쿠팡을 발굴한 알토스벤처스처럼 카카오, 네이버, 스마일게이트 등도 투자 회사들이 존재하고 투자 규모로 본다면 본엔젤스나 소프트뱅크, 한투, 미래에셋, 아주 IB, IMM 인베스트먼트 등이 상위 투자사로 유명하다. 해외로 보면 Y 콤비네이터, 세쿼이아 캐피털, 벤치마크, DST 글로벌, 블랙록, IDG 캐피털, NEA New Enterprise Associate, a16z Andreessen Horowitz 같은 곳이 널리 알려져 있다.

앞서 각주로 설명한 venture round의 단계로 보면, 극 초기 시드seed 투자 이

---

[5] 각 투자 단계별(venture round) 개념은 다음 링크의 round names 참고: https://en.wikipedia.org/wiki/Venture_round
[6] 기사 출처: https://platum.kr/archives/179236

후 성장 국면에서 시리즈 A → 시리즈 B → 시리즈 C와 같이 투자 규모에 따라 후속 투자가 이어지는 것을 통해 성장성을 파악할 수 있다. 채용 공고도 같이 검토하여 나에게 맞는 기업인지, 내가 보유한 기술 스택이나 희망하는 업무 분야와 일치하는지까지 가늠한 뒤 지원 결정에 도움을 받자.

원하는 회사를 찾는 데만도 꽤 시간이 걸리므로 꾸준히 관심 가는 회사나 분야의 채용 정보를 상시 모니터링하자. 2장 도입부에 등장했던 K씨가 지금껏 설명한 방식을 따랐다면 어렵지 않게 조건에 맞는 회사들을 찾아냈을 것이다.

> 내가 만약 K씨라면 급성장하는 스타트업 중에 트래픽이 많은 곳을 추린 후 자체 서비스가 있는 곳을 찾아 지원할 것이다. K씨의 입장에서 핸디캡은 두 가지이다. 첫 번째는 서비스 설계, 개발, 테스트, 운영에 걸친 모든 사이클을 경험하지 못했기 때문에 올드한 스킬셋과 한정된 업무 경험을 돌파하는 것이다. 두 번째는 활성 사용자가 많은 사이트들은 운영 중 장애나 서버 아키텍처 설계, 데이터 저장에 대한 고민이 필수기 때문에 이를 경험하는 것이 중요하다. 대량의 트래픽을 접하고 여기서 파생되는 문제를 해결해보는 경험은 주니어 레벨에서 큰 성장을 이루는 데 도움이 된다.

2.5 가장 적절한 이직 시즌

급여가 밀리거나 사업 분야 정리로 퇴직을 당했거나 창업을 하는 등 납득할 만한 퇴사 사유가 없다면 잦은 이직은 부정적인 인상을 줄 수밖에 없다. 따라서 한 곳에서 약 3~5년 정도 근무했을 때가 개발자가 이직하기에 제일 적합한 시기라고 본다. 특히 성장에 한계를 느낀다면 이때쯤 이직을 시도해보는 것이 좋다.

그럼 어떤 전략으로 이직할 회사를 물색하는 게 좋을까? 어떤 기업이든 J 커브를 그리며 큰 성장을 하는 시기에 가장 많은 인원을 뽑게 된다. 유망 스타트업의 경우 알음알음 이미 손발을 맞춰본 개발자를 영입하거나, 상위 관리 직급들에게는 펀딩을 해준 VC에서 경력직 리더들을 연결해주고, 리더와 같이 일한 동료들이 한꺼번에 이직하는 사례도 많다. 따라서 평범한 개발자가 유망한 스타트업에 합류하는 건 네카라쿠배에 입사하는 것보다 어려울 수도 있다. 어떻게 이런 한계를 극복해야 할까?

2.5.1 수시 채용보다는 대규모 공채를 노리자

채용은 보통 지인을 통해 추천을 받는 게 제일 좋다. 과거 쿠팡에 몸담고 있을 때 대규모 채용 행사 때마다 스터디를 같이했던 동료들에게 함께 일하자고 많이 권유했는데, 상당수가 탈락하기도 했지만 그만큼 많은 동료가 입사해 오랜 기간 잘 다녔다. 업무 지식이 깊거나 실력이 뛰어나서 함께 일해보고 싶은 동료가 되면 이런 제도를 한껏 활용해 좋은 기회를 잡을 수 있다.

내부 추천이 어렵다면 가장 눈여겨봐야 할 건 대규모 채용이다. 경력 공채나 대규모 채용을 한두 명 규모로 하진 않을 것이기 때문에 이 시기를 잘 활용하면 관문이 넓다. 면접 허들은 여전히 높다고 하더라도 들어갈 자리의 수는 더 많기 때문이다. 대규모 공채나 채용 파티와 같은 기회를 놓치지 말고 반드시 지원하기를 추천한다. 대규모 채용 시즌이나 절차를 가능하다면 미리 알아두면 좋다. 알 만한 회사들은 대부분 매년 비슷한 시기에 채용을 진행하며 정보를 사전에 알려주기도 하니 미리 준비해두자.

대규모 채용 이후에는 보통 허들이 더 높아지는 편이다. 점점 더 지원자에 대한 눈높이가 높아져 늦게 합류할수록 난이도가 더 상승하는 경향이 있다. 일정 수준 개발자를 확보하면 '본인보다 뛰어난 동료를 뽑을 것'과 같은 원칙이 생기거나 바레이저 같은 제도가 도입되기 때문이다. 특히 급성장하는 회사는 실력 있는 직원들이 입사한 뒤 점점 채용 문턱이 높아지기 마련이다.

2.5.2 계단식 이직을 고려하자

쟁쟁한 스타트업을 노리자

당장 원하는 곳에 지원하기에 본인의 기술 역량이 부족하다고 느낄 수도 있다. 이렇게 **대용량 데이터 처리 경험이 없어 불안하고 이직이 잦은 상황이 아니라면 쟁쟁한 스타트업을 거치는 편이 유리**하다. 이름만 들어도 알 만한 스타트업 정보는 이미 소개한 바 있다. 이 단계를 추천하는 이유는 두 가지이다. 첫 번째로 보상 및 처우 기준이 중소 규모나 일반적인 대기업보다 높다. 두 번째는 밀도 높은 업무와 난이도가 높은 다양한 기술을 경험할 수 있다는 점이다.

쿠팡도 처음 대규모 채용을 시작할 때 시리즈 C, 유니콘 정도의 평가를 받는 스타트업이었다. 물론 대규모 채용 전에는 내부 직원들의 추천을 통해 실력이 출중한 개발자늘을 영입하는 데 집중하였고, 어느 정도 시니어급 개발자가 채워진 후 시니어 경력직 공채 → 주니어 경력직 공채 → 신입 공채 순서로 대규모 채용이 확대된 것이다.

당시 시니어의 기준은 만 7년 이상의 경력으로, 혼자서 기술적인 어려움 없이 팀원들을 리드하며 중소 규모의 프로젝트를 수행할 수 있어야 했다. 따라서 도메인이나 기술별 전문가들을 채용했다. 이런 이들과 가까이서 함께 일할 수 있는 기회는 흔치 않다. 기업이 아직 스타트업 단계일 때는 경력이 많은 이들에게 일을 배울 기회가 더 많다.

잦은 이직은 금물

하지만 입사 전에 본인의 잦은 이직 여부도 고려해야 한다. 스타트업은 장점도 분명하지만 오래 다니지 못할 가능성도 비교적 높기 때문이다. 이미 단기간 이직이 잦았다면 스타트업 입사는 신중해야 한다. 잦은 이직은 서류 전형 시 마이너스 요소가 될 수 있다. 스타트업은 대체로 업무량이 많아 한 명이 두 명 몫 이상을 하거나 펀딩과 수익 모델에 따른 자금의 부침으로 근무를 오래 못하는 경우가 많다. 실제로 압도적으로 좋은 보상을 받으며 입사했다가 몇 개월 못 버티고 다시 연봉을 낮춰 이직하는 경우를 간간히 보았다. 쿠팡이 아직 스타트업일 무렵 업무 강도와 속도는 경험해왔던 회사 중 최고 수준이었다. 특히 기술 변화 폭이 하루가 멀다 싶을 정도로 빠르게 바뀌었다. 모놀리식 환경에서 MSA로, MSA 환경에서 클라우드 환경으로 바뀌었다. 이런 과정에서 배포 시스템이나 API 게이트웨이 적용과 같은 큰 시스템이 바뀌면서 따라오는 기술적 도전 과제들이 상당히 많았다. 이 과정의 압박을 버티지 못하고 퇴사하는 동료도 꽤 있었다. 물론 시스템과 조직 규모가 커져 업무 프로세스가 복잡해진 것도 영향을 미쳤을 것이다.

그러나 이직이 잦지 않고 안정적인 편이며 가고 싶은 곳의 업무 수준이나 합격 커트라인이 아직 높다고 판단된다면 중간 단계로 고려해보면 좋다. 현재보다는 수준이 높되 스타트업을 포함해 그다음 단계로 가기 좋은, 값진 경험을 쌓을 수 있는 곳을 거치는 게 좋은 방법이다. 지금과 비슷한 수준으로 이직(우스갯소리로 업그레이드가 아닌 '옆그레이드'라고 표현한다)하는 것은 급여가 밀렸다거나 맡고 있는 업무가 갑자기 바뀌는 등의 특별한 이유가 있지 않는 한 권하고 싶지 않다.

그렇다고 스타트업 면접의 난이도가 대기업보다 낮을 것이라고 착각해선 안 된다. 성장하는 회사라면 나보다 뛰어난 동료를 뽑고 싶어 하며, 이력서를 매우 엄격하게 검증하므로 본인만의 기술 면접 자료를 정리해야 한다. 꼭 합격하겠다는 마인드보다는 80~90퍼센트 이상 답변하겠다고 목표를 정하고 계속 모의 시뮬레이션을 준비하길 바란다. **인터넷에 떠도는 면접 관련 필수 질문을 숙지했다고 결코 자만해선 안 된다.** 사실 인터넷 자료 중에선 한두 개 정도 나올 뿐 매번 같은 질문을 던지지 않기 때문이다.

2.5.3 좀 더 유리한 지원 시기

대개 기업은 연말에 사업 성과 평가와 업무 마무리를 하므로 티오 역시 닫히는 게 일반적이다. 연초에는 다시 KPI[7] 설정을 위해 사업별로 채용 계획을 세우기 때문에 대체로 성과급 시즌이 끝난 직후인 초봄부터 채용이 시작된다.

성장하는 회사에서 대규모 인력을 필요로 하고 내부에서 추천 제도를 통해 이력서를 접수받는 상황이라면 공채로도 가장 많은 개발자를 채용하는 시즌이므로 수시 채용보다 우선적으로 노려야 한다.

또한 공채는 마감 날짜가 가까워올수록 지원자가 몰리기 마련이다. 인기 있는 회사일수록 그 차이가 더 극명하게 나타난다. 지원자가 많다는 것은 이력서를 검토하는 면접관의 시간도 짧을 수밖에 없다는 뜻이다. 그러므로 모집 기간 후반부로 갈수록 서류에서 경합을 벌여야 하는 상대가 많아진다. 비교적 제대로 된 평가를 받고 싶다면 미리 서류를 작성해두고 공채 모집 초중반에 서류를 접수하길 추천한다.

---

7 Key Performance Indicator. 핵심 성과 지표. 비즈니스 목표를 얼마나 잘 달성하고 있는지 판단하기 위해 사용하는 척도.

2.6 경력직을 뽑을 때 중요하게 보는 것

개인 연차에 따라 순서는 조정될 수 있지만 5년 차 이내의 주니어라면 다음 내용이 주요 평가 순위인 것이 보편적이다. 물론 채용 문화나 업무 수준에 따라서도 차이는 있다. 직접 겪은 회사들의 방향, 다른 면접관들과 토론을 통해 어떤 부분이 과연 주니어에게 가산점이 되는지 고민 후 정리해봤다.

[1순위] 성장 가능성과 문제 해결 능력

- 기본기가 탄탄하여 경험치만 쌓이면 충분히 팀에 기여할 수 있는가?
- 업무에 몰입하고 주어진 업무에 최선을 다할 수 있는가?
- 연차에 비례한 문제 해결 능력을 가지고 있는가?

[2순위] 현재 보유한 실력

- 연차가 높을 경우 팀 내에 투입했을 때 즉시 전력 감인가? 즉, 바로 퍼포먼스를 낼 수 있는 사람인가?
- 연차가 낮을 경우 잘 이끌어주면 따라올 만한 탄탄한 기본 지식을 갖추었는가?

[3순위] 적극적인 자기계발 의지

- 현재 공부하고 있는 분야와 관심 분야가 본인의 진로에 부합하는 유망한 분야인가?
- 꾸준히 학습을 통해 성장하고자 하는가?
- 스스로 좋았다고 느낀 개발 관련 서적이나 공부에 도움이 된 소스 등 자신의 노력에 대해서 면접관과 대화가 가능한가?

개인적으로는 3순위를 2순위보다 중요하게 생각한다. 성장하고자 하는 의지는 있으나 실행에 옮기지 못하는 경우도 많았다. 무엇을 준비해야 할지 몰라 막막해서일 수도 있지만 공부한 기록조차도 없는 경우 좋은 평가를 받기 어렵다.

예를 들어 이력서에 디자인 패턴에 관심을 갖고 있다고 적은 지원자가 관련 질문에 전혀 대답하지 못해 당황스러웠던 기억도 있다. 직전 회사의 네임밸류도 꽤 좋았고 연차도 적지 않았는데, 한 시간 내내 질문에 제대로 답변하지 못하고 면접이 종료되었다. 이때 면접관은 다음과 같은 의식의 흐름을 겪는다.

1 디자인 패턴에 관심이 있다면서 관련 책도 본 적이 없나?
2 그럼 왜 자기소개서에 디자인 패턴에 관심이 있다고 썼지?
3 사실과 의견(생각)을 구분하자.
4 이 지원자가 쓴 이력서는 일부분 혹은 상당 부분 과장되게 썼을 가능성이 있다.
5 이 정도 질문에도 대답을 못하면 다른 질문을 하는 게 의미가 있을까?

100퍼센트는 아니지만 **면접을 하면서 점점 질문의 난이도가 낮아진다면 그 지원자는 탈락할 가능성이 매우 높다.** 반대로 초반 5분 동안 대답을 잘 했다면 조금씩 난이도가 상승하거나 경력과 관련된 다른 분야의 질문을 던지기도 한다. 면접자의 실력이 비교적 안정권에 들어왔기 때문이며 실수만 하지 않는다면 다음 단계로 넘어갈 가능성이 높다.

또 한 가지 중요한 부분은 태노와 커뮤니케이션이다. 업무는 기술력으로만 하는 것이 아니고 혼자 하는 것은 더더욱 아니다. 어떤 조직이든 업무 공백은 반드시 생기기 마련이며 이 공백을 누군가는 메워줘야 한다. 실력이 뛰어나도 무례한 언행으로 팀 사기를 저하시킨다거나 업무 진행에 걸림돌이라고 느껴진다면 회사에 필요한 존재가 될 수 없다. 결국 팀도 개인도 피해를 보는 상황이 벌어진다. 따라서 업무를 대하는 태도와 커뮤니케이션 방식 또한 당락을 결정짓는 중요한 요소라고 볼 수 있다. 커뮤니케이션에 관해선 2부에서 자세히 다룰 예정이다.

2.7 신입을 뽑을 때 중요하게 보는 것

회사 규모가 클수록 신입사원 공채 때 특정 언어 구사 능력을 보는 경우는 드물다. 특정 언어를 구사하면 우대사항은 있을지라도 그보다는 개발에 흥미가 높아서 빠르게 배울 수 있는지, CS 전반에 대한 공고한 이해가 있는지를 바탕으로 코딩 테스트와 면접을 진행한다. 예를 들어 백엔드 개발 신입사원 공채라면 자바, 코틀린Kotlin, 파이썬Python, Go 중에 하나 이상의 언어로 개발할 수 있는지 정도를 확인하고, 경력직은 언어나 플랫폼의 제한을 두고 유경험자를 채용하는 경향이 있다.

신입은 언어 이해도가 높고 개발 경험이 있더라도 기업 요구 수준에는 당연히 못 미치기 때문에 '자질'에 중점을 두는 경우가 많다. 개발에 대한 전반적인 호기심과 꾸준한 노력, 끈기 같은 특성을 중점적으로 평가한다. 다음 우선순위를 참고하면 좋다.

[1순위] 개발에 대한 호기심
- 개발에 흥미가 있고 열정이 있는 지원자인가?
- 기본적인 언어 한 개의 스펙을 잘 이해하고 있으며 큰 어려움 없이 구사할 수 있는가?

[2순위] 성장 욕구
- 성장에 대한 욕구가 확실하고 자기계발 의지가 있는가?

[3순위] 전공 이해도
- 전공 지식에 대한 공고한 이해와 더불어 학업 이외에 본인이 관심 갖는 분야에 관한 지식을 꾸준히 쌓고 있는가?

3순위는 단순 전공 성적으로만 체크하지 않는다. '어떤 과정을 거쳐 어떤 공부를 해왔으며 어떤 결과물을 만들어 보았는가?'를 기준으로 체크한다. 지원서 작성은 3장을 참고하면 되고 블라인드 채용이더라도 보통은 전공자이거나 개발 관련 교육 기관 수료자가 많이 뽑히므로 관련 준비를 철저히 해야 한다.

다음은 면접관 혹은 준비생이라면 대부분 알 만한 교육 기관의 목록이다. 이런 곳들에서 교육받은 경험이 있다면 지원서에 수료 사실을 꼭 명시하자. 전공자라도 개발 경험이 적은 신입이거나 관련 공부의 필요성을 느낀다면 교육 기관에서 공부를 해보는 것도 좋다고 생각한다.

- **삼성 청년 SW 아카데미** (https://www.ssafy.com)
- **네이버 부스트 캠프** (https://boostcamp.connect.or.kr)
- **우아한 테크 코스** (https://woowacourse.github.io)
- **소프트웨어 마에스트로** (https://www.swmaestro.org)
- **크래프톤 정글** (https://jungle.krafton.com)

그밖에 저렴한 교육기관이나 국비 지원 과정도 있으니 자신의 역량에 맞는 교육을 찾아보고 지원해보길 바란다. 다만 교육 기관은 시간을 많이 투자해야 한다는 점이 부담스러울 수 있기 때문에, 좀 더 빠른 길을 찾고자 한다면 정당한 비용을 투자해 부족한 부분만 채우는 것도 추천한다. 예를 들어 레디스나 래빗MQ 같은 미들웨어를 통한 캐싱, 비동기 아키텍처에 관한 지식이나 경험이 부족하다면 인프런이나 유데미 등의 동영상 교육 플랫폼을 활용해 저렴한 가격에 빠르게 배울 수 있다. 또한 이력서 첨삭, 면접을 앞두고 방향성에 대한 멘토링이 필요하다면 인프런 멘토링이나 커리어리와 같은 개발자 커뮤니티를 충분히 활용해서 시행착오를 덜어낼 수 있을 것이다.

2.8 신중하게 고민해야 할 채용 공고

채용은 백엔드, 프런트엔드, 안드로이드, IOS 정도로 나뉘지만 각 분야의 하위에서 어떤 스킬셋을 필요로 하는지 상세히 설명해놓는 게 일반적이다. 채용 소개 페이지에 업무 설명이나 개발 환경, 언어 등 스킬셋이 자세히 기술되어 있지 않다면 다음과 같은 이유로 고민해볼 것을 권한다.

- 업무 체계가 잡혀 있지 않을 가능성이 높다. IT 전문성이 없는 회사일수록 개발 문화나 환경에 대한 설명이 없을 가능성이 높다.

- 폴리글랏polyglot이나 풀스택full-stack이라는 근사한 이름으로 포장된 곳은 무리하게 올라운더로 근무할 가능성이 높다. 보통 세 개 이상의 언어를 깊게 이해하고 활용한다는 것은 현실적으로 어렵다. 대형 IT 회사는 업무가 전문화, 세분화되어 있기에 여러 가지 언어를 한다고 이직 시장에서 각광받는 것은 아니다. 메이저 언어 하나와 활용 가능한 부언어 하나 정도면 충분하다. 예를 들어 알고리즘 풀이에는 파이썬을 쓰고 주력 개발 언어는 자바를 구사하면 충분하다.

- 주니어가 특정 서드 파티third party에 종속된 프로덕트를 주력으로 개발하는 것은 비추천한다. 대형 회사의 특정 회계 프로그램을 개발하거나, 글로벌 솔루션이라도 분야가 한정적이라면 이직 시에 한계에 부딪친다. 채용 시장 자체도 협소하고 IT라는 업계 특성상 소프트웨어 혹은 기술 영역의 생명 주기가 생각보다 짧다. 당연히 특정 벤더에 종속적인 기술이라면 벤더의 수명과 흥망성쇠가 함께 결정될 것이다.

CHAPTER 03

취업과 이직을 위한 첫걸음, 이력서와 자기소개서

> 컴퓨터 공학을 전공 중인 S씨는 4학년 2학기를 앞두고 취업 준비를 하기로 계획했다. 교내 취업 설명회에 참여하여 이력서와 자기소개서를 작성하는 법에 대한 강의를 듣고, 직접 작성해보기로 마음먹었다. 학점은 좋은 편이고 교내 개발 행사에서 입상한 경험도 있어서 이력서를 채우는 데 큰 문제는 없을 것이라고 생각했다.
>
> 그러나 막상 작성하다 보니 이력서에 도대체 어떤 내용을 채워야 하며 경력 사항에는 대학 졸업반일 뿐인데 어떤 내용을 넣어야 하는지, 포트폴리오는 따로 만들어야 하는지 혼란스러웠다.
>
> 인터넷 검색을 통해 이력서들을 찾아봤지만 대부분 경력 위주의 내용이었고 첨삭 등 조언이 필요한데 무엇을 참고해야 할지 조차 막막하다. 신입사원으로 지원한다면 서류에서 무엇을 어필해야 할까?

친하게 지낸 선배들이 이미 업계에 많다면 도움받기 쉽겠지만 그렇지 않다면 한계가 있을 것이다. 경력이 조금 있는 주니어라도 주변과 교류가 많지 않다면 별반 상황이 다르진 않을 것이다. 따라서 3장에서는 S씨처럼 서류 작성이 낯선 이들을 위해 어떤 내용으로 채워야 할지, 도움을 받을 만한 방법은 무엇이 있는지 정리하였다.

3.1 이력서 관리와 서류 전형을 위한 준비

3.1.1 기본적인 주의 사항

서류 작성 시 공통적으로 주의해야 할 점이 있다. 개인정보가 들어간 이력서는 제외하고, 경력 사항부터 자기소개서까지 긴 문장이 들어간 문서는 여러 번의 퇴고를 거쳐 틀린 맞춤법과 비문을 걸러내고 용어를 정확히 숙지해 써야 한다. 이런 실수가 잦으면 성의 없는 이력서로 간주되어 탈락하는 경우가 생각보다 많다.

영어로 전문 용어 등을 기재할 때 대소문자를 중구난방으로 표기하지 않는 것이 기본이다. 예를 들어 구사 언어에 JAVA로 썼다가 자기소개서에는 Java로 쓴다거나 약어를 소문자만 쓴다거나 대소문자를 섞어서 쓴다거나 하는 경우는 없어야 한다. 그 외 특히 주의해야 할 사항들을 다음과 같이 정리했다.

- 영어는 기본 철자가 틀리지 않도록 하고 대소문자도 신경 쓰자. 프로그래머의 기본 소양은 정확한 용어와 컨벤션이다.
- 약어는 괄호 안에 설명을 써주거나 전체 용어를 표기해주자. 의미 전달이 명확해야 한다.
- 본인 회사에서만 쓰거나 특정 영역, 산업군, 부서에서만 쓰는 용어는 지양하고 범용적인 용어로 바꾸자.
- 문장은 장황하지 않도록 간결하게 쓰고 화살표나 대시 등 구분자를 이용해 깔끔하게 정리하자.
- 내용이 많다고 좋은 것이 아니다. **면접관들이 이력서를 검토하는 시간은 짧으면 1분에서 길어봐야 10분 이내이다.** 특히 수시 채용은 업무 중 잠시 짬을 내어 합격 여부를 빠르게 정한다. 신중하게 살펴본다 해도 각자의 기준이 명확하고 그 수준에 부합하지 않거나 판단을 유보해야 한다면 시간을 많이 할애하지 않는다.
- 공채 역시 서류 검토와 코딩 테스트, 원격 면접, 대면 기술 면접 등 과정이 길기 때문에 기본적인 검토 시간만 쓰는 편이다. 직접 했던 업무나 경험 위주로 임팩트 있는 한 줄씩 승부를 봐야 면접관의 눈을 사로잡을 수 있을 것이다.

- 개인 정보를 포함한 자기소개, 경력기술서까지 최대 세 장 이내로 압축하자. '최대'가 세 장이며 가급적 한두 장에 모두 담겨 있는 게 좋다. 기술적인 정리나 포트폴리오는 가급적 블로그 링크나 깃허브의 프로필 페이지를 활용하도록 한다(4장에서 자세히 다룰 것이다).
- 회사의 온라인 지원 양식이 따로 존재한다면 그 양식에 맞춰 제출하자. 미리 준비해놓은 공통 이력서가 있어도 자사 채용 양식을 맞추는 것에 소홀하면 안 된다.
- 제출하기 전 맞춤법 검사기를 통해 최종 확인한다. 부산대 맞춤법 검사기[1]나 취업 사이트에서 제공하는 검사기 등이 있으니 최대한 활용하자. 글자 수 제한이 있으면 네이버나 다음의 맞춤법 검사기를 활용하면 된다.

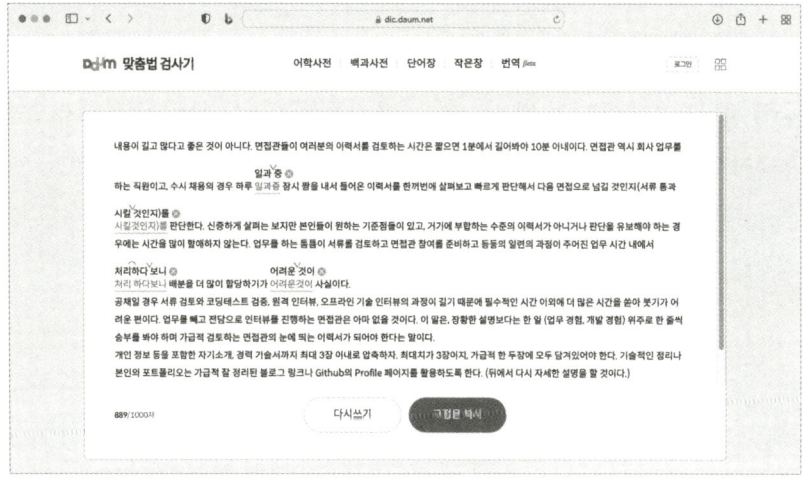

그림 3-1 다음 맞춤법 검사기

3.1.2 꼭 챙겨야 할 항목

이력서에는 개인정보와 지원 분야, 경력 사항, 학력 사항, 교육 과정, 수상 내역, 남자라면 병역 사항 등이 들어가게 된다. 기왕이면 이력서는 한 장으로 하

---

1 https://nara-speller.co.kr/speller

고 나머지 한 장에 경력기술서와 자기소개가 들어가도록 하자. 그 외에 다음 사항이 들어가도록 챙기자.

① 개인정보 필수 항목

- 인적사항(이름/연락처/이메일/생년월일/병역 여부)
- 지원 분야
- 총 개발 경력(ex. 만 X년 X개월): 25개월을 근무했다면 2년 1개월이 실제 근무 기간이고 연차로는 3년 차 개발자이다. 연차는 큰 의미가 없으므로 만으로 된 기간을 명시한다.
- 근무 경력: 개발 관련 경력 사항

굳이 들어가지 않아도 될 정보는 빼자. 예를 들어 증명사진을 요구하지 않으면 첨부하지 않아도 된다. 그 밖에 가족관계나 결혼 유무는 넣지 않아도 된다. 병역, 어학 등으로 경력과 학업 사이에 공백이 존재할 때는 그 기간과 내용을 명시하는 것이 도움이 된다.

② 지원 분야(부서)를 꼭 쓰자

'서비스 무관'보다는 지원 분야가 명확한 게 좋다. 시니어 개발자 입장에서는 자기 부서에 관심을 가지고 지원한 사람을 좀 더 주의 깊게 살펴보게 된다. 우리 부서의 업무에 관심이 있다고 어필하는 사람과 어디든 좋다고 작성한 지원자 중 누구를 더 선호하겠는가?

- 무관보다는 차라리 복수 분야를 명시하자. 채용 공고를 보면 어떤 부서들에서 채용 중인지 나올 것이다.
- 지원 부서가 여러 곳이라면 1지망, 2지망 순서를 명확히 적는다.
  [예시] 1지망 – xxx 개발팀, 2지망 – yyy 개발팀

- 특정 부서나 특정 업무에서 요구하는 인재상이 본인과 부합한다면 명확히 그 부서에 지원한다고 써야 한다.

③ 스킬셋이 일치하는지 살펴보자

당연히 지원 분야의 직무 이해도, 스킬셋에 대한 이해도가 있어야 한다. 이미 이력서에 테크니컬 스킬을 적어놨을 테고, 지원하는 부서와 스킬셋이 일치해야 서류 통과가 될 것이다. 지원 회사의 메인 언어, 관련 프레임워크, DB 등의 개발 플랫폼을 경험해봤다면 더 유리하다.

현재 부족한 부분이 있다면 극복하기 위해 어떤 노력을 하고 있는지 기재하면 좋다. 그리고 실제로 그런 노력을 하고 있어야 한다.

④ 분야 공통점을 강조하자

개발 직군의 경우 넓은 분야의 일을 하는 최상위 부서보다는 서비스 실행 단위 부서에서 채용하는 경우가 많다. 당연히 업무 유관자가 유리하다. 커머스 회사의 백엔드 개발자 채용인 경우 주문, 상품, 결제 등 디테일한 부분의 개발 경험자를 각 팀별로 채용할 때가 많다.

특정 부서에 걸맞은 관련 도메인 경력이 없을 수도 있다. 그렇다면 자신의 현재 업무와 어떤 공통점이 있는지 강조하는 것도 도움이 된다. 예를 들어 주문 결제 담당자 포지션에 지원 시 커머스 경험은 없지만 PG 연동을 해봤다고 한다든지, 여행 예약 시스템 개발 포지션에 지원 시 상품의 재고 관리 개발 경험을 강조하는 등 유관 업무 경험을 충분히 살릴 수 있다.

3.1.3 취업에 도움이 되는 분야별 스킬셋

아무래도 개발 관련 자원이나 채용 풀pool이 가장 넓은 분야는 백엔드, 서버 분야로 자바, 스프링, 코틀린, MySQL이 가장 광범위하고 자료가 많으며 그 뒤를 잇는 것은 파이썬, Node.js, GO 정도일 것이다. 구글에서 발표하는 프로그래밍 언어 검색 빈도인 PYPL Popularity of Programming Language[2]에 따르면 파이썬이 글로벌 1위이고 자바가 바로 뒤를 잇지만 국내에선 아직 자바 점유율이 압도적이다.

Rank	Change	Language	Share	1-year trend
1		Python	28.05 %	+0.1 %
2		Java	15.88 %	-1.0 %
3		JavaScript	9.27 %	-0.3 %
4		C#	6.79 %	-0.2 %
5		C/C++	6.59 %	+0.3 %
6		PHP	4.86 %	-0.4 %
7		R	4.45 %	+0.4 %
8		TypeScript	2.93 %	+0.1 %
9	↑↑	Swift	2.69 %	+0.7 %
10	↓	Objective-C	2.29 %	+0.2 %

그림 3-2 PYPL 글로벌 인덱스

글로벌 커뮤니티의 프로그래밍 언어 인기도를 나타내는 지표인 TIOBE INDEX[3]도 순서만 다소 차이가 있지 상위 언어들은 큰 차이가 없어 보인다. 2020년을 기점으로 파이썬과 자바의 점유율이 역전되었는데 아마도 머신러닝, 인공지능 분야 인기도 급증이 영향을 미친 것으로 해석된다. 국내는 자바 기반(스프링, 스

---

[2] 출처: https://pypl.github.io/PYPL.html
[3] 출처: https://www.tiobe.com/tiobe-index

프링 부트Spring Boot 등의 프레임워크 포함) 기술의 점유율이 압도적[4]이고, 채용 공고 자체도 다른 언어에 비해서 두 배 가까이 높다.[5] 잡코리아나 사람인, 기타 IT 구인 전문 사이트에서 각각의 키워드로 검색해보면 구인 공고의 총 개수에서 큰 차이가 나는 것을 확인할 수 있다.

표 3-1 개발 언어별 인력 현황

	2019년	2020년	2021년	2022년	2023년
C/C++	99.8	102.2	118.1	130.4	163.5
C#	52.0	56.3	64.3	80.3	110.3
Java	134.2	123.6	137.5	163.3	204.8
Java Script	83.2	78.5	89.3	118.1	145.5
PHP	22.8	20.5	24.1	39.1	44.2
HTML5	17.5	14.8	17.3	32.5	43.2
Object-C	21.4	17.9	18.7	26.5	33.5
Visual 계열	7.9	5.9	5.9	14.4	15.1
파이썬	12.6	10.2	10.8	16.8	19.1
기타	10.3	7.3	8.0	18.2	20.8

소프트웨어정책연구소SPRi에서 발간한 2024년 정보기술분야 산업 인력 분석 보고서에도 자바 관련 인력이 압도적으로 많은 것을 확인할 수 있다. [표 3-1]은 구글에서 개발 언어별 인력 현황 분석[6]이라는 키워드로 검색하여 나온 정책연구소 자료를 첨부한 것이다.

---

4 참고: https://www.jetbrains.com/ko-kr/lp/devecosystem-2021/java
5 참고: https://news.mt.co.kr/mtview.php?no=2021111009051775816
6 출처: https://stat.spri.kr/posts/view/22282?code=stat_sw_human_resources

① 백엔드

백엔드라면 자바, Node.js, 파이썬 기반의 개발 환경이 가장 무난하고 파이썬은 인공지능 분야 이외에도 코딩 테스트를 풀기 위한 언어로 많이 사용한다.

개발 언어는 회사 규모와도 관련이 깊다. 네카라쿠배라고 불리는 대형 회사들은 대부분 자바, 코틀린, 스프링 기반의 프로젝트가 많으므로 이곳들이 목표라면 관련 언어에 대한 경험과 지식을 반드시 습득해야 한다. 물론 개발 언어와 더불어 관련 프레임워크, 애플리케이션 서버 설정 등을 통한 개발 경험을 사용했던 툴과 함께 정리해야 한다는 뜻이다. 코딩 테스트에서 요구하는 언어적인 제한에 대해서는 6장 '코딩 테스트 준비 전략'에서 자세하게 설명해놓았으니 꼭 읽어보고 시행 착오를 줄일 수 있도록 대비하자.

② 프런트엔드

프런트엔드라면 자바스크립트^{JavaScript}, 타입스크립트^{TypeScript}를 기반으로 뷰^{Vue}나 리액트^{React}, 기타 프레임워크, 빌드 도구, 모듈 번들러(Babel, Webpack) 등을 사용해본 경험이 있다면 좋다. 프런트엔드 개발자들은 웹 환경과 모바일 환경에 대응하는 다양한 디바이스에 맞추어 유연하게 개발하는 반응형 웹 개발을 동시에 하는 추세이다. 많은 개발자가 백엔드 개발 구조까지 잘 이해하고 있으며 특히 Node.js를 활용하여 프런트엔드와 연동을 해본 경험이 있었다. 탑 티어 회사일수록 특히 네트워크, 언어(JS, 가능하면 엔진의 동작까지), 프레임워크/라이브러리(Next.js, React 등), 빌드(번들러, 트랜스파일러), 테스트, 브라우저의 랜더링 파이프라인 등을 깊이 있게 물어보기 때문에 연차가 쌓일수록 관련 심화 과정을 꼭 공부해두길 바란다. 이 밖에 SSR$^{Server-Side\ Rendering}$이나 SPA$^{Single\ Page\ Application}$ 관련 개념과 동작 방식에 대해서 이해하고 있어야 한다. 최근에는 대형 애플리케이션에서 적용하는 MFA$^{Micro-Frontend\ Architecture}$도 알고 있어야 한다.

MFA는 웹 애플리케이션을 작고 독립적인 단위로 분할하여 개발하고 관리하는 접근 방식으로 MSA^{MicroService Architecture}의 웹 프런트엔드 버전으로 볼 수 있다. SSR이나 SPA의 내용에 대해서는 다음 절에서 다시 언급하도록 하겠다.

③ 버전 관리와 테스트 케이스

버전 관리는 보통 깃^{Git}을 베이스로 한 깃랩^{Gitlab}이나 깃허브 엔터프라이즈^{Github Enterprise} 관련 제품을 사용한다. 그러므로 회사에서 깃을 사용해보지 않았다면 깃을 이용한 개인 프로젝트를 해보는 편이 좋다.

또한 테스트 기반 개발을 중요시하는 회사가 많다. 테스트 케이스를 작성해서 자신이 작성한 로직을 검증하는 형태의 개발 방법을 습득해야 한다. TDD^{Test Driven Development}와 같은 테스트 방법론을 중요하게 여기는 회사들도 있다. 목적은 TDD 자체가 아니라 작성한 주요 로직에 대해 유닛 테스트와 같은 형태로 테스트 케이스를 작성하는지, 테스트 케이스의 작성 기법을 적용하고 있는지 중점적으로 판단하기 때문에 개발과 테스트 케이스 작성 연습은 필수다.

④ 데이터베이스

DB는 MySQL을 기본으로 PostgreSQL, Document 기반의 몽고DB^{MongoDB}와 같은 NoSQL 혹은 AWS 같은 특정 클라우드 환경에서 지원하는 기술을 원하는 곳도 있다. 스택 오버플로^{Stack Overflow} 설문조사[7]에 따르면 2021~2022년도에는 MySQL이, 2023년도에는 PostgreSQL이 인기 있는 데이터베이스 기술 1위를 기록했다.

---

[7] 출처: https://survey.stackoverflow.co/2023/#most-popular-technologies-database

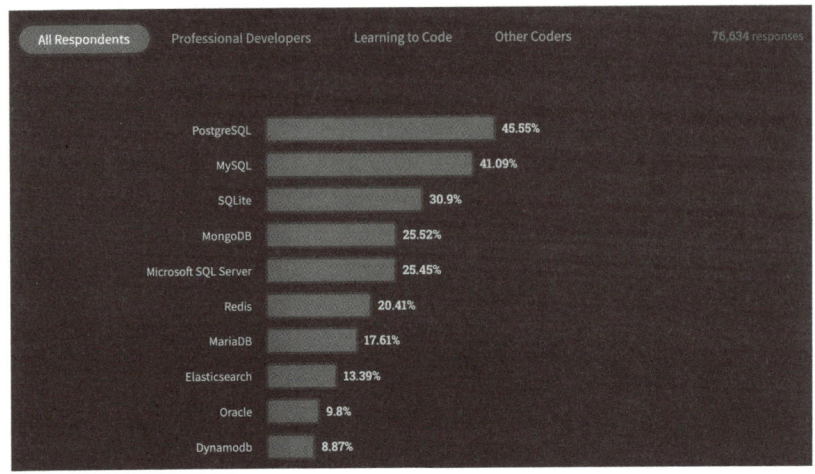

그림 3-3 스택 오버플로의 데이터베이스 관련 인기 기술 조사 결과

전세계적으로 볼 때 MySQL과 쌍둥이 같은 취급을 받는 MariaDB를 합쳐서 계산하면 1위인데, 우리나라도 이와 다르지 않다. 오히려 우리나라는 PostgreSQL 비중이 낮은 편이다. 특히나 자바 계열에서는 MySQL이나 몽고DB, ElasticSearch 등의 기술이 주류이다.

> **NOTE** 그 외 중요한 기술 요소들
> - 주니어 때는 언어를 다양하게 익히는 것보다 데이터 관계도나 아키텍처에 대한 이해가 더 중요하다. 언어는 한두 가지면 충분하고, 필요할 때 배우면 된다. 오히려 ERD나 아키텍처 관련 지식은 언어와 무관하게 꾸준히 쓰일 수 있다.
> - 회사에 불이 나서 개발 장비들이 소실되었다 해도 IDC에 있는 DB만 살아있으면 관련 비즈니스는 지속할 수 있을 정도로 데이터는 굉장히 중요하다.
> - 결국 모든 요구 사항은 데이터를 저장하고, 조회하고, 수정하고, 삭제하고, 집계하는 것을 바탕으로 한다. 특히나 업무 툴 같은 건 현업 담당자가 웹 화면에서 엑셀과 같은 동

작이 지원되길 바란다. 필터링하고, 정리하고, 집계하고 결과물을 그래프로 그리거나 다운받아 보고서로 만들어야 하기 때문이다.

- 웹이든 앱이든 서버 개발을 지향한다면 ANSI-SQL[8]은 평균 이상으로 습득해둬야 한다. 특정 벤더에 종속되지 않은 표준 기술 습득이 유리하다는 뜻이다.
- 서버 애플리케이션 레벨에서 가장 많이 도입되고 있는 기술은 ORM Object-Relational Mapping(객체 관계 매핑)과 같은 개념이다. (ex. Hibernate, SQLAlchemy, Sequelize)
- 쿼리를 직접 호출하는 방식보다는 ORM이나 DSL Domain-Specific Language 기반의 개발 방식이 생산성에 결부되므로 반드시 습득해야 한다.

이밖에 지원서에 추가해야 할 내용으로는 경력 사항과 그에 따른 경력기술서, 사용 기술의 숙련도 등이 있다.

3.2 지원서에서 나를 돋보이게 만드는 방법

업무 경력과 경험해온 업무 도메인에 대해 경력 사항란에 약식으로 한눈에 알아볼 수 있게 작성한 뒤, 별도의 페이지로 경력기술서를 상세하게 보여주는 것이 좋다.

3.2.1 한눈에 보이는 경력 사항

이력서의 경력 사항란에는 재직한 회사 기준으로 어떤 서비스와 제품을 개발하였는지 간략히 기술하되, 그 안에서 맡은 역할이 중요하다. 주니어라면 개발 경

---

8 미국 표준 협회 American National Standards Institute 에서 정한 표준 SQL문 작성 방법

력이 길지 않겠지만 본인이 주도한 부분이 있다거나, 지원하는 회사에 부합하는 기술 요건을 갖추었는지 파악 가능하도록 짧게 기술한다. 시선이 위에서부터 아래로 훑어 내려가기 때문에 가급적 중요한 내용, 최근 경력부터 시간순으로 작성하는 것을 추천한다. 더 자세한 내용은 경력기술서에서 표현할 수 있으므로 굳이 많은 내용을 담지 않아도 되고, 다음 사항을 주안점으로 삼도록 하자.

- 주로 어떤 개발 환경에서 어떤 도메인을 주력으로 개발하였는가? 어떤 영역을 맡아서 개발하였는가?
- 근무 기간, 근무 유형, 직책이나 직급같이 참고할 만한 사항을 적고 현재 재직 중인 최신 이력을 가장 위에 적는다.
- 재직기간, 회사명, 직위명, 간략한 주요 업무 키워드 정도라면 충분하다. 많은 이가 경력기술서에 치중해 이 공간에 스킬셋 언급을 생략하고는 하는데 경력기술서로 넘어가기 전에 여기에 키워드를 먼저 나열해주면 파악에 도움이 된다.

예를 들면 다음과 같이 적는 식이다. 가상으로 적은 것이므로 형식만 참고하기 바란다.

표 3-2 경력 사항 예시

재직 기간	회사명	직위	주요 업무 및 역할
2018.01.01 ~재직중	XX오	TL	쿠폰 적용 서비스 개발(Java, Spring/JPA, Redis, MySQL)
2013.06.01 ~2017.12.30	쿠X	팀원	예약 시스템 개발 및 MSA 전환 개발/운영(Java, Spring/JPA, MQ)

3.2.2 능력을 드러내는 숙련도와 학업 표기

보기 편한 숙련도 표기

면접에서는 기술 숙련도에 따라 질문 난이도를 조정하게 된다. 경험이 많은 영역과 잠시 해보기만 한 영역에 대한 교차 검증을 하므로 이력서에 쓴 기술을 명확히 설명할 수 있어야 한다. 특히 빅테크 기업일수록 프로젝트에 왜 해당 기술을 사용하였는지 꼼꼼하게 물어본다. 주니어 개발자여도 단순히 주어진 환경 안에서만 개발한 경험보다는 기술을 사용해서 어떤 이점이 있었고 어떤 경험을 했는지 자세히 설명할 수 있는 수준은 되어야 유리하다.

경력이나 회사에 따라 경험치에 대한 기준점이 다르다. 가급적이면 첫 페이지에 언어를 포함한 스킬셋을 정리해서 보여주는 공간이 있어야 한다. 자바 백엔드 개발자라면 다음과 같은 예시를 들 수 있겠다. 단순히 예시이므로 본인의 연차에 따라 적절히 배분하되, 모든 스킬셋들을 장황하게 늘어놓을 필요는 없다. 특히 버전이나 라이브러리, 그 외 사용한 개발 툴 같은 것은 나열할 필요 없다.

숙련도 표기는 연차 기준으로 상, 중, 하 정도로 표기할 수도 있고 주로 해온 기술과 비선분적인 기술을 구분하기 위해 전문가 수준, 고급, 중급, 초급 수준 정도의 레벨로 구분하면 된다. 연차 기준으로 오래 해온 등급순으로 표기하되, 통일성 있게 표기해야 한다.

다음은 자바 기반의 백엔드 개발 5년 차라고 가정하고 몇 가지를 나열한 것이다.

- Java, Spring, JPA (상)
- JavaScript, Handlebars (상)
- DBMS(MySQL, Oracle 상), NoSQL(MongoDB 중)
- Python, Node.js (하)

- **기타 개발 툴 및 개발 환경**
  - IntelliJ, Git, Jenkins, AWS
  - RESTful API 설계 및 개발 운영
  - MSA 설계 및 개발 경험

만약 프런트엔드라면 다음과 같은 스킬셋이 들어갈 수 있을 것이다.

- **JavaScript, TypeScript**
- **Node.js, Next.js, React, Vue.js**
- **Webpack, Babel, Vite**
- **기타 참고 사항**
  - MFA 개발 경험
  - 프런트엔드 성능 개선 경험
  - 테스트 자동화 도구 활용 경험

백엔드라면 클라우드를 이용하여 서비스하는 곳이 많아 AWS나 GCP, Azure 관련 경험들을 기술하면 좋고, CI/CD 관련 기술들 또한 경험해보았다면 장점이 될 수 있다. 프런트엔드라면 SSR이나 SSG$^{\text{Static Site Generation}}$, SEO$^{\text{Search Engine Optimization}}$와 관련한 경험이나 성능 개선을 위한 기술 경험이 있다면 기타 항목으로 추가해주면 좋다.

많은 내용을 담을 필요는 없지만 자신의 핵심 기술과 지원 부서의 기술 스택 일치 여부를 일목요연하게 정리한다. 미처 적지 못한 기술 중 꼭 넣고 싶은 것이 있다면 경력기술서에 언급하면 된다.

기타 개발 툴이나 RESTful API 같은 부분은 사실 없어도 된다. 주력 언어와 프레임워크, DB 정도만 기술하고 나머지는 경력기술서에만 기재해도 문제없다. 채용 공고에 우대사항이 있다면 시스템 디자인이나 설계, 아키텍처 경험 등을 넣을 수는 있지만 경험을 해본 것과 알고 있는 것은 엄연히 다르므로 구분해서 기재하자. 다시 말하지만 내용이 많다고 좋은 게 절대 아니다. 군더더기 없이 필수 내용만 채우도록 하자.

학력 정보는 꼭 적는 게 좋을까

본인의 학업 성취가 좋다면 이력서에 적는 게 유리하다. 전공 여부 또한 중요시하는 회사들이 있다. 하지만 전공 여부가 100퍼센트 실력을 가늠할 수 있는 척도는 아니라서 비전공이라 하더라도 실력이 좋으면 큰 문제가 되진 않는다(하지만 그만큼 다른 방식으로 실력을 증명해야 한다). 어렸을 때부터 프로그래밍을 해왔다거나, 이미 컴퓨터 관련 과목 이해도가 높아서 다른 전공을 하면서 컴퓨터 공학 과목을 수강하는 비전공자도 많다. 학력 정보를 넣으려면 연도, 학교, 전공과 졸업 여부 정도만 넣자.

- 카카오 신입 공채는 블라인드 채용이라서 학교 정보나 전공 입력란이 없다. 오로지 코딩 테스트 통과 후 면접에서 CS 지식을 검증하게 된다.
- 개인적으로는 학력 정보는 기술 면접 이후 판단하기 애매할 때(면접을 엄청 잘 보진 않았지만 탈락시키기도 아까운 상황)에만 한 번 더 참고하는 편이나.
- 학업 성적이 좋더라도 지원 분야 스택과 일치하지 않으면 탈락 가능성이 높다. 이런 경우를 많이 봐왔으며 이는 자신이 부족해서가 아니기 때문에 자책하지 않아도 된다. 반대로 '내가 졸업한 학교도 떨어진다고?'라고 생각할 필요도 없다. 그저 팀 내 채용 조건, 팀 구성상 필요한 연차 등 세부 조건에 부합하지 않기 때문이지 다른 이유는 거의 없다.
- 만약 지원 분야에서 별도의 학위를 요구한다면 필수로 적어두고 유관 연구 자료나 활동에 대해서 자기소개나 추가 항목을 통해 기술해두자.

비전공자는 전공자의 지식을 따라가기 위해 훨씬 더 많은 시간을 CS, 알고리즘, 코딩 테스트에 투자해야 한다. 이 영역들은 기초 체력과 마찬가지라서 시간이

지날수록 체력의 한계를 느끼게 될 것이다. 즉, 상위권 회사를 목표로 할수록 기초 체력에 발목이 잡혀 끊임없이 괴롭힘을 당하게 될 것이다. 결국 실력을 증명하기 위해 내세울 수 있는 가장 쉬운 근거가 학력, 전공 여부, 학점 등이기 때문에 이 영역에서 핸디캡이 있다면 다른 방식으로 증명하는 수밖에 없다. 따라서 기초 체력을 단단히 하면서 그다음 단계를 준비하는 것이 정석이라고 생각한다. 이 책에서 이런 핸디캡을 메울 수 있는 커리어 패스를 정리했으므로, 본인의 성향에 맞는 계획을 세워 실천할 수 있으면 더욱 빠르게 목표한 회사에 다가갈 수 있을 것이다.

3.2.3 치열하게 준비한 증거, 입상 경력과 교육 사항

오픈소스에 참여해보자

국내외 해커톤이나 오픈소스 관련 대회에 출품했거나 입상했던 이력이 있으면 당연히 가산점이 붙는다. 시도는 해보되 여의치 않다면 차선책으로 개인이나 팀 단위의 제품을 만들어보길 바란다.

- 공신력 있는 기관이 주관하는 행사에서 팀 단위 결과물로 입상하는 게 가장 좋다. 개인 작업물도 좋지만 혼자 입상까지 하려면 몇 배의 시간과 노력을 기울여야 하므로 팀을 더 추천한다. 공개SW 개발자 대회에 대한 정보는 참고 기사[9]를 한번 살펴보고, 공식 홈페이지[10]에 방문하여 운영 절차 등을 참고해보기 바란다. 만약 입상하지 않았더라도 제품을 만들어서 운영해볼 수 있는 기회로 삼고 꾸준히 발전시킨다면 이력에 도움이 될 수 있다.

- 오픈소스화하는 데 실패했더라도 결과물은 남는다. 만약 입상하지 않았더라도 프로덕트를 만들어서 운영해볼 수 있는 기회로 삼고 꾸준히 발전시킨다면 이력 사항에 도움이 될 수 있다.

---

9   참고: https://www.hankyung.com/article/202405287835i
10 참고: https://www.oss.kr/dev_competition

- 팀 단위로 참가했다면 팀 내에서 어떤 역할을 했는지, 역할 분담은 어떤 기준으로 했는지, 팀워크와 현재 결과의 상관관계를 최대한 자세히 쓰자. 신입으로 지원한다면 각 대학이나 교육단체에서 주관하는 해커톤이 있으므로 앞서 언급한 공개SW 개발자 대회나 창업 지원 관련 기관에서 지원하는 해커톤을 준비하는 걸 추천한다.

취업을 위한 노력을 부각시키자

- 외국의 유명 아티클을 번역해서 발행한다거나, 공식 레퍼런스 문서들을 번역해보는 것도 신입 개발자의 이력서에 부각시키기 좋은 활동들이다.
- 블로그나 깃 등이 활용하기 좋은 플랫폼인 것은 맞지만 내용에 경쟁력이 있어야 한다. 다른 내용을 베끼거나 AI 도구를 써서 적당히 작성한 내용들은 오히려 독이 된다.
- 요즘은 특히 1일 1커밋, 블로그 1일 활동 자체에만 치우쳐, 알찬 내용을 정리했다기 보다는 보여주기식으로 채운 경우가 많다. 자동화로 베낀 블로그나 잔디 심기 같은 작업은 오히려 마이너스 요소가 되므로 정석대로 정리하도록 하자.
- 본인이 제작한 서비스의 동작을 보여주기 위해 동영상 데모나 이미지를 첨부하는 경우가 있는데, 차라리 이런 노력을 데모 페이지 제작이나 실제 앱 마켓에 론칭하여 운영해보는 데 쏟는 것이 더 좋다.
- 기획부터 초기 요구사항 정리, 개발, 테스트, 론칭의 전체 사이클을 경험해본 것과 그렇지 못한 것은 큰 차이가 있으므로 가급적 포트폴리오용 토이 프로젝트보다는 실제 서비스를 론칭해서 실사용자를 대상으로 서비스를 운영해본 경험을 어필하기 바란다. 앱이라면 앱 스토어에 실제 등록되어 있고 실사용자가 있다면 더욱 도움이 될 것이다.
- 최근 들어 한 분야만 공부하려는 지원자가 많은데(예를 들어 '난 백엔드 개발자니까 백엔드 이외엔 공부하지 않을 거야'란 태도), 장기적으로 AI 도구들로 인해 프런트엔드, 백엔드의 경계도 허물어지리라 예상된다. 따라서 가능하면 분야에 제한을 미리 두지 않아야 취업이 더 도움이 될 것이다.

교육 이력은 필수, 자격증은 선택 사항

- 삼성에서 운영하는 씨피(SSAFY)나 네이버 부스트 캠프, 우아한 형제들의 우아한 테크캠프와 같은 과정은 면접관들도 익히 알고 있으므로, 이력이 있다면 적어도 좋다.
- 교육 이력은 신입 공채인 경우 개발 실력을 참고할 만한 사항이지만 경력직에겐 크게 부각되는 요소는 아니다.
- 자격증 정보는 공공 기관 관련 회사에 지원하는 게 아니라면 크게 도움이 되지 않는다. 지원하는 곳이 AWS 환경이라면 AWS 관련 자격증이, 쿠버네티스를 사용한다면 CKA 같은 자격증이 도움이 될 순 있겠지만 합격에 큰 영향을 미치지는 않는다. 자격증은 '이 영역을 공부하는 김에 자격증도 같이 따볼까?' 정도로 생각하고 공부가 우선이 되어야지 자격증에만 의존하면 안된다. 자격증을 준비한 시간만큼 취업 준비 시간이 투자된 것이니, 그만큼 학습한 과정이 다른 형식의 결과로 명확히 있어야 한다. 물론 신입은 자격증 하나라도 있어야 이력서를 채울 수 있기 때문에 불안감이 해소될 수는 있지만, 큰 가산점이 되진 않는다.

3.2.4 심플하면서도 매력적인 자기소개서

자기소개서는 지원동기와 활동 이력 등을 설명하는 영역이다. 어떤 분야에 관심이 있고, 어떤 커리어를 쌓았는지 이력서 내용을 더 자세하게 설명하고 본인이 어떤 사람인지 면접관에게 각인시켜야 한다. 따라서 반드시 다음 사항을 담백하게 담아내야 한다.

- 지원동기
- 관심을 갖고 공부한 분야
- 커리어에서 부각하고 싶은 내용과 이를 통해 회사에 기여할 수 있는 부분

면접관의 검토 시간은 길지 않다. '서울에서 태어나…', '대학 생활 4년 내내 장학금을 받으며…'와 같은 군더더기는 최대한 지우라는 뜻이다. 장황한 내용보다

'나는 무엇을 중요하게 바라보는 개발자' 등 자신을 표현하는 한 줄로 서두를 연다면 기억하기 쉬울 수 있다. 매력적인 단 한 줄이 구구절절한 몇십 줄의 자기소개보다 훨씬 오래 기억에 남을 수 있다. 이 한 줄로 자기계발을 위한 노력, 스터디나 관심 분야 등을 노출하여 면접 시 가벼운 주제부터 기술적인 부분까지 대화가 연결되도록 해야 한다.

문제 해결 능력을 어필할 때도 어떤 문제를 인식하여 해결했는지, 어떤 효과를 가져왔는지, 그리고 해결하지 못했더라도 다양한 방법을 시도해봤다는 사실을 제시할 수 있어야 한다. 경력이 짧거나 신입이어서 문제 해결 관련 경험이 없거나 부족하다면 해당 지식을 채우기 위해 실천한 노력을 기재하는 것이 좋다. 예를 들어 데드 락이 어떤 개념인지 알기 위해 대용량 트래픽을 받는 서버 관점에서 재현해봤으며 어떤 경우에 발생하는지, 어떤 방식으로 문제를 해결했는지 정리한다면 더 좋을 것이다. 개인 프로젝트보다는 팀 단위의 성과를 기재하길 바란다. 기여도와 팀에서 맡은 역할을 같이 표기하는 것이 보기에 편하다.

내용이 좀 부족하다면 주변에서 평가하는 자신의 강점과 단점을 적어도 좋고, 개인적인 목표는 무엇인지 등을 추가해주면 된다.

마지막으로 지원동기와 입사 시 기여할 수 있는 부분도 중요하다. 이 마저도 부실해보인다면 왜 백엔드 개발자가 되고 싶은지, 백엔드 개발자로서 성장하기 위해 어떤 노력을 하고 있는지 적어야 한다. 기본적으로 백엔드 개발자는 시스템 전체를 아우르며 비즈니스적 이슈에 집중해 해결을 한다거나 Product의 A to Z를 경험함으로써 더욱 전문적이고 광범위한 업무 영향력을 발휘할 수 있다. 따라서 이런 고민을 한 사람과 경력만 쌓인 사람 사이에는 동기 부여 측면에서 큰 차이가 있을 수밖에 없다.

자기소개서를 위한 커리어 관리

관심을 갖게 되는 자기소개서는 여러 요인이 있겠지만 다음 내용을 참고하여 커리어를 관리하면 유리할 수 있다. 부각하기 좋은 소재는 다음과 같은 것들이 있다.

- 오픈소스 관련 활동
- 테크 관련 세미나에 연사로 참여한 이력
- 책 집필이나 팀 프로젝트로 성과를 냈던 경험
- 서비스 운영 중의 문제 해결과 성과

물론 깃허브나 블로그 링크 등으로 소스 코드나 아키텍처가 포함된 깔끔한 개발 문서가 첨부되어 있다면 이력서에 첨부 파일로 넣지 않아도 된다. 링크 한 줄로 많은 모습을 보여줄 수 있으므로 포트폴리오에 공을 들이는 것도 중요하다.

오픈소스 번역이든 오픈소스를 활용해서 어떤 결과물을 만들어냈든, 오픈소스에 기여한다면 가장 좋겠지만 쉽지 않다. 따라서 관심 있는 소스의 버그를 수정한다거나 번역 등의 작업에 기여한다거나 하는 식의 작은 단위로 도전해보길 추천한다. 다음 장인 4장에서 보다 자세한 커리어 관리 방법을 살펴볼 수 있다.

실패 경험도 매력적으로, 관심 분야를 드러내는 방법

필수 내용을 채웠는데도 내용이 빈약하다면 실패 경험을 소개하거나 직무 분야 외의 관심 분야를 기술해보는 것도 좋은 방법이다.

예를 들어 신입으로 지원했다면 인턴 후 정규직 전환에 실패했다거나, 팀 프로젝트가 제대로 성공하지 못했던 경험 등 학업이나 취업 과정에서 개발과 관련해 어려움을 겪은 내용들을 보여주자. 여기서 중요한 건 해당 **실패를 통해 어떤 것을 느끼고 배웠는지**를 잘 풀어내는 것이다. 면접관들 입장에서 충분히 호기심 가질 만한 내용이다. 무조건 성공한 경험만 있는 게 좋은 이력서는 아니다. '실패와 좌절을 통해 무엇을 배웠는가? 실패 요인은 무엇이고, 무엇을 보강해서 성장했는가?'가 더 중요하다.

그리고 관심 분야에 대한 내용은 가장 무난하지만 가장 많이 질문을 던지는 영역이기도 하다. 분야마다 좋은 책이 많이 있다. 자바 백엔드에서는 비교적 고전이지만 마틴 파울러의 『리팩터링』, 로버트 C. 마틴의 『클린 코드』, 에릭 감마의 『GoF의 디자인 패턴』, 조슈아 블로크의 『이펙티브 자바』 등이 있다. 이외에도 업무에 도움이 되었던 책이 있다면 자기소개서에 한 줄 정도 소개하면 좋다. 각 언어마다 바이블이라고 불리는 책들이 분명 있으니 한 번이라도 읽어보길 바란다.

만약 내가 지원자라면 첫 페이지에 이력 사항과 인적사항을 적고 두 번째 페이지에는 스킬셋과 프로젝트 경험, 해온 역할 정도를 기술할 것이고 마지막 장에는 길지 않은 자기소개서와 개인 프로젝트, 코드를 볼 수 있는 깃 링크를 정리하여 세 장 이내로 낼 것이다.

3.2.5 내부 추천의 기회를 얻는 방법

앞서 언급했듯이 상황이 허락한다면 내부 추천을 통해 기회를 얻는 것이 가장 빠른 길이다. IT 기업은 업무 스타일이나 개발 실력이 일정 수준 이상 검증된 경력자를 채용하고 싶어 한다. 추천인을 통해 회사 사정은 물론 면접 분위기라든가 프로세스에 대한 팁도 얻을 수 있으므로 더 유리한 상황에서 준비를 해나갈 수 있다. 그럼 어떻게 그런 기회를 만들 수 있을까?

이력서 작성이 잘 마무리되었다면 밖으로 나가 사람들을 만나자. 스터디 그룹을 통해 분야 네트워크를 유지하고 확장하거나 기술 세미나를 들으며 만난 업계 동료들과 관심 분야와 채용 소식들을 접하다 보면 의외로 쉽게 내부 추천 기회가 들어온다. 만약 신입이라서 아는 선배 등 주변 네트워크가 부족하면 다음 앱을 활용해도 좋다.

- **커피챗** (https://www.coffeechat.kr)
- **커리어리** (https://careerly.co.kr/home)
- **인프런 멘토링** (https://www.inflearn.com/mentors)

회사 정보를 알아냈는데 정확한 정보인지, 이력서가 제대로 작성되었는지, 지금 제출해도 되는지 등에 대해 첨삭이나 조언을 구하고 싶을 것이다. 또한 실제 면접은 어떤지 믿을 만한 사람에게 미리 물어보고 싶을 수 있다.

커피챗은 재직자 정보를 바탕으로 면접관 경험을 공유해주거나 우려하는 부분을 해소해줄 수 있는 경력자를 쉽게 찾도록 도와준다. 잘 활용하면 좋은 퀄리티의 피드백을 얻을 수 있다. 약간의 돈과 시간을 투자하여 지원하려는 기업의 분위기를 미리 알아본다면 입사에 큰 도움이 될 것이다.

커리어리 같은 경우는 개발 직군을 위한 SNS 커뮤니티로 기술이나 커리어 관련 Q&A가 잘 구성되어 있어서 충분히 좋은 내용을 얻을 수 있을 것이다. 인프런은 원래 강의로 유명하지만 멘토도 많이 있어서 큰돈을 들이지 않고도 원하는 멘토를 선택하여 조언을 구할 수 있다는 것이 장점이다.

커피챗이나 인프런 멘토링 같은 경우 여러 분야의 경력자들에게 이력서나 커리어 관리, 포트폴리오 만드는 법, 면접 팁 등을 문의할 수 있게 유료로 연결해주는 서비스이다(항상 잘 매칭되는지 장담할 수 없으므로 후기를 꼼꼼히 참고하길 바란다). 일대일로 매칭을 하기 때문에 지원한 회사의 재직자를 통해 채용 소식이나 면접 준비 과정 등을 상세하게 알아낼 수 있을 것이다.

외국계 기업이나 IT 기업, 스타트업 등 다양한 경력자에게 다양한 분야의 피드백을 받을 수 있는 것이 장점이다. 연결된 멘토에게 멘티가 정해진 금액(커피챗은 대략 1~2만 원 정도이고 인프런은 3만 원 내외)을 지불하면 지정된 시간만큼 일대일 채팅을 통해 필요한 정보들을 얻을 수 있다.

3.2.6 이력서 샘플과 작성 가이드

이력서는 온라인상에서 보관 용도로 반드시 한 장은 항상 가지고 있어야 한다. 지원하는 곳마다 수정 버전을 달리해서, 세 군데를 지원했다면 세 장의 버전이 나와야 한다. 모든 내용을 다 고치는 게 아니라 지원한 곳의 모집 공고를 분석하여 자기소개나 지원동기 정도는 수정하여 지원해야 한다.

다음은 Google Docs와 Presentation 형태의 샘플 이력서와 자기소개서이다. Docs의 원본 링크는 깃에서 확인할 수 있다.

- **문서 원본 링크**: https://github.com/villainscode/resume-template

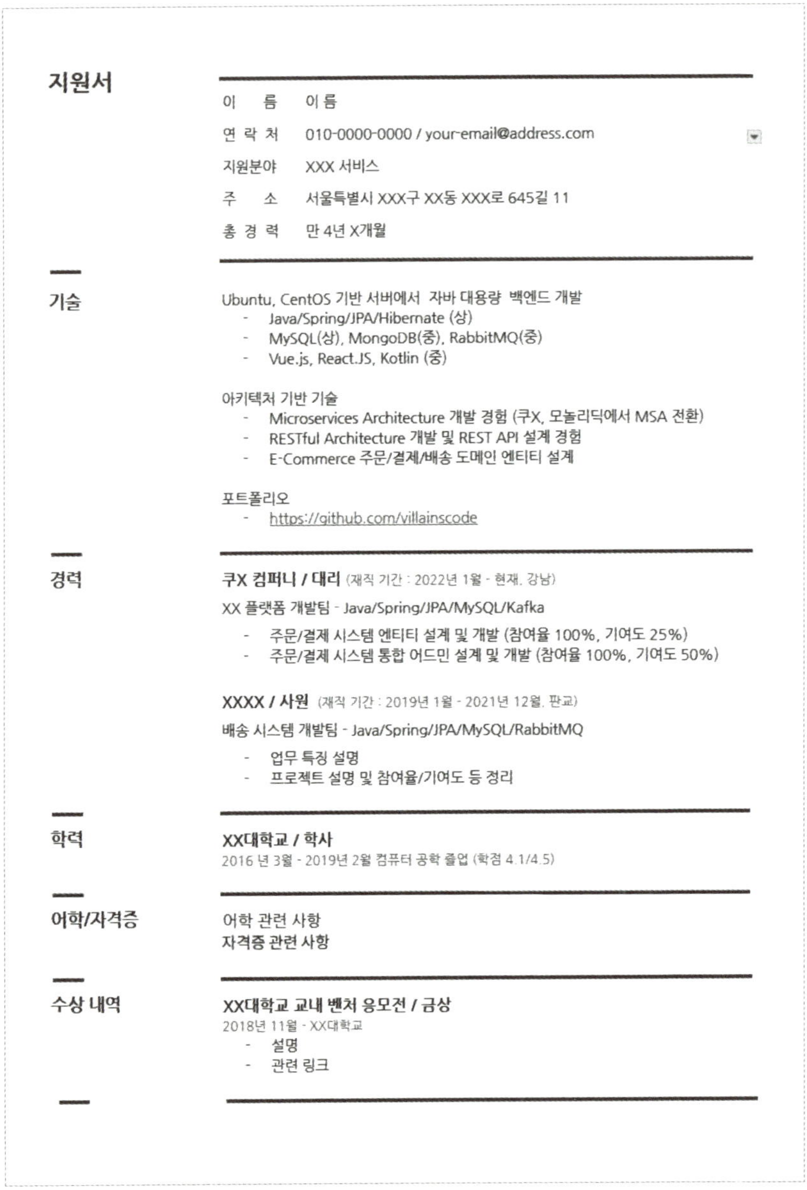

지원서

이 름	이름
연 락 처	010-0000-0000 / your-email@address.com
지원분야	XXX 서비스
주 소	서울특별시 XXX구 XX동 XXX로 645길 11
총 경 력	만 4년 X개월

기술

Ubuntu, CentOS 기반 서버에서 자바 대용량 백엔드 개발
- Java/Spring/JPA/Hibernate (상)
- MySQL(상), MongoDB(중), RabbitMQ(중)
- Vue.js, React.JS, Kotlin (중)

아키텍처 기반 기술
- Microservices Architecture 개발 경험 (쿠X, 모놀리딕에서 MSA 전환)
- RESTful Architecture 개발 및 REST API 설계 경험
- E-Commerce 주문/결제/배송 도메인 엔티티 설계

포트폴리오
- https://github.com/villainscode

경력

쿠X 컴퍼니 / 대리 (재직 기간 : 2022년 1월 - 현재. 강남)

XX 플랫폼 개발팀 - Java/Spring/JPA/MySQL/Kafka
- 주문/결제 시스템 엔티티 설계 및 개발 (참여율 100%, 기여도 25%)
- 주문/결제 시스템 통합 어드민 설계 및 개발 (참여율 100%, 기여도 50%)

XXXX / 사원 (재직 기간 : 2019년 1월 - 2021년 12월, 판교)

배송 시스템 개발팀 - Java/Spring/JPA/MySQL/RabbitMQ
- 업무 특징 설명
- 프로젝트 설명 및 참여율/기여도 등 정리

학력

XX대학교 / 학사
2016년 3월 - 2019년 2월 컴퓨터 공학 졸업 (학점 4.1/4.5)

어학/자격증

어학 관련 사항
자격증 관련 사항

수상 내역

XX대학교 교내 벤처 응모전 / 금상
2018년 11월 · XX대학교
- 설명
- 관련 링크

그림 3-4 Google Docs의 이력서 샘플 ①

코드빌런 | 백엔드 개발 | Project Manager

연 락 처	010-1234-1234	이메일	villainscode@gmail.com
주 소	서울시 XX구 XX로 234 XX APT	총경력	만 19년
지원부서	플랫폼 개발팀	Github	https://github.com/villainscode

Skill Set

Server	- Java, Spring (상) - Node (중)
Front	- JavaScript, Vue.JS (상) - React.JS (중)
DB	- MySQL, Redis, Oracle
Infra	- Kubernetes, Docker (상), AWS (중)
직무스킬	- MSA, EDA, RESTful 아키텍처 설계, 도메인 Entity 설계 경험, 개발 리드, PM

근무 경력

XX오 (20XX.04~20XX.08) XXX 플랫폼 개발 (정규직, 개발 리드)
- 비즈니스 도메인 개발 (프로젝트 리드/설계, 파트장)
- XX 개방 예약 플랫폼 개발 (프로젝트 리드/개발, 셀장)
- XX 기반 광고 지표 수집 (설계/개발 리드, 셀장)

XX 커머스 (20XX.09~20XX.03) IT 플랫폼팀 (정규직, 차장)
- 커머스 플랫폼 설계 (MSA)

Coxxxxx (20xx.08~20xx.06) XX 예약 시스템/XX 관리 시스템 (정규직, Sr. Software Engineer)
- 실시간 XX 서비스 개발
- 도메인 분리 개발 (MSA 전환)
- 상품 관리 시스템 개발

프리랜서 (20xx.10~20xx.05) 프로젝트 개발 / Application Architect (계약직)
- XX 플랫폼 (Global Account Service Platform, AA)
- XX 통신 사전 예약 및 단말 개통 시스템, AA
- XX 커머스 차세대 SCM 파트 개발 (PL)

XXX 기업 (20xx.03~20xx.09) 시스템 개발 2팀 (사원, 정규직)
- 문서 교환 시스템 개발 (전자계약 전문 연동, 기술지원)
- 영업관리 자동화 (Sales force Automation System) 개발
- 글로벌 회계 (주문 모듈) 백오피스 연동 개발

수상 경력

오픈소스개발자 대회 (제 X회, 20xx) 오픈소스 문서 관리 시스템 - 은상 (정보통신산업진흥원, NIPA)

학력 사항

학교 졸업 (입학 연도 ~ 졸업 연도) 전공 (학점 xx/4.5 만점)

병역/자격증/교육 사항

정보처리기사	20XX, 한국 산업인력관리공단
영어 점수	20XX, OPIc, IH

그림 3-5 Google PPT의 이력서 샘플 ② 앞장

주요 프로젝트 내역

Coxxxxx (SpringBoot, JPA, Redis, MySQL, Docker, Kubernetes, JUnt)
- 상품관리 시스템 개발 및 운영 - 20xx년 07월 - 현재
    - 상품 등록 및 재고 관리, 엑셀 업로드를 통한 대량 등록 관리 모듈 리드
    - 라이브러리 교체, 로직 개선을 통해 초기 런칭 대비 약 22% 업로드 처리 속도 개선
    - 참고 URL

- 배송 시스템 및 CS 시스템의 모놀리딕 → MSA 전환 프로젝트 - 20xx년 01월 - 20xx.07
    - MyBatis에서 JPA 전환, 1억 6천만건 row의 DB 마이그레이션 진행
    - 주문/배송 도메인 분리, MQ 적용, API Gateway 적용, 일대사 시스템 개발
    - 멀티 모듈 설계, 데이터 모델링, 주문, 배송, CS 간 Dependency 분리

XXXX (SpringBoot, MySQL, ELK, Nginx, EhCache, Vue.JS)
- E-커머스 플랫폼 백오피스 툴 개발 및 운영 (차트 및 통계/대시보드 개발) - 20xx년 01월 - 2021.01
    - REST API 설계 및 인터페이스 정의, API 개발 (50% 참여)
    - 로그 수집/분석을 위한 ELK 적용
    - 성능 테스트 수행으로 메인 페이지 진입시 로딩 속도 튜닝
        - 총 23개 API 호출 -> 캐싱 적용 및 API 튜닝(17개 API로 총 7초에서 3초로 절약)
    - 참고 URL

자기소개 및 지원동기

"복잡한 문제를 해결하며 성장하는 개발자, 저는 기술을 통해 더 나은 서비스를 만들고 싶습니다."

저는 백엔드 개발자로서, 단순히 기능을 개발하는 것이 아니라 **효율적이고 확장 가능한 시스템을 구축**하는 것에 관심이 많습니다. 경력을 쌓으면서 사용자와 비즈니스 요구사항을 고려한 아키텍처 설계, 성능 개선, 그리고 안정적인 서비스 운영을 경험하며 **문제 해결 능력을 키워왔고**, 이러한 역량을 인정 받아 최근 3년간은 개발 조직의 리더를 맡았습니다.

자기계발과 성장

기술의 변화 속도가 빠르기에, 저는 **주도적으로 학습하고 경험을 쌓는 것**이 중요하다고 생각합니다. 이를 위해 **Java/Spring 환경 이외에도 Redis, RabbitMQ, 클라우드 환경에서 기술을 학습**하고, 이를 실제 프로젝트에서 활용하며 깊이 있는 경험을 쌓고 있습니다. 특히, **비동기 아키텍처와 대용량 데이터 처리를 최적화하는 방법**에 관심이 있어 스터디와 함께 관련된 테스트들을 실행하고 정리하며 학습 사례들을 Githutb 를 통해 꾸준히 공유하고 있습니다.

관심 분야 및 목표

현재 **MSA(Microservices Architecture)와 분산 시스템**에 관심이 있으며, 확장 가능하고 유연한 아키텍처를 설계하여 비즈니스 임팩트가 있는 업무에 도전해 보고자 합니다. 이미 A 회사에서 재직중인 동안 상품/주문/배송 시스템을 MSA로 전환하는 프로젝트의 개발 리딩을 수행했으며, 특히 수억건 이상의 데이터를 마이그레이션 하며 비동기 아키텍처를 적용해 주문과 배송 도메인을 운영과 동시에 분리/구축해본 경험이 있습니다.

지원 동기 및 입사 후 기여할 부분

[기업명]을 지원하는 이유는, 이곳을 잘 아는 동료들을 통해 높은 업무 밀도와 기술적 뛰어난 동료들과 함께 성장할 수 있는 환경을 제공한다고 들었기 때문입니다. 저는 서비스 안정적인 운영과 분산 시스템 구축을 해본 경험을 토대로 XXX 업무에서 요구하는 **[기업이 겪고 있는 문제]에 경험이 있으므로, 이를 해결하는 데 있어 제 경험과 기술을 활용하여** 기여해 보고 싶습니다.

감사합니다.

그림 3-6 Google PPT의 이력서 샘플 ② 뒷장

구글의 템플릿 문서를 수정해서 작성해둔 샘플 이력서이다. [그림 3-4]는 신입이나 주니어급 예시를, [그림 3-5]와 [그림 3-6]은 시니어급 예시를 작성해둔 것이며 자기소개서나 지원 동기는 임의의 경험을 구성해 기술했다. PPT의 경우 PDF 변환이나 인쇄해서 보는 용도로 작성해두었으니 두 샘플을 이용해 내용을 채워보고 필요에 따라 포맷도 변경해보길 바란다. 뒷장 이미지는 경력 기술서나 프로젝트 내역서와 함께 자기소개 및 지원동기를 추가해봤는데, 내용을 꼭 읽어보고 참고하길 바란다.

이력서는 자기소개서, 지원동기 등의 내용을 포함하여 반드시 세 장 이내의 분량으로 타임라인을 잘 정리하여 제출해야 한다. 신입이라 채운 내용이 없다면 면접관이 질문할 항목이 많지 않아지므로 반드시 이 내용들은 채워넣고 지원하는 게 더 유리하다. 만약 이력사항이나 프로젝트 포트폴리오가 빈약하다고 여겨지면 자기소개나 지원동기에 더 중요한 포인트를 담아 첫 번째 장에 실어 놓기를 바란다. 보통 **시선이 뒷장보다는 앞장에 더 오래 머물기 때문에 중요한 내용을 앞으로 적어내는 것도 좋은 전략**이다.

지원 회사의 전용 HR시스템에 항목별로 입력하는 경우도 있지만, 기본적으로 구글 Docs 형태로 가지고 있다가 지원할 때 문서를 PDF로 '내보내기'하여 제출하고, 지원처별 이력서를 따로 관리해서 각각 어떤 부분이 수정되었고 지원동기를 어떻게 써냈는지 잘 구별되도록 저장해두길 바란다. 채용 포털 등에 올라온 지원 공고에 그냥 지원하기보다는 적어도 회사 홈페이지 정도는 접속해서 채용 공고를 분석하고 회사의 공식 지원 메뉴가 있다면 해당 채널로, 없을 때 채용 포털을 통해 제출하도록 하자.

만약 이력서 작성이 막막하다면 타인의 이력서를 참고해보는 것도 좋은 방법이다.

- **이력서 참고**: https://github.com/codingmonster-tv/Awesome_Resume_Portfolio

깃에서 서치해보거나 다른 취업 커뮤니티 등에 잘 살펴보면 샘플 이력서들이 있으므로 살펴본 뒤 마음에 드는 포맷을 참고해 내용을 채워보며 수정해나가면 충분히 작성할 수 있을 것이다. 또한 챗GPT나 퍼플렉시티^{Perplexity}, 구글의 제미나이^{Gemini}와 같은 생성형 LLM 도구를 이용하여 다음과 같은 도움을 받을 수도 있다. 개인적으로는 이 세 가지 도구를 포함해 클로드^{Claude}도 병행하여 쓰고 있는데 각각의 특색이 조금씩 다르기 때문에 본인에게 편한 도구를 선택하길 바란다.

현재 시점에서 코드 생성 퀄리티와 정확도는 클로드가 우세하다. 자료 조사 등의 리서치에는 퍼플렉시티가 좀 더 낫고, 무료 버전에서 크게 불편함이 없는 것은 제미나이가 적합한 편이라고 생각한다. 이 중에 하나를 유료로 쓸 수 있다면 전반적으로 성능이 뛰어나고 응답 결과도 풍부한 챗GPT를 추천한다. 다만 하루가 다르게 기능이 업그레이드되고 상향 평준화되고 있기 때문에 지금 시점의 특장점이 큰 의미가 없을 수도 있다.

다음은 이력서 작성 단계에서 활용할 수 있는 AI 도구의 프롬프트 관련 예시를 나열해보았다. 개발 영역에서 AI 도구의 활용은 2부의 9장에서 좀 더 자세히 다룰 예정이다.

이력서 작성 단계에서 AI 활용

이력서 초안이나 이전에 작성했던 이력서를 바탕으로 AI에게 역할을 부여한 뒤 보다 눈에 띄는 내용으로 완성할 수 있다. 이력서를 첨부하여 첨삭을 요청하거나 핵심만 추려내어 보다 더 임팩트 있는 키워드를 뽑아내고 훨씬 간결하게 작성할 수 있다.

단, 아직 **AI 도구들의 환각**hallucination(거짓 정보를 사실인 것처럼 조작, 생성하는 것)에 따른 부정확한 컨텐츠 제공은 아직 완벽히 해결되지 못했기 때문에 이를 검증하고 수정하는 것은 온전히 본인의 몫임을 유념해야 한다. 당연히 이력서나 자기소개서에 거짓 정보가 들어가서는 안 된다.

프롬프트 예시

- **이력서 초안 작성**
  - **질문 예시**: "백엔드 개발자로 지원할 때, 이력서에 포함해야 할 주요 기술과 프로젝트 경험을 알려줘."

- **이력서 템플릿 추천**
  - **질문 예시**: "백엔드 개발자 이력서 구조를 추천해주고 내 기술 스택을 양식 안에 넣어줘."

- **이력서 최적화**
  - **질문 예시**: "이 이력서를 더 전문적으로 보이도록 수정해줘. 불필요한 정보를 제거하고 핵심 내용을 강조한 뒤 성과를 STAR 기법을 통해 완성해줘."

- **이력서의 전반적인 흐름 작성**
  - **질문 예시**: "이 회사에 지원할 때 사용할 이력서를 작성해줘. 내 기술은 XXX 등이 있고 XXX를 개발한 경험이 있어 이 경험을 토대로 지원서의 기술 스택, 자기소개서 순으로 작성하고 싶고, 지원하는 회사의 인재상 중 XXX 내용을 참고해서 완성도를 높여주면 좋겠어. 지원하는 회사는 XX 분야에서 유망한 XXX 회사이고, 기술 스택은 React와 Node.js야."

- **프로젝트나 포트폴리오 작성 활용**
  - **질문 예시**: "이 프로젝트의 설명을 좀 더 친절하고 임팩트 있게 가다듬어줘." "이 프로젝트에서 성과로 이룬 것들을 좀 더 정량적으로 개선할 수 있는 방법을 알려줘.".

이처럼 이력서 구조나 전체적인 내용, 포맷에 관해 몇 가지 샘플을 추천받거나 전반적인 구조 수정 및 문서의 교정을 통해 가독성을 올리는 데 도움을 받을 수도 있다. 앞서 강조했지만 이력서에는 거짓된 내용이 들어가면 안 되므로 철저하게 이중 검증하고 추가 수정을 해야 한다. 자신만의 특성을 잘 추가하지 않으면 AI 도구의 도움을 받은 다른 지원자도 비슷한 내용으로 지원서를 제출할 가능성이 매우 높기 때문에 차별점을 어필하기 어려울 수 있다. 본인이 강조해야 할 부분과 경험들을 충분히 반영해서 수정해야 한다. 도움을 받고 가다듬되 지원하는 회사의 조직문화나 직무를 철저히 분석한 뒤 나만의 강점을 회사의 인재상과 잘 접목한 후 꼭 검토 과정을 거치길 바란다.

3.3 [사례 연구 1] 탈락을 부르는 이력서와 지원 사례

이번에는 '무엇을 해야 하는가?' 보다는 **'무엇을 하지 말아야 하는가?'의 관점에서 탈락하기 쉬운 케이스**들을 알아보자.

① 두 번 이상 동일 부서에 지원

- 동일 부서에 일정 기간 안에(보통 3~6개월) 재지원하면 서류 탈락 가능성이 높다. 회사 정책에서 필터링이 되기도 하고 면접관이 이전 기록을 바탕으로 충분히 검토하지 않고 탈락시키기도 한다. 재지원을 하고 싶다면 반드시 회사의 **재지원 가이드가 있는지 알아본 뒤에 결정**하도록 한다.

- 예외는 기술 면접에서 탈락한 경우인데, 최종 탈락 요인이 중요하다. 2차 면접에서 인성 측면 혹은 컬처 핏이 맞지 않는다고 판단한 경우라면 재지원해도 통과되기 어렵다. 하지만 실력이 살짝 부족하다고 판단된 경우라면 일정 기간 더 준비한 뒤 재지원을 하는 게 좋다. 운이 좋다면 간발의 차이로 아깝게 탈락한 지원자에게 먼저 재지원 의사를 물어보거나 다른 부서에서 검토해보는 경우도 더러 있다.

> **NOTE** 재지원을 꼭 하고 싶다면
>
> 다른 부서에 지원한다 해도 회사 내에서는 정보가 공유되므로 **탈락 후 최소 1년 이상 준비**해서 지원하는 게 낫다. 이는 회사마다 최소 재지원 기준 가이드라인이 존재하기 때문인데, 네카라쿠배의 경우 각 면접 단계마다 재지원 가능 기간이나 혹은 아예 재지원이 불가능한 단계도 존재한다. 지원 기록이 일정 기간은 히스토리로 남아있는 경우도 있다. 따라서 재지원 기간 조건이 있는지 반드시 확인하자. 그걸 간과한다면 이력이 남아 서류 통과도 못 할 게 뻔한데 헛수고한 셈이 된다. 재지원은 긍정적인 측면보다는 부정적인 측면이 더 많다. 그래도 하고 싶다면 다음 사항을 기억해두도록 하자.
>
> - 탈락 후 재지원 전까지 새로 도전하고 공부해서 **탈락 시점에 비해 얼마나 성장했고, 어떤 경험치를 쌓았는지 1차보다 훨씬 치열하게 보여줘야 한다.** 내실 없이 단순 경력만 더 쌓였다고 뽐아주지 않는다.
>
> - '계속 두드리다 보면 이 마음을 알아봐주겠지?'를 조금 다른 관점에서 접근해야 한다. 내가 쿠팡과 카카오에 몸담았던 동안에는 재지원으로 입사하는 케이스를 사실 거의 보지 못했다. 거의라고 표현한 이유는 그래도 '한두 명'은 존재했기 때문이다.
>
> 두 번째 지원에서 붙지 못했다면 그다음에는 확률이 더 낮다고 봐야 한다. 물론 기술적인 커리어를 갈고닦아 한껏 성장했을 때 지원한다면 안 될 이유는 없다. 다만 조급하게 1년 사이에 여러 번 지원하는 우를 범하지는 않길 바란다.

② 성의와 일관성이 없는 이력서

- 제일 많이 탈락하는 경우다. 기술에 대한 일관성도 떨어지고, 다양한 언어로 여러 프로젝트를 경험했지만 깊이와 전문성이 떨어지는 경우, 무엇을 했는지 구체적으로 적혀있지 않거나 기본적인 지원동기조차 없는 단 몇 줄의 성의 없는 이력서는 검토 단계에서 탈락시킨다.

- 베낀 티가 나는 이력서도 꽤 많은데 이 역시도 성의 없는 이력서로 간주된다. 3.2.6절에서도 언급했듯이 AI 도구에만 의존해서 이력서를 작성했다면 반드시 수정과 검토는 스스로 해서 차별점을 확실히 한 뒤 제출해야 한다.

③ 눈에 띄는 이력사항이 전혀 없는 이력서

- 이전 직장의 네임밸류도 높지 않은데 경력 사항도 딱히 눈에 띄는 게 없으면 서류에서 탈락할 가능성이 높다. 비슷한 규모로의 이직만 있는 경우, 현재 채용 시장에서 선호하는 스킬셋에 뒤처져 있는 경우, 특정 벤더에만 종속적인 기술을 해와서 기술적으로 연차보다 뛰어난 사람인지 판단하기 애매한 경우들이 있다. 커리어 관리가 제대로 되지 않았다는 것을 지원자 스스로도 잘 알 것이다.

- 대체로 '옆그레이드'만 해온 이력서가 해당된다. 본인이 속한 조직에서 해소하지 못한 부분들(기술 스택이나 업무상의 어려움) 때문에 어쩔 수 없이 이직했다고 해도 비슷한 규모로 옮겼다는 것은 발전 가능성이 없다는 뜻이기도 하다. 많은 지원자가 '기술 스택의 올드함을 혼자 힘으로 해결하기 어려웠다, 막상 들어가보니 배울 게 없었다, 회사에서 성장이 멈춘 것 같다'는 이유로 짧은 기간만에 이직을 시도하는 경우가 많다. 물론 회사가 별로라면 빠르게 이직하는 것도 방법이겠지만 그다음 이직처가 지금 회사와 크게 다르지 않다면 결국은 손해로 돌아온다. 이런 경우 면접관들은 '스스로 문제를 극복하려는 자세를 갖지 못했구나'라는 인식을 갖게 될 수 있다. 가급적 현재의 위치에서 할 수 있는 최선의 성과를 만들거나 조금이라도 상위의 회사, 계단식 이직이 가능하도록 커리어를 관리해야 한다.

④ 경력의 부재, 혼돈의 커리어 관리

- 이력서는 괜찮지만 즉시 투입감이 아니라고 판단하는 경우도 있다. 예를 들어 총 경력은 4년인데 2년은 일반 IT 기업 근무 후 퇴직, 그 후 인공지능 대학원에 진학해 공부한 뒤 관련 분야로 취업하여 2년 정도 근무한 경우를 보자. 첫 2년 경력은 인공지능과는 관련 없는 분야였을 테고, 총 경력은 4년이어도 대학원 이전 경력은 참고만 될 뿐 인정받기 어렵다.

- **토이 프로젝트, 내부 업무 위주의 경험만 있고 실제 프로젝트 투입이나 업무의 공헌도가 낮은 경우** 역시 채용이 어렵다. 이런 경우가 생각보다 많은데 이미 경력은 쌓고 있는데 크게 업무적으로 성과를 내기 어려운 프로젝트만 해와서 경력을 인정받기도, 실무에 바로 투입하기도 어려워 보이는 이력서들이 해당된다.

- 주로 이미 구축되어 있는 시스템의 유지보수만 해왔다거나 크지 않은 규모의 신규 프로젝트만 해온 경우 채용을 해야 할 매력적인 커리어는 아니라고 생각한다.

- 코로나가 끝난 이후부터 최근까지 '공백이 긴' 이력서가 급격히 늘어났다. 목적이 없는 긴 공백은 취업 시장에서 가장 큰 걸림돌이다. 취업 시장이 너무 안 좋았기 때문에 공백기가 본인의

의지와 다르게 길어진 경우라고 생각된다. 그러나 이런 상황을 감안해도 적어도 재취업을 준비하는 기간 동안 어떤 뚜렷한 준비를 하면서 보냈는지 이력서에 명확히 표현되어야 한다.

⑤ 대기업만 선호하는 지원자

- 실력과 경력 모두 좋다면 어디든 지원해도 좋다. 코딩 테스트나 기술 면접에서 떨어졌다면 비교적 단기간 내에 다시 도전할 여지가 있다. 하지만 서류부터 탈락한다면 본인의 커리어부터 재정비해야 한다는 사인으로 받아들이는 편이 낫다.

- 괜찮은 학교를 졸업한 후 괜찮은 대기업에서 근무한, 이력이 준수한 데도 탈락하는 경우가 많다. 위에 언급한 3번이나 4번에 해당하는 경우가 많고 **유지보수성 업무만 주력**으로 했을 확률이 높다. 서류만으로는 지원자가 운영 업무만 한 건지 확신하기는 어렵다. 열정이 있고 준비가 되어 있다면 앞서 말했듯 급성장 중인 스타트업을 경험하는 것이 나을 수도 있다.

- 개발에만 치우치고 운영 경험이 없는 경우나 반대로 개발 경험이 현저하게 적고 운영만 했다면 코딩 테스트를 통과해도 기술 면접에서 탈락할 가능성이 높다. 개발단과 운영단에서의 기술 경험은 전혀 다르다. 큰 회사일수록 두 부서를 나누지 않기 때문에 서비스의 라이프 사이클에 맞는 분석, 설계, 개발, 테스트, 운영, 장애/이슈 처리, 고도화의 전반적인 지식에 대해 질문하므로 단편적인 경험으로는 이를 뚫기 쉽지 않다.

결론적으로 어디서 베낀 티가 나는 특징 없는 자기소개서, 뭘 했는지 모르겠는 경력 시류들은 흥미를 못 느끼게 만든다. 서류에서 탈락했다면 주변 선배에게 첨삭 등 조언을 구해보거나 여의치 않다면 3.2.5절에서 언급한 커리어리, 커피챗 등의 어플을 이용하여 약간의 노력과 비용으로 해결해보는 것도 좋다.

이외에도 지양해야 할 사항은 많겠지만 지원 전에 내 커리어가 경쟁력이 있는지 객관적으로 되돌아봐야 한다. 체크리스트를 만들어서 **'내가 면접관이면 나의 어떤 면을 좋게 평가할까?'**를 고민해보자. 마지막으로 다른 개발자들의 이력서를 많이 검토해보자. 보는 것만으로도 큰 참고가 된다.

3장 서두에 등장했던 S씨를 다시 떠올려보자. 교내 입상 경험도 있으니 눈에 띄는 사항만 조금 더 추가하면 면접관들의 흥미를 유발할 수 있을 것이다. 만약 내가 S씨라고 한다면 3~4명 정도의 팀을 조직하여 포트폴리오 결과물을 만들려 노력할 것이다. 현재 채용 시장에서 가장 많이 쓰이는 기술인 AWS 인프라를 기반으로 앱이나 웹 서비스 형태의 결과물을 만들고 거기에 어떤 기술을 썼고 팀 내에서 어떤 역할을 하였는지 자세히 적을 것이다. 또한 해당 결과물을 외부에서도 접근 가능하도록 한 뒤 서류를 제출한다면 좋은 점수를 받으리라 예상한다.

그리고 최종 희망하는 회사와 비슷한 수준의 다양한 회사에도 지원서를 제출하여 서류 통과 수준도 판단하고 기술 면접의 경험을 많이 축적하려 할 것이다. 면접을 두세 번 더 경험한 뒤 부족한 부분을 정확히 인지하고 기술 지식을 정리하는 단계를 거쳐 좀 더 난이도 있는 면접에서도 막힘없는 답변을 하도록 노력한다면 충분히 좋은 결과를 기대할 수 있을 것이다.

CHAPTER 04

시선을 사로잡는 커리어, 경력기술서

7년 차 개발자인 Y씨는 대형 서비스 회사로의 이직을 목표로 스터디를 계획하고 있다. 근무 중인 회사가 세 번째 회사이지만 처우나 직무가 만족스럽지 않고 같이 근무했던 동료가 최근 '네카라쿠배' 이직에 성공했다는 소식을 듣고 도전을 결심하게 되었다.

지방 대학교를 졸업 후 중소기업을 거쳐 중견 이커머스 회사에서 오랫동안 일했지만 프로젝트 이외에 커리어로서 내세울 만한 게 없다고 판단했다. 적어도 1~2년은 업무 외의 커리어를 쌓아 10년 차에는 반드시 이직을 하겠다고 다짐했다. 혹시 잦은 이직이 서류 전형에서 안 좋게 작용할까 불안하였기에 재직 중에 최대한 이력을 만들기로 한 것이다.

먼저 직무 분야와 관련된 스터디를 만들어서 주말 시간을 투자해 개발 실력뿐 아니라 직무에서 경험하기 어려운 최신 아키텍처에 대한 인사이트를 얻는 것을 목표로 했다. 스터디에 참여했던 경험이 있긴 했지만 리더를 했던 건 아니었기에 스터디 팀을 잘 이끌 수 있을지 심적인 부담이 컸다. 당장 스터디 멤버는 어디서 구해야 할지, 어떤 방식으로 해야 할지 리딩하는 입장이 되니 고민의 폭이 상당히 커졌다.

두 번째로는 단순히 스터디만으로는 '해당 분야 지식이 있다'는 것을 증명하기 어려우니 스터디에서 배운 내용을 적용하여 앱이나 웹 서비스와 같은 결과물을 만들기로 했다. 스터디가 완료되는 시점에 마음 맞는 사람들을 구해 개발한다면 충분히 가능하리라고 생각했다.

이렇게 세운 계획을 잘 실행만 한다면 Y씨는 목표로 한 회사에 입사할 수 있을까?

4.1 포트폴리오는 왜, 어떻게 적어야 할까

이번 장 제목을 보고 '경력기술서(포트폴리오)를 따로 받는 곳은 대부분 SI 관련 업체 아닌가?'라고 생각할 수도 있다. 그러나 따로 채용 사이트를 보유한 대부분의 회사는 양식만 다를 뿐 지원자의 경력을 기술하는 항목이 있다. 단순 기술 스택 나열만으로는 지원자를 판단하기 어렵기 때문에 따로 포트폴리오를 준비하는 편이 유리하다. 경력기술서를 정리하면서 내 업무들의 상세한 스펙을 기억할 수 있고, 경력 사항을 별도의 항목으로 채워야 할 때 이미 가지고 있는 내용을 옮기기만 하면 편하다. 이를 통해 면접관이 내가 적은 기술에 대해 질문하게끔 유도해야 한다.

4.1.1 작성하기 전 기본 유의 사항

- 프로젝트 수행 내용을 **최신 이력순**으로 정렬한다. 지원하는 회사와 관련성이 떨어지는 경력 사항은 세세하게 적을 필요 없다. 눈으로 읽을 때 후반부보다 초반부에 시선이 많이 머무르므로 초반에 핵심 내용이 있어야 한다. 주니어 개발자라면 가급적 한 장 이내로 정리하자.
- 어떤 제품 혹은 서비스인지 **고객에게 설명하듯이 쉽게, 핵심만** 기술한다. 면접관이 해당 제품이나 서비스를 테스트해볼 수 있는 링크가 있다면 좋다.
- 프로젝트에서 **본인이 어떤 역할을 했는지 자세히 기술**하되 절대 부풀리지 않아야 한다. 잘 부풀려도 면접에서 반드시 티가 나며 되려 역효과를 불러온다. 어차피 면접에서 기술적 역량을 심도 있게 물어보기에 미리 부풀릴 필요는 없다.
- **나에게 유리한 방향으로 작성해야 한다.** 나에게 물어볼 만한 기술 질문이 경력기술서에 표출되어야 한다. 다음 절의 내용과 이어지는데 이를 바탕으로 면접관들이 던지는 기술적인 질문들을 예측할 수 있도록 작성되어야 한다.

4.1.2 트러블 슈팅 경험을 중심으로

프로젝트를 진행하며 어떤 어려움을 겪었고 어떤 방식으로 해결했는지 핵심만 기술한다. **이 부분이 면접 질문에서 가장 많은 비중을 차지하게 될 것이다.** 직접 더 나은 방향을 제시한 경험이 있다면 면접관들의 관심을 끌기에 충분하고 경험한 것을 면접 자리에서 공유할 수 있다면 성공한 것이다.

예를 들어 성능 개선에 대한 개발 작업을 수치화해서 설명할 수 있다면 더없이 좋다. 정성(定性)적인 내용보다는 정량(定量)적인 지표가 도움이 된다. 단순히 버그를 처리했다고 하기보다는 이 버그를 개선함으로써 수치와 함께 어떤 효과가 있었는지 후술해주면 좋다.

원인과 과정, 행동과 결과, 그것을 통해 무엇을 배웠는지 회고하자. 그리고 기록하자. 회고는 비단 면접뿐만 아니라 프로젝트나 개인의 커리어 관리에도 필요한 수단이다. 면접관은 트러블 슈팅 경험을 다음과 같은 관점에서 본다.

- 어떤 문제를 맞닥뜨렸나?
- 이 문제를 어떻게 해결하였는가?
- 올바른 문제 해결 과정을 고민하고 숙지하였는가? 좋은 방법이 있는가?
- 해결하기 위해 사용한 접근 방식은 무엇이었는가? 방식을 합리적으로 유추하였는가?
- 보통 백엔드 개발에서 장애나 오류를 해결해나가는 과정에는 몇 가지 모범 답안이 있다. 이는 경험해보지 않으면 알기 어려운 부분이므로 반드시 해결 과정을 리마인드해보고 사례들을 찾아보자.
- 한쪽으로 치우친 경력 사항(운영 업무만 했든, 개발 프로젝트만 했든)일 경우 개인 사이드 프로젝트나 스터디 등으로 팀 프로젝트를 주도하거나 참여한 경험도 당락에 영향을 미친다.

기술적인 내용은 2부 7.5절에서 성능과 장애 처리 및 트러블 슈팅, 개선 등의 주제로 자세하게 설명할 것이다.

4.2 포트폴리오는 어떤 내용으로 채워야 할까

면접관들은 포트폴리오를 어떤 기준으로 살펴볼까? 개인적으로는 주로 지원자가 무엇을 개발해봤는지 체크하고 실제 개발 소스를 확인하는 편이다. 당연히 이력사항이 흥미로워야 포트폴리오까지 살펴보고 그 안에 깃 링크와 같은 소스 저장소가 있다면 빠르게 파악해보려고 한다.

포트폴리오의 첫 페이지가 한눈에 들어오도록 잘 정리되어 있고 어떤 기술을 썼는지, 어떤 문제를 해결하고자 했는지 짧게 소개되어 있다면 더 좋을 것이다. 이때 면접관이 소스까지 꼼꼼하게 찾아본다면 지원자에게 흥미를 가지고 있다는 뜻으로 해석해도 된다.

신입이라면 학교에서의 과제나 동아리 혹은 스터디 활동을 정리하고, 경력 지원이라면 그동안 해왔던 프로젝트와 어필하고 싶은 영역들을 한눈에 띄도록 정리해두자.

문서로 제출해야 한다면 포맷은 가급적 PDF가 좋다. 링크를 첨부한다면 구글 독스Google Docs나 PPT, 블로그, 노션 등 뭐든 관계없지만 소스 코드는 깃을 활용하는 것이 좋다.

4.2.1 깃 잔디 관리

공부한 영역의 소스를 꾸준히 깃으로 관리해왔다면 잔디 관리는 필수다. 잔디 관리는 커밋된 내용이 카운트되어 다음 그림처럼 초록색 매트릭스가 보이는 것을 말한다. 일별로 커밋한 날과 커밋하지 않은 날이 표시된다. 다음은 내 개인 리포지터리 커밋 내역이다. 업무와 상관없이 퇴근 후 혹은 주말에 작업한 내역들이 주로 나와 있다.

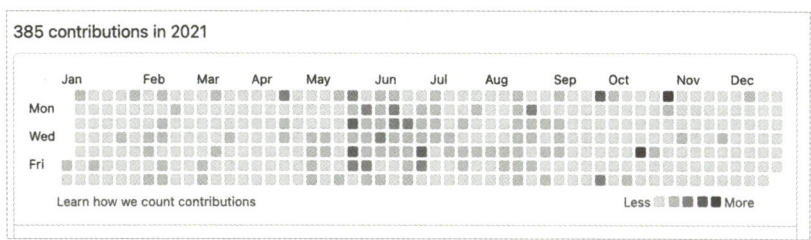

그림 4-1 깃허브의 소스 Contribution History

깃 잔디 관리는 여러 의미가 있지만 대체로 관심 분야 내에서 꾸준히 열정을 발휘하고 있는지를 판단하는 데 좋은 수단이 된다. 직장 생활을 하며 스터디나 자기 계발에 시간을 투자하는 지원자는 무조건 긍정적으로 평가할 수밖에 없다.

그러면 잔디 관리는 어떤 방식으로 어떤 목표를 가지고 해야 할까? 기본적으로 무언가 결과물을 만들겠다는 목표를 세우고 완성해보자.

- **TIL(Today I Learn)** – 오늘 배운 것을 정리한다.
- **Daily Commit** – 매일 공부한 내용을 깃에 커밋한다. 1일 1커밋.
- **그룹 스터디로 잔디를 심자** – 스프링 프레임워크를 스터디한다고 가정하면 멤버들마다 서로 다른 주제를 공부해서 공유하고, 그 코드들을 매일 커밋한다면 그 기록이 잔디로 남으므로 예쁘게 관리할 수 있다.
- **100일의 회고, 1년의 성장** – 100일간 나는 무엇을 했는가. 1년간 나는 어떤 성장을 이루었는가. 자기계발을 꾸준히 함으로써 얻는 성장의 기록이다.
  목표가 있다면 100일, 1년 단위 계획대로 잘되었는지 회고 노트를 작성하며 확인할 수 있다. 회고 노트는 깃의 wiki를 이용해서 작성하거나 README.md 파일로 남겨두면 된다.

4.2.2 깃으로 이력서와 포트폴리오 꾸미기

포트폴리오 링크로 블로그 주소를 넣는 지원자도 있고 깃허브를 사용하는 지원자도 많다. 소개 페이지 등을 잘 꾸며놓으면 이력서를 대체하는 효과가 있다.

다음 링크는 훌륭한 깃허브 프로필을 만드는 방법을 정리한 글이다. 한번 방문해보길 권한다. 구글에서 'github profile'이라는 키워드로 검색해보면 다양한 프로필 꾸미기 페이지를 확인할 수 있다.

- https://x-team.com/blog/stand-out-with-a-github-profile

깃허브의 개인 리포지터리에 들어가자마자 보이는 프로필 페이지를 꾸미는 법이 나와 있고 더불어 몇 가지 샘플을 소개하고 있다. 만약 간단한 프로필 꾸미기가 아닌 정식 레쥬메^{resume}(이력서)를 완성하고 싶다면 모던 레쥬메 테마 템플릿을 등록하는 것을 추천한다. 구글에서 'github resume'로 검색하면 다양한 템플릿을 확인할 수 있다.

- https://github.com/sproogen/modern-resume-theme

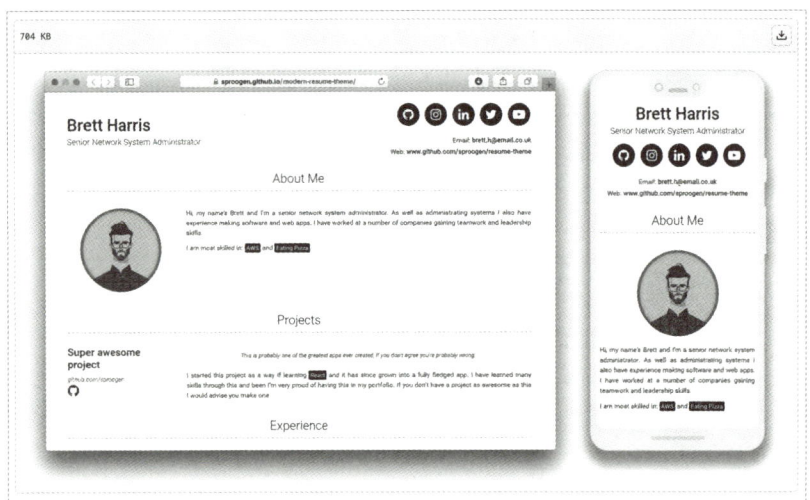

그림 4-2 모던 레쥬메 테마를 이용한 깃허브 이력서

구사하는 스킬셋에 대해서 아이콘 형태의 뱃지도 첨부할 수 있다. 자세한 사용법은 'markdown-badges' 사이트에서 확인해보자.

- https://ileriayo.github.io/markdown-badges

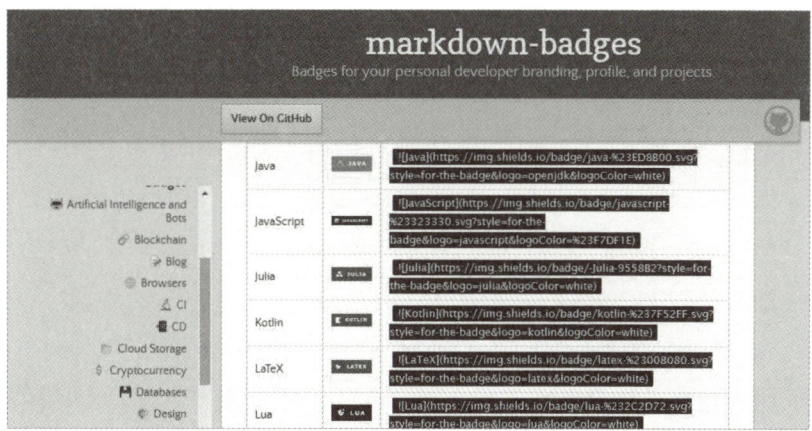

그림 4-3 markdown-badges 사이트 화면

다음은 깃의 Profile README 파일을 생성해주는 링크이다. 'Git Markdown badge'나 'Git Readme Generator'로 검색하면 손쉽게 찾을 수 있다.

- https://github.com/rahuldkjain/github-profile-readme-generator

소개한 링크들을 통해 직접 프로필 꾸미기를 해보았다. 기존에 있던 개인 깃 프로필[1]을 수정하고 꾸미는 데 대략 15~20분 정도가 소요되었다.

---

1 https://github.com/villainscode

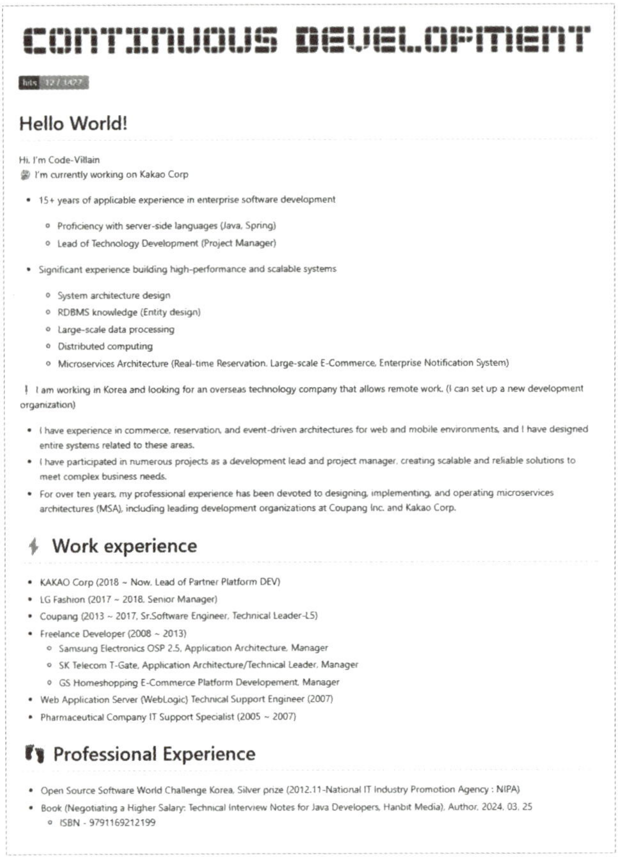
CONTINUOUS DEVELOPMENT

hits 12 / 3477

Hello World!

Hi, I'm Code-Villain
I'm currently working on Kakao Corp

- 15+ years of applicable experience in enterprise software development
  - Proficiency with server-side languages (Java, Spring)
  - Lead of Technology Development (Project Manager)
- Significant experience building high-performance and scalable systems
  - System architecture design
  - RDBMS knowledge (Entity design)
  - Large-scale data processing
  - Distributed computing
  - Microservices Architecture (Real-time Reservation, Large-scale E-Commerce, Enterprise Notification System)

! I am working in Korea and looking for an overseas technology company that allows remote work. (I can set up a new development organization)

- I have experience in commerce, reservation, and event-driven architectures for web and mobile environments, and I have designed entire systems related to these areas.
- I have participated in numerous projects as a development lead and project manager, creating scalable and reliable solutions to meet complex business needs.
- For over ten years, my professional experience has been devoted to designing, implementing, and operating microservices architectures (MSA), including leading development organizations at Coupang Inc. and Kakao Corp.

Work experience

- KAKAO Corp (2018 ~ Now, Lead of Partner Platform DEV)
- LG Fashion (2017 ~ 2018, Senior Manager)
- Coupang (2013 ~ 2017, Sr.Software Engineer, Technical Leader-L5)
- Freelance Developer (2008 ~ 2013)
  - Samsung Electronics OSP 2.5, Application Architecture, Manager
  - SK Telecom T-Gate, Application Architecture/Technical Leader, Manager
  - GS Homeshopping E-Commerce Platform Developement, Manager
- Web Application Server (WebLogic) Technical Support Engineer (2007)
- Pharmaceutical Company IT Support Specialist (2005 ~ 2007)

Professional Experience

- Open Source Software World Challenge Korea, Silver prize (2012.11-National IT Industry Promotion Agency : NIPA)
- Book (Negotiating a Higher Salary: Technical Interview Notes for Java Developers, Hanbit Media), Author, 2024. 03. 25
  - ISBN - 9791169212199

그림 4-4 프로필 제너레이터와 뱃지를 이용한 저자의 프로필 화면

커리어를 더 자세하게 보여주고 싶다면 표나 Markdown 문법[2]을 좀 더 익혀서 그럴듯하게 레쥬메로 만들어 보여줄 수도 있을 것이다.

2 참고: https://github.com/adam-p/markdown-here/wiki/Markdown-Cheatsheet

4.2.3 포트폴리오 샘플과 작성 가이드

포트폴리오용으로 적합하지 않은 소재로는 클론 코딩, 토이 프로젝트가 있다. 이 활동들은 면접관에게 별로 어필이 되지 않는다. 사실 시행착오 비용만 발생했다고 생각한다.

포트폴리오는 다음의 항목들을 모두 포함하여 정리하는 것이 좋다. 그리고 가능한 외부에서 접근할 수 있도록 도메인을 연결하거나 실제 앱 마켓에 등록하여 1부터 100까지, 즉 기획부터 출시와 운영까지 경험치가 쌓일 수 있도록 몰입해서 완성하는 게 가장 좋다.

[포함해야 할 내용]

- 개발 목표와 의도: 무엇을 해결하려고 했나? 무엇을 제공하려고 했나?
- 주요 기능, 시스템 개요(아키텍처)
- 본인이 담당한 영역과 기여도
- 소스 리포지터리repository 주소

[형식]

- 도식화(최대한 간결하게, 한눈에 들어오게)
- 노션보다는 PDF나 구글 Docs를 사용하여 두 장 이내로 압축한다.
- 서비스는 외부에서 접근 가능한 상태로 처리, 앱이나 웹으로 올려본 경험이 중요하다.

[중요 포인트]

- 선택과 집중 필요, 양보단 질(구색 맞추기 X).
- 나를 알리는 활동이므로 나의 강점, 내가 만든 제품이나 서비스를 한눈에 잘 알아볼 수 있게 해야 한다.

문서 첨부보다는 데모 페이지라도 웹에서 동작하게끔 처리해야 하고, 모바일 앱이라면 앱 마켓에서 다운로드할 수 있게 하거나 그것도 안 된다면 동영상으로 데모를 만들어서 외부에서 볼 수 있게 연결해놓아야 한다. 이런 노력을 100점이라고 친다면, 완성만 하고 데모나 앱이 구동되지 않는 상태는 면접관 입장에서 70점 정도로 치부하게 된다. 따라서 만드는 것에만 집중하지 말고 완성도를 높이는 것과 실제 사용하는 유저들이 있는지, 자신이 생각했던 것과 다르게 동작하는 기능이 있는지 등 운영까지 꼭 경험해보길 추천한다.

이 단계가 해소되어야 면접관들이 깃허브까지 들어와 코드를 검증해보게 된다. 사실 90%의 이력서는 이 과정에 이르지 못한다. 즉, 아무리 깃을 잘 정리해놓았더라도 이력서나 포트폴리오에서 시선을 끄는 포인트가 없다면 깃 링크에 들어가보지도 않는다는 점이 페인 포인트$^{pain\ point}$가 되는 것이다.

페인 포인트 해소하기

그럼 이를 어떻게 해소할 수 있을지 고민해보자. 자신이 면접관이라면 어떤 내용에 흥미를 가질지 상상해보면 답이 쉽게 나올 것이다. 커머스나 특정 카테고리에서 고객들에게 인기 있는 서비스를 하는 곳(ex. 웹툰)에 지원했다고 해보자. 그런데 포트폴리오에는 환경 보호 앱이라던지 혼자 쓰기 위한 다이어리 앱 제작 같은 지원 분야와 관련도가 현저히 떨어지는 프로젝트를 진행했다면, 면접관 입장에서 흥미로운 주제가 될 수 있을까? 물론 안 만든 것보다는 개발 경험상 도움이 될지 모르겠지만 시선이 가는 포트폴리오는 분명히 아닐 것이다. 이왕 포트폴리오에 시간을 투자한다면 반드시 지원 분야와 연관된 주제를 완성도 있게, 서비스 론칭과 운영까지 염두에 두고 다음 체크리스트를 토대로 만들길 바란다.

- 지원하고자 하는 분야와의 연관성
- 마켓에 출시했을 때 실사용자 존재 여부
- 기존의 불편함을 해결한 부분
- 본인이 관심을 가지고 공부한 분야 구현 여부

다음은 포트폴리오 문서로 참고할 만한 몇 가지 깃 Readme 문서이다. 포트폴리오 용도로 PDF를 첨부하는 것도 좋지만 깃 자체를 포트폴리오 삼아 Readme를 정리해둔다면 훨씬 더 눈길이 갈 수 있다. 각 링크에 들어가서 찬찬히 훑어보길 추천한다.

- https://github.com/villainscode/Portfolio
- https://github.com/trekhleb/javascript-algorithms
- https://github.com/katzer/cordova-plugin-local-notifications

4.3 커리어를 성장시키기 위한 스터디와 개인 프로젝트

이 장의 서두에서 소개한 Y씨는 상위 IT 회사로 이직하기 위해 제일 먼저 스터디 그룹을 구성해보기로 했었다. 스터디 그룹은 어떻게 구성하고 어떤 것부터 정리해야 할까? 또 스터디 이후에는 어떤 목표를 가지고 도전해야 할까?

4.3.1 스터디를 해야 하는 이유

객관적으로 빅테크 기업에 입사할 정도의 경쟁력이 아직 없다면 가장 쉬운 길은 스터디를 하는 것이다. 주니어 때 별로 내세울 게 없었던 나는 약 7년가량 스터디 그룹을 운영했다. 이직은 많이 했지만 네임밸류가 크지 않은 곳들이어서 커리어 관리 욕심과 성장 욕구가 컸다. 그래서 시간은 오래 걸려도 확실한 결과를 낼 수 있는 스터디를 꾸렸다.

프런트엔드부터 서버, DB 및 인프라 관련 지식들을 위주로 중간에 20~30명 규모의 기술 세미나 등도 개최했다. 주말을 이용해서 한 주제로 짧으면 6주, 길면 12주간 진행했고 이를 통해 지식 공유뿐 아니라 관련 업계의 소중한 인맥도 얻을 수 있었다.

중도 포기자 극소수를 제외하면 거의 모든 스터디원이 목표한 내용을 채우고 완주할 수 있었다. 또한 성과나 과정에 만족했던 멤버들은 다음 스터디도 꾸준히 참여하며 서로의 부족한 부분을 채워주기도 했다. 이들과 의기투합하여 약 1년 반가량 프로덕트를 준비하여 2012년도 공개SW 개발자 대회 일반 부문에 입상하는 결실을 맺기도 했다. 이런 경험은 개발자로서 큰 자신감을 갖는 계기가 된다.

이때 멤버였던 이들은 현재 쿠팡이나 아마존 등 여러 빅테크 기업의 기술 리더로 성장했다. 굳이 이 이야기를 꺼낸 이유는 스터디야말로 평범한 개발자들이 스펙을 올리기 가장 확실한 길이자 가장 비효율적이고 번거로운 길이기도 하기 때문이다. 그래서 이 책을 읽는 독자들은 시행착오를 줄였으면 하는 마음에 소소한 팁들을 전달하고자 한다.

스터디를 통해 최소한 두 가지는 얻을 수 있을 것이다. 하나는 공부한 지식을 정리하는 방법이고 다른 하나는 끝까지 완주하는 인내심과 성실함이다. 일회성으로 하지 말고 적어도 4~16명 정도가 모여 6주에서 8주 정도의 중규모 스터디를 만드는 게 좋다. 책의 난이도나 분량에 따라서 인원은 다르게 구성할 수 있다. 하지만 신경 써야 할 게 너무나 많다. 스터디 장소부터 회비 관리, 발표자가 불참하면 메꾸기 위한 콘텐츠, 최종 마무리까지 다 책임진다는 건 굉장히 부담스러운 일이다. 그럼 지금부터 이 번거로운 일을 어떻게 잘 헤쳐나가면 좋을지 살펴보자.

4.3.2 구체적인 스터디 진행 방법

① 스터디 주제 정하기

당연하지만 먼저 스터디 주제부터 정해야 한다. 반드시 여러 사람이 관심을 가질 만한 일반적인 주제여야 한다. 너무 협소하거나 광범위해선 안 된다. 예를 들어 해당 분야에 맞고 평이 좋은 도서를 골라 완독하는 것을 목표로 하면 개발 관련 커뮤니티에서 멤버를 쉽게 구할 수 있을 것이다.

각자의 직무나 관심 영역에 따라 다르겠지만 예시로 스터디 주제를 정해본다면 다음과 같은 것들을 생각해볼 수 있다.

- 몽고DB 파헤치기(도서 『Real MongoDB』 완독 및 발표 자료 정리)
- 백엔드 개발자를 위한 Go 스터디(Go를 이용한 기초 문법과 애플리케이션 개발해보기)
- 스프링 부트Spring Boot 3.0 활용(자바 언어를 기반으로 스프링 부트 활용하기, AWS 기반의 백엔드 서버 구축해보기)
- 도커Docker와 쿠버네티스Kubernetes 파헤치기(컨테이너 인프라 환경 구축과 배포, 운영)

스타트업이나 빅테크 기업이 자주 쓰는 기술 영역을 골라 최대한 구체적인 주제를 선정하는 것이 핵심이다.

② 스터디원 모집과 룰 정하기

이제 리더는 커뮤니티 등을 이용해 멤버를 모집한다. 일단 커뮤니티에서 관심사나 경력이 비슷한 수준인 이들을 모집하고 최소한의 개인정보(경력, 회사, 전화번호)를 받으면 된다. 나는 자기소개와 스터디 참가 이유 등을 따로 받아 정성스럽게 작성한 신청자 위주로 팀을 꾸렸다. 그리고 계획표와 방식 등을 공유한 뒤 회비 규칙을 미리 정해 참여율을 강제하는 게 좋다. 예를 들면 초기에 일정 금액의 회비를 걷어놓고 진행 비용을 투명하게 공개한 뒤 스터디가 끝나면 남은 회비를 나눠주는 것이다.

나는 발표자가 발표 당일에 불참하면 회비를 몰수하는 식으로 했다. 다른 날이면 몰라도 본인 발표 차례에 안 오면 그날 모든 멤버의 시간이 날아간다. 이런 행동은 강력한 제재를 가하는 것이 좋다. 그 외의 날에 참석을 못할 때는 벌금을 부과한다. 당연히 중도에 포기하면 회비를 돌려받을 수 없다. 그리고 공용 회비로 스터디가 끝난 뒤 저녁 식사에 지출하는 식으로 하면 아무런 제약 없는 스터디보다 좀 더 참여율이 올라갈 것이다. 식당에서 노쇼$^{No-Show}$ 고객을 방지하기 위해 미리 예약금을 받는 것처럼 말이다. 이를 매몰비용 효과라고 하는데, 행동 경제학에서 얘기하는 손실 회피$^{Loss\ Aversion}$ 성향(이익을 얻는 것보다 손실에 대한 고통을 더 크게 느껴 회피하려는 경향)을 의미한다. 엄격한 스터디 룰로 불성실한 멤버는 초기에 포기하게 만들고, 남은 성실한 멤버들과 함께 스터디를 길게 꾸준히 진행하는 편이 완주에 도움이 될 것이다. 대신 복잡한 규칙은 리더의 부담을 가중하므로 운영 룰은 최대한 단순해야 한다. 물론 이런 규칙을 정할 때는 모든 멤버가 모여서 합의하는 게 좋다. 서로의 실명은 물론 연락처와 직장 등을 공유해야 투명하고 공정한 진행이 가능할 것이다.

③ 스터디 진행 방식

코로나 이후 화상 회의 솔루션이 많아져 굳이 오프라인 모임을 고집하지 않아도 된다. 구글 미트^{Meet}나 줌^{Zoom} 등을 이용해 물리적 장소에 구애받지 않으면 비용과 시간이 절약된다.

발표 자료로 스터디한다면 자료를 미리 공유하고 스터디 당일에 주어진 시간 동안 발표자가 이끌어가는 방법이 좋다. 발표 방식이나 순서는 어떻게 해야 효율적일지 상의해서 정한다. 보통은 모든 멤버가 범위를 정해서 돌아가면서 발표하게 된다. 발표자는 반드시 공유 가능한 구글 문서 같은 자료를 템플릿화해서 미리 양식과 내용을 공유해야 한다. 완성본이 아니라 작성 방향을 중간에 확인할 수 있게 문서 작성 개요와 샘플 템플릿 정도를 공유해주면 된다.

여기서 중요한 것은 발표 자료가 '문서'라는 점이다. 이론은 문서로 정리되어야 하고 실행 가능한 코드 역시 깃 링크로 나머지 멤버가 확인할 수 있으면 된다. 문서로 작성해야 기록이 남고 코드 역시 깃 같은 저장소에 정리해두어야 나중에 자신만의 방식으로 정리할 수 있다. 또한 '내가 보려는 문서'가 아니라 '남을 이해시켜주기 위한' 문서이기 때문에 리더가 발표 자료 템플릿을 미리 만들어서 공유하고, 멤버들은 해당 양식에 맞춰야 한다. 중요한 세 가지 원칙은 **문서를 직접 작성해야 하며, 코드도 직접 실행 가능하게 깃에 등록해야 한다는 것, 그리고 실행 결과를 발표자가 보여줘야 한다**는 것이다.

만약 도서 완독 모임인데 미리 읽어오지 않고 모여서 읽는 방식은 '책을 강제로 읽기'에는 좋지만 그룹 스터디 방식에는 맞지 않는다. 정 하고 싶다면 서너 명이 자주 모이는 독서 모임 형태로 충분하다.

4.3.3 스터디를 하기 위한 개인 혹은 팀 프로젝트

포트폴리오 용도가 아닌 스터디를 겸하기 위한 개인 프로젝트를 하는 경우(깃 잔디 관리 등)에도 가급적이면 개발 분야와 직접적인 관련이 있는 주제를 정하면 좋다. 예를 들면 다음과 같다.

- 다중 로그인 제어
- 공공 데이터 API 연동
- 회원 가입 플로우
- 게시물 정렬과 페이징
- 파일 업로드/다운로드
- CSV/Excel 파싱
- 화상 채팅
- 음성 명령 제어
- 협업 도구
- 미디어 최적화(이미지 리사이징, OS별 섬네일 커스터마이징)

개인 프로젝트가 아닌 2~3인 규모의 가벼운 프로젝트로 다음과 같은 주제도 추천한다.

- 소셜 로그인(구글, 페이스북, 네이버, 카카오)
- 미니 WAS, HTTP 서버
- 채팅
- 실시간 알림 시스템
- Key/Value Store
- 공공 정보 수집/가공(스크래핑)
- REST API 호출기
- Shorten URL

각각의 스터디나 프로젝트에서 공부해야 할 영역이 반드시 있기 때문에 추천하는 것이지, 그냥 만들어만 봐도 도움이 된다는 뜻은 아니다. 적어도 백엔드 개발자라면 OAuth2.0 스펙을 이해한다거나 데이터 구조, WebSocket, Request, Response 등의 이해는 업무를 하면서 꼭 필요하기 때문에 공부할 때 이와 관련된 주제로 프로젝트를 만들어보거나 적용해보길 추천하는 것이다. 그저 만들어보는 것에만 의의를 두자는 의미는 아니다.

프런트엔드 개발자라면 이와는 다르게 화면의 동작이 더 중요할 것이다. 채팅이나 알림, URL 단축, 공공정보를 긁어와서 장소 검색이나 추천, 대시 보드 등을 구성해서 차트나 그래프 등을 보여준다면 도움이 될 것이다.

채용 과정에서 과제로 코딩 테스트를 요구하는 회사에 지원할 때, 이런 스터디 자료로 소스를 미리 만들어두고 참고한다면 빠른 시간 안에 퀄리티를 높여 제출할 수 있을 것이다. 화면이나 내부 동작하는 일부 프로그램은 만들어놓고 라이브러리의 사용법 등을 설명한 문서를 제공한다면 짧은 시간 안에 코드를 완성하거나 로직 구현 과제를 수행하기에 충분할 것이다. 회사 입장에서도 굳이 처음부터 끝까지 구성하게 해서 시간을 낭비할 필요 없이 실제 업무에서 쓰이는 기능만 작성하게 하면 충분히 검증이 가능하다. 또 코드를 해석하거나 오류가 있는 부분을 짚어내는 훈련도 필요하다. 회사 코드 일부를 보여주고 어떤 업무인지 해석하는 것이다. 이를 위해 로직을 작성할 때 간단한 DFD^{Data Flow Diagram} 혹은 시퀀스 다이어그램^{Sequence Diagram}을 미리 그려보는 훈련도 필요하다.

4.4 결정적인 한 수, 개발자의 킥

이번에는 기술 실력을 올리면서 내부 추천의 기회도 얻을 수 있는 세 가지 활동을 이야기해보겠다. 신입이라면 익숙치 않겠지만 내부 추천은 원하는 회사에 가는 가장 손쉬운 기회 중 하나다. 비교적 쉽게 이직하려면 링크드인과 깃허브에 최신 이력서를 유지하는 것은 물론 스터디나 대외 활동을 통해 사람들을 만나야 한다. 혼자 고민하는 것보다 다양한 사람들 사이에 있어야 해결책도 더 빨리, 깊이 얻을 수 있고 이직 기회도 늘어나는 것은 부정할 수 없는 사실이다. 스터디나 정보를 얻기 위한 네트워킹도 좋지만 SW 관련 대회 준비와 더불어 좀 더 유력한 영입 대상자로 지목될 수 있는 다음의 활동을 추천한다.

4.4.1 소프트웨어 관련 입상 경험 만들기

그림 4-5 오픈소스 개발자 대회

나는 스터디 멤버들과 1년여의 준비를 거쳐 공개SW 개발자 대회에서 입상한 적이 있었다. 당시 공개SW 개발자 대회는 정보통신산업진흥원이 주관하였고 2024년 기준으로는 과학기술정보통신부에서 진행했다. 대회 입상이 커리어의 전환점이 되었고, 다른 멤버들도 이직할 때 큰 도움이 되었다.

시작 당시 나는 약 6년 차 개발자로 꾸준히 주말 스터디를 하다가 점점 발전하여 사무실 공간과 개발 장비 등도 지원을 받게 되었다(오픈소스 개발자 대회에 참가 신청서를 내면, 주최 측에서 스터디 룸이나 소프트웨어 관련 지원을 신청받아 처리해준다). 이때 스터디 멤버 대부분이 중소기업에 몸담고 있던 터라 처우나 진로에 대한 고민이 깊었는데 입상 후 훨씬 더 성장하게 되었고 현재는 모두 빅테크 회사에 입사했다.

공개SW 개발자 대회 외에도 각종 경진대회가 다양하게 있다. 아직 학생이라면 경진대회나 대학교 해커톤 등 이력서에 한 줄 더 넣을 수 있는 도전을 해보길 바란다. 재직 중이라면 커뮤니티 지원 정책[3] 같은 정보를 수집해 페이스북 등을 통해 커뮤니티를 개설하고 지원을 요청하는 형태로 제품을 만들어보는 것을 추천한다. 또 잘 알려진 행사 이외에도 각종 대학교나 코리아스타트업포럼[4] 해커톤도 있으므로 팀을 꾸려 필요에 맞는 이력 쌓기에 도전하길 바란다.

4.4.2 오픈소스 참여하기

오픈소스 기여자contributor가 되기 위한 여정[5]을 알아보자. 처음엔 굉장히 어려워 보이지만 입문자라고 해도 시작 자체는 어렵지 않다. 깃이 나오기 전에는 아파치 프로젝트Apache Software Foundation가 가장 유명한 오픈소스 단체였다. 이 같은 공식 단체의 지원(저장소, 번역, 도메인, 소개 페이지 등과 공식 이메일 주소 등을 부여)을 받고 소개 페이지에 올라가야 손쉽게 더 많은 기여자를 구할 수 있었다. 또한 그런 지원이 이루어지려면 완성도 있는 제품이 이미 있어야 하거나 개발이 어느 정도 진행 중이어야 했다. 검증된 제품은 신청이나 추천을 통해 인큐

---

3 참고: https://www.oss.kr/community_support
4 참고: https://www.kstartupforum.org
5 참고: https://opensource.guide/ko/how-to-contribute

베이팅을 하거나 아파치 멤버들의 투표를 통해 정식 레벨로 승격했던 것으로 기억한다.

이런 절차는 언어 문제를 제외하더라도 많은 한국 개발자에게 허들이 되었다. 하지만 깃허브가 나온 이후에는 과거보다는 오픈소스 기여의 진입 장벽이 훨씬 낮아졌다.

기여할 프로젝트 선택하기

- **자주 쓰거나 자신 있는 분야의 소스여야 한다.** 잘 알고 있는 프로젝트부터 시작해야 부담이 적다. 간단한 라이브러리 프로젝트일 수도 있고, 개발 관련 콘텐츠나 기술을 소개하는 유명 깃 저장소가 꽤 많다.
- 깃허브에는 인기의 척도를 나타내는 별star 수치가 존재하는데, 이 별을 많이 받은 것보다 시작한 지 얼마 되지 않은 아이템을 발굴하는 게 좋다. 너무 많다면 오히려 기여자로 합류하는 데 오래 걸릴 수도 있다.
- 업데이트가 현재 계속 이뤄지고 있어야 한다. 커밋이 더 이상 없는 프로젝트는 되도록 선택지에서 제외하자.

기여할 부분 찾아내기

기여하기로 결정했다면 기여contributing하는 방법을 읽어보도록 하자. 보통은 기여 방법과 프로세스를 설명하는 문서가 있다. 없다면 깃 저장소의 소유자owner에게 문의해볼 수 있다. 아마 대부분의 저장소에는 **컨트리뷰션 가이드라인**Contribution Guidelines이 존재할 것이다. [그림 4-6]은 포트폴리오 작성 시에 이용한 깃 프로필 제너레이터Git Profile Generator 저장소의 풀 리퀘스트pull request(PR) 현황이다.

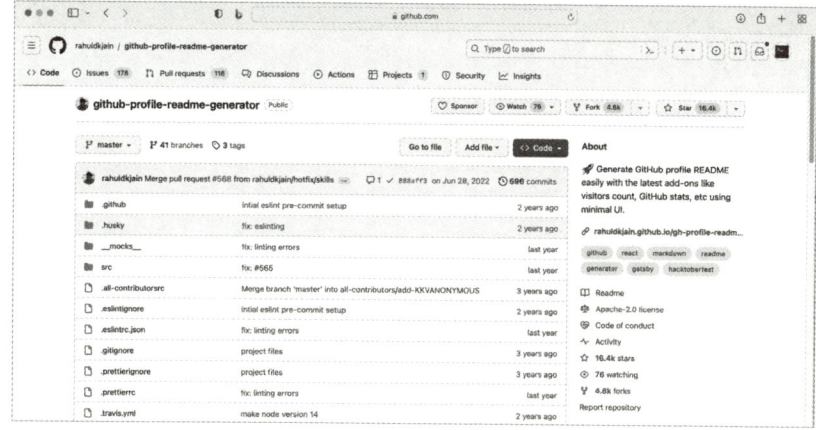

그림 4-6 깃허브의 프로필 제너레이터

프로필 제너레이터를 예로 든 이유는 4.2.2절에서 프로필 꾸미기 예시로 먼저 소개한 바 있기 때문이다. 여기에는 이미 등록되어 있는 이슈가 170개나 있다. 이 이슈들과 100개가 넘게 등록된 풀 리퀘스트를 찬찬히 살펴보며 어디를 수정해야 할지 감을 잡는다. 다만 이렇게 이슈가 많은 리포지터리는 파악하는 데 오래 걸리므로 자신의 관심 분야에서 시작한 지 얼마 되지 않은 리포지터리를 고르실 바란다.

수정할 부분이 결정되었다면 코드를 포크fork한 뒤 로컬에 클론clone하고, 수정한 뒤 커밋 메시지를 꼼꼼히 작성하여 풀 리퀘스트를 보내면 된다. 물론 보냈다 해도 메인 소스에 꼭 머지되는 것은 아니다. 그러므로 우선순위가 높은 것, 오타나 오류 등 비교적 머지가 쉽게 될 수 있는 요소부터 찾아 저장소의 오너 그룹과 소통한 후 기여 프로세스에 절차대로 머지하는 것을 추천한다. 기여 지침을 준수하여 수정된 소스를 풀 리퀘스트한 뒤 머지가 되기 시작했다면 오픈소스 기여에 첫발을 뗀 것이다.

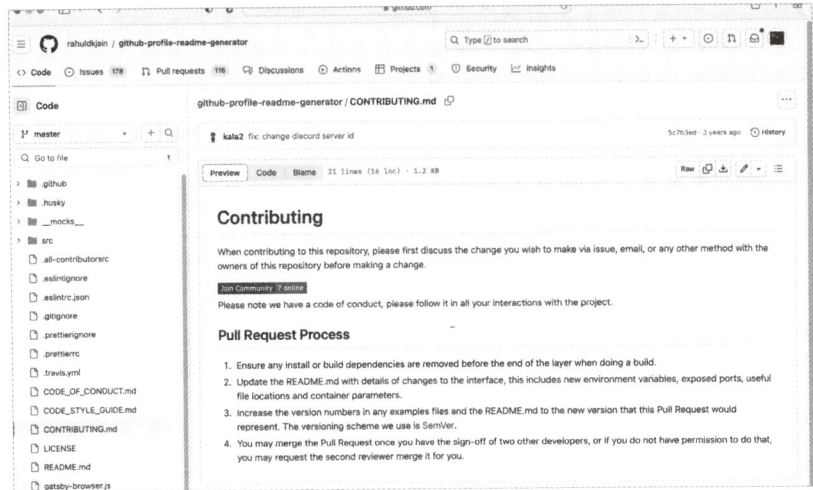

그림 4-7 기여 규칙 설명

기여 대신 직접 만들기

두 번째는 직접 만드는 방법[6]이다. 만약 기여 절차나 영어에 어려움을 느낀다면 **직접 만드는 것**도 커리어를 개척하는 좋은 방법이다. 나 역시 오픈소스에 기여하는 대신 직접 만들기를 택했다. 당시에는 기업용으로 쓰는 협업 툴이 많지 않았기에 다음과 같은 기능의 기업형 위키를 오픈소스로 만들었다.

- 기본 기능은 업무 기록을 남기고 지식을 공유하는 것. 위키를 서버에 설치하는 형태의 솔루션.
- 웹 화면에서 DB를 직접 찾아서 선택하고 한글 처리나 JDBC 드라이버 설정 등을 별도의 properties 파일 수정 없이 웹 인스톨러 화면을 통해 한 번에 설치 가능

---

6 참고: https://opensource.guide/ko/leadership-and-governance

- 레디스Redis를 이용한 Pub/Sub 기술을 통해 브라우저에서 문서 편집이나 권한이 추가/삭제 될 때 실시간 알림을 받는 기능
- 웹 에디터 기능 자체를 직접 개발하여 적용

앞서 말한 2012년에 오픈소스 개발자 대회에서 은상을 받게 해준 게 바로 이 소스다. 끈기만 있다면 이런 도전을 해봐도 좋다.

사람들이 가져다 쓸 만한 아이템을 만든 뒤 챗GPT 등의 도움을 받아 영어 설명서를 첨부하고 꾸준히 완성도를 높인다면 두 가지 효과를 가져갈 수 있다. 하나는 1일 1커밋이 자연스레 돼서 잔디 관리가 된다. 또 다른 점은 기여자가 생겨 별을 얻기 시작하면 그 자체로 명성이 될 수 있다. 당장은 어렵게 느껴지겠지만 1K 이상의 별을 받은 소스들도 한 개의 별로 시작했다는 것을 잊지 말자.

4.4.3 기술 세미나 연사로 참여하기

어디서 발표해야 할까?

개발 세미나나 대형 IT 회사에서 연사 지원을 받아 발표된 사례를 자기소개서에 넣으면 시선을 끌 수 있다. 주최사, 기술 세션 이름, 발표 주제 등이 담긴 발표 자료를 링크로 첨부한다면 지원자의 역량을 판단하는 데 도움이 된다.

과거에는 자바나 스프링 프레임워크에 대한 기술 세미나를 매년 크게 개최했는데, 최근에는 페이스북 등 커뮤니티에서 기술별 소그룹 단위로 세미나를 하는 경우가 많다. 국내 대기업에서는 네이버의 데뷰Deview, 카카오의 if kakao, 우아한 형제들의 우아콘WOOWACON 정도가 매해 개최되고 있다. 그 밖에 한국 스프링 사용자 모임(KSUG)에서 주최하는 스프링 캠프와 인프런에서 주최하는 인프콘도 매년 열린다. 관심 주제이고 기회가 닿는다면 한 번쯤 큰 행사에서 기술 발표를 해보면 좋다.

어떻게 연사로 참여할 수 있을까?

개발 커뮤니티부터 시작해서 조금씩 발표 자료를 다듬은 후 큰 회사에서 개최하는 기술 세미나에 연사로 지원하는 것을 추천한다. 혹은 4.4.1절에서 언급한 오픈소스 개발자 대회도 발표 행사가 별도로 존재한다. 연사로 참여하기 위해서는 앞서 말한 스터디나 발표 모임에 소규모라도 참여해보고 본인을 알리려는 노력을 기울인다거나, 오픈소스 관련된 활동을 지속적으로 하는 등 주변 네트워킹을 늘려야 한다. 단순 발표 자료만 가지고는 연사로 참여하기 쉽지 않을 것이다. 꾸준한 커뮤니티 활동이나 실력을 어필할 만한 노력을 증명할 수 있도록 기록하고 알리고 참여해야 한다.

개인적으로 100명 이상이 참여하는 개발 세션에서 다섯 번 정도 발표를 한 경험이 있다. 책 출간 세미나와 대학 강연 이외에도 오픈소스 개발자 대회 입상 이후 자바 개발자 콘퍼런스 등 수백 명 단위의 행사에서 발표를 하게 되었다. 이런 경험이 많은 사람 앞에서 말을 하거나 기술 리더로 업무하는 데 큰 도움이 되었다고 생각한다. 콘퍼런스 등에서 발표 후 네트워킹 시간에 업계에서 유명하다는 리더들과의 대화를 통해 그들의 제품이 대표 솔루션으로 성장하는 과정의 어려움이나 오픈소스 커미터가 되기까지의 과정 등을 직접 들을 수 있었다. 물론 그 이후에도 꾸준히 인적 네트워크가 유지되었다. 생업으로 더 도전하지는 못했지만 이것만으로도 분명 큰 자산이 되었다는 것은 부인할 수 없다.

내부 추천만큼 좋은 기회는 쉽사리 찾아오지 않는다. 내부 추천을 통해 나의 실력을 100퍼센트 보여줄 수 있는 기회가 생긴다는 것은 쉬운 일이 아니므로, 꾸준히 도전해서 남들과는 다른 방식으로 나를 드러내야 한다. 그러므로 스터디부터 차근차근 작은 눈송이를 굴려서 커다란 눈사람으로 만들 수 있도록 해보자.

4.5 [사례 연구 2] 핸디캡을 극복한 합격 사례

4.5.1 빅테크 회사의 합격률

정확한 건 아니지만 수년의 면접관 경험과 주변의 사례로 미루어 보았을 때 100명의 지원자가 있다고 하면 50명은 서류에서 탈락하고 나머지 50명 중 30명 정도는 코딩 테스트에서 탈락한다. 기업이 성장하는 초창기에는 내부 추천도 활발하고 지원자도 합격자도 많지만 점점 면접 난이도나 채용 유형이 정립되기 시작한다. 아마 네카라쿠배로 통칭되는 회사들도 비슷한 수준으로 합격률이 형성됐을 것이라고 생각한다.

코딩 테스트 합격자가 20명이라고 하면 실제 2차 최종 면접까지 가는 경우는 2~3명 정도다. 즉, 20명 중에서도 절반 이상은 1차 인터뷰(전화 혹은 화상 인터뷰)에서 탈락하고 남은 합격자 중에서 또 절반 이상이 2차 인터뷰(1차 기술 면접)에서 탈락한다.

처우 협상 단계에서 입사를 포기하는 경우도 종종 있으므로 최종 합격률은 1퍼센트 내외라고 봐도 무방할 것이다. 물론 회사와 조직마다 다소 차이는 있다. 이렇게 낮은 이유 역시 회사마다 다르겠지만 어떤 곳은 코딩 테스트가 너무 어려워서일 수도 있고, 또 어떤 곳은 기술 면접 난이도가 높아서일 수도 있다.

4.5.2 한계를 극복한 이력서들

다양한 탈락 이유가 있지만 여러 단점을 극복하고 희망하는 회사에 입사하는 경우도 많다. 주변 개발자, 직접 채용했던 경우, 업계 동료들의 이야기들을 참고로 하여 그런 사례들을 정리해보았다. 물론 이들도 대형 회사에 지원했다가 떨어진 이력도 있고 재도전 역시 잘 안되었던 시기도 있다. 하지만 중소기업에서 시작한 이들이 꾸준히 노력해 원하는 회사에 최종 합격까지 이룬 좋은 사례이기에 소개하고자 한다.

4년 차 백엔드 개발자

- 지방 전문대 전공자로 백엔드 프레임워크 커뮤니티에서 왕성한 대외활동을 하였다.
- 해당 커뮤니티의 기술 콘퍼런스 연사 경험을 바탕으로 발표 자료들을 잘 모아두었고 스터디 팀에서 오랜 시간 활동한 덕에 스터디 팀원의 추천으로 면접을 보게 되었다.
- 면접 당시 '대외적인 활동에만 치우치는 지원자가 아닌가?' '조직과 팀의 업무 역량보다 개인의 실속만 차리는 지원자가 아닐까?' 같은 우려가 있었지만 코딩 테스트 풀이 과정이 좋고 설명도 논리적이었다. 기술 인터뷰에서 핸드 코딩이나 다소 어려운 기술에 대한 답변도 무난해 합격했다. 현재는 네카라쿠배에서 리드 개발자로 근무 중이다.

7년 차 백엔드 개발자

- 지방대 전공자로 큰 이력은 없었다. 하지만 중견기업에서 근무하며 몇 년간 스터디 그룹에 꾸준히 참여하였고, 스터디 결과물을 항상 깃에 정리하였다. 스터디 그룹을 통해 지속적으로 자기계발을 하고 마음 맞는 동료들과 개발 프로젝트를 진행하다 모 기관이 주최한 대회에서 입상하게 되었다. 그 이력을 바탕으로 대형 커머스 회사에 입사하였다. 경력을 몇 년 쌓고 다시 이직하여 글로벌 회사에 재직 중이다.

9년 차 백엔드 개발자

- 지방국립대 비전공자로 국내 정부 기관 대회에서 입상한 이력이 있다. 작지만 꾸준하게 오픈 소스 프로덕트 개발과 운영 경험이 있어서 추천을 통해 빅테크 기업 면접을 진행할 수 있었다.
- 꾸준히 스터디팀에 참여하고 공부한 자료를 오픈하여 면접관들에게 좋은 인상을 남겼다. 중소 규모의 회사를 다니기도 했고 프리랜서로서 SI 프로젝트 경력이 길어 마이너스 요소가 있었지만 동시에 세 군데 합격 후 빅테크 기업에 입사하게 되었다.

- 프리랜서 경력이 있음에도 낮은 연차부터 대형 프로젝트의 아키텍트 역할 수행 등 개발 커리어가 나쁘지 않았고 준비를 잘 해왔던 터라 기술 면접에 무난하게 통과하였다. 쿠팡에서 몇 년 근무 후 대기업 커머스로 이직하였고 최근에는 다시 네카라쿠배에 입사하여 재직 중이다.

4.5.3 채용은 함께 일할 사람을 뽑는 것

지금까지 기본적인 서류 준비 과정과 눈에 띄는 서류를 위한 기술 역량 향상 방법을 알아보았다. 목표를 이룬 이들의 공통점은 꾸준히 기술 향상을 위해 노력하고 그걸 자신만의 공간에 정리했다는 것과 탈락의 두려움에 움츠러들지 않고 항상 도전하는 태도를 유지했다는 것이다. 타고난 학력과 실력이 월등하지 않아도 꾸준한 노력으로 핸디캡을 극복하고 좋은 곳에 입사하는 경우도 꽤 많다. 체계적인 계획을 세우고 긴 호흡으로 실행하다 보면 어느새 목표한 회사에 앉아 있을 것이다.

많은 회사에서 경력자를 원한다. 상위 기업들은 신입 공채로 수십~수백 명 정도를 채용하지만 일부 대기업을 제외하고는 대부분 신입보단 경력자를 선호한다. 기술 경험이 있다면 퍼포먼스를 내기까지 시간이 단축되고 문제 해설 경험치가 쌓였기 때문에 즉시 전력감으로 충원할 수 있기 때문이다. 특히 추천을 통해 입사하게 되면 일정 수준의 실력이 보장되기에 더 선호한다.

결국 같이 일할 사람을 뽑는 것이 채용의 본질적인 목적이다. 자신이 '함께 일하고 싶은 사람인가?'를 한 발 뒤에서 냉정하게 판단해보자. 대형 서비스 회사에 이직한 선배나 동료에게 같이 일하자고 제안을 받아본 적이 있다면 커리어 관리를 잘하고 있다고 생각해도 무방하다. 물론 면접의 기회를 준다는 뜻이지 바로 채용은 아니기 때문에 나머지는 본인의 능력과 노력으로 이뤄내야 할 것이다. 지금까지의 내용을 바탕으로 다음 체크리스트를 한 번 더 살펴보길 바란다.

> **NOTE** 지원하기 전 체크리스트

회고 중점 사항
- '저 사람과 함께 일하고 싶다'의 관점을 깊이 생각해보면 타인이 나를 어떻게 판단할지 기준을 마련할 수 있다. 나에게 부족한 점이 무엇인지, 어떤 노력들을 기울여야 하는지 정비할 수 있게 된다.
- 적어도 1부 내용들을 이해하고 실행할 수 있을 정도가 되면 남은 2부의 내용은 어렵지 않게 이해할 수 있을 것이다. 준비가 되었다면 상위 레벨의 회사로 이직 준비를 시작해 보자.

업무와 기술 이력 정리
- 깃 잔디 관리, 블로그 기술 문서 관리를 하고 있는가?
- 최근에 벼락치기를 한 것인가? 꾸준히 관리한 것인가?
- 스터디, 오픈소스 참여 등의 대외 활동을 하고 있는가?

'같이 일할 수 있는 사람'의 기준
- 그라운드 룰을 지킬 만한 사람인가?
- 잘 협업할 수 있는 동료인가?
- 너무 고집 센 사람은 아닌가?
- 너무 강한 화법을 가지진 않았는가?
- 혼자 일하는 것만 좋아하는 사람은 아닌가?
- 개인 플레이를 넘어 이기적인 동료는 아닌가?
- 보편타당한 사고방식을 지향하는 사람인가?

PART

02

실전에서 마주하는 면접의 기술과 코딩 테스트 준비

2부에서는 기술 면접을 대비하기 위해 필요한 기본 CS 지식과 코딩 테스트에 대해 설명한다. 기본적으로 알아야 할 자료구조와 해당 자료구조를 이용한 기본 알고리즘을 소개한다. 이 책은 이론서는 아니므로 코딩 테스트를 준비하는 전략, 기술 면접에서 반드시 숙지해야 할 사항 등 요약과 개론 위주로 소개한다. 또한 기술 면접 이후 맞닥뜨리게 될 인성 면접을 위해 다양한 행동 양식 기반 사례와 리더십 이론을 살펴본다.

PART

02

실전에서 마주하는 면접의 기술과 코딩 테스트 준비

- 프로그래머의 역량
- 알고리즘과 자료 구조
- 코딩 테스트 유형과 예상 문제
- 기술 면접 전략

CHAPTER 05

프로그래머의 역량

경험이 많아도 면접에서 능력을 100퍼센트 발휘하기란 불가능에 가깝다. 면접관도 사람이다 보니 지원자와의 '궁합'이 안 맞아 분위기가 어그러질 때도 있다. 티키타카가 잘 맞거나 그렇지 못한 상황이 면접자의 준비나 능력 탓이 아닌 경우도 많다는 말이다. 그러니 탈락 여부에 너무 집착하지 말 것부터 당부한다.

프로그래머의 기본 역량

프로그래머에게 필요한 역량[1]은 무엇일까? 과거에는 필수 자질 1위는 체력이라고 할 정도로 업무량도 많고 직군도 세분화되어 있지 않아 업무 전반에 관여할 수밖에 없었다. 하지만 이제는 모바일, 프런트엔드, 백엔드, 인프라 등 전문 영역으로 세분화되었다.

각 분야별로 요구하는 기술 스택이 달라 공통 사항과 영역별 필수 사항으로 나뉜다. 공통부분은 **전공 수준의 서버, 네트워크, 자료구조 등의 기본 지식**의 공고한 이해, 영역별로는 **주 개발 언어와 관련 프레임워크** 그리고 그 언어가 구동하는 **개발 플랫폼**의 이해, 마지막으로 **데이터베이스**로 나눌 수 있다.

---

[1] 이 책에서 쓰인 역량이란 단어의 의미는 2부의 8.4.2절에서 다시 설명한다.

필수 지식과 언어 역량

가장 기본 지식은 CS와 서버 관련 지식이다. 예를 들어 카카오 신입 공채는 대학이나 전공 여부, 성별, 나이 등의 정보를 배제한 블라인드 서류 심사를 주로 진행했다. 스펙 정보가 없는 만큼 코딩 테스트의 비중이 굉장히 높다. 본인이 구사하는 언어로 알고리즘, 프로그램 작성 능력, 문제 해결 능력을 평가하게 된다. 따라서 주니어나 신입일수록 탄탄한 CS 기본 지식을 요구한다.

기업이 요구하는 CS 기본 지식

- 컴퓨터 시스템(하드웨어, 소프트웨어)
- OS(유닉스, 리눅스)
- 네트워크와 인프라(서버와 네트워크, 통신)
- 자료구조와 알고리즘
- 데이터베이스(SQL을 기본으로 한 RDBMS의 구조와 활용, NoSQL의 활용)

프런트엔드나 서버나 기본적으로 갖추어야 할 프로그래밍 스킬의 기본은 주력 프로그래밍 언어이다.

필수 프로그래밍 언어

- **백엔드 개발을 위한 언어**
  - 자바, Go, 파이썬, C, C++ 등
- **프런트엔드 개발을 위한 언어**
  - 자바스크립트, 타입스크립트 등을 기본으로 서버 사이드 연동 플랫폼인 Node.js 등이 같이 학습되어야 한다.

취업을 위해 필요한 스킬셋

- 알고리즘과 코딩 테스트
- 개발 스택(모바일, 프런트엔드, 백엔드, 데이터베이스)과 필수적인 프레임워크
- 기본적인 서버 인프라

꾸준하게 공부해야 할 영역

- 소프트웨어 엔지니어링
- 기초 수준의 시스템 디자인
- 데이터베이스와 ER 다이어그램을 바탕으로 한 엔터티entity 디자인
- 개발 언어와 연관된 주력 프레임워크와 에코 시스템

이처럼 언어를 기본으로 인프라와 CS, 시스템, 소프트웨어 엔지니어링에 대해 전반적인 학습이 되어 있어야 한다. 이 책의 목적이 코딩 학습은 아니기에 면접과 테스트 등에서 중요하게 생각하는 포인트 위주로 들여다볼 예정이다. 주니어가 알기 어려운 개념과 중소 규모의 회사에서 경험하기 어려운 부분, 면접에서 질문이 갖는 맥락을 통해 연관되거나 확장된 기술 개념을 사례를 통해 최대한 담아냈다. 다만 인터넷에서 쉽게 찾을 수 있는 부분들은 링크나 참고 사항으로 갈음하였다.

5.1 소프트 스킬과 하드 스킬의 이해

서류 전형에 통과해 기술 면접이 잡혔다면 미리 모의 면접을 통해 본인이 어떤 점이 약하고 강한지 파악해두어야 한다. 실제 면접에서 긴장해 하얗게 질려 제

대로 된 설명을 못하는 지원자를 자주 보았다.

평상시 이런 훈련을 조금이라도 해야 도움이 되며, 면접에서는 개발자의 기술 지식(하드 스킬)뿐만 아니라 소프트 스킬도 매우 중요하게 본다는 것을 알고 있어야 한다. 그렇다면 하드 스킬과 소프트 스킬에는 어떤 항목들이 있을까?

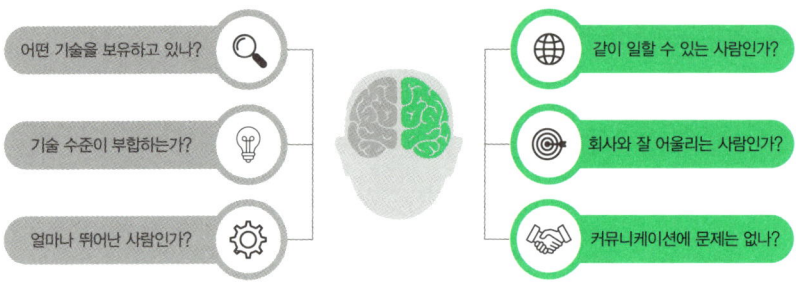

그림 5-1 하드 스킬과 소프트 스킬

앞서 소개한 프로그래머의 기본 역량인 전공 지식과 언어, CS 지식 등 취업을 위한 스킬셋이나 꾸준히 공부해야 할 영역들은 하드 스킬이다. 이 영역은 사전 스크리닝을 통해서 기본 경쟁력을 판단할 수 있지만 소프트 스킬은 면접 자리에서만 판단할 수 있다.

4장의 마지막에서 '같이 일할 수 있는 사람의 기준' 리스트를 소개한 바 있다. 실제 면접을 통해 이 리스트에 부합하는지, 즉 소프트 스킬을 평가한다. 생각보다 이 부분에서 어려움을 겪는 경우가 많다. 모두 다룰 수는 없지만 면접 자리에서 주로 검증하는 소프트 스킬 체크 리스트를 정리해보면 다음과 같다.

- 문제 인식과 접근 방식, 해결 능력
- 학습 능력, 기술적 성장에 대한 의지
- 의사 소통 스킬

- 팀워크, 협업에 중점을 둔 커뮤니케이션
- 태도(의외로 제일 중요할 수 있음)
- 적응력, 공감, 갈등 해소
- 리더십
- 책임감
- 자각력과 메타인지
- 잘 설명하기와 잘 질문하기
- 직업 윤리

소프트 스킬은 개발 공부만 해왔다면 더 까다로울 수 있다. 다만 중요한 것은 상식적인 사고를 바탕으로 조직 전체의 관점에서 다른 사람과 협력할 때 무엇을 우선순위로 삼고 가치를 두어야 하는지, 그리고 이를 기준으로 의사소통을 할 수 있는지를 고민해야 한다는 점이다. 이런 부분은 단기간의 노력으로 눈에 띄는 발전을 이루기 쉽지 않다.

따라서 2부에서는 기술 면접과 인성 면접을 대비하는 데 유용한 이론적 지식과 실무 중심 질문 예시를 바탕으로, 여러분의 하드 스킬뿐 아니라 소프트 스킬을 강화하기 위해 필요한 핵심 개념과 구체적인 지식을 제공하고자 한다.

CHAPTER

코딩 테스트 준비 전략

06

몇 년 전부터 많은 기업이 코딩 테스트로 실력 검증을 하려는 추세이다. 프로그래밍 능력을 평가하는 수단으로, 기본 개념을 바탕으로 문제를 해결할 수 있는가를 판단하는 것이다. 실무와 관계없는 난해한 문제는 의도에 어긋나며, 알고리즘 설계 업무나 난이도 높은 코어 업무 실력자를 가리기 위한 게 아니라면 대부분은 중~하 수준으로 충분하다.

기본 알고리즘을 숙지하고 개념을 확장하여 문제에 적용하고 해법을 제시하는 훈련을 한다면 업무에서 마주하는 복잡한 상황에도 도움이 될 것이다. 기본 수준을 훈련하기 위한 목적이라면 유튜브나 책도 좋다. 개인적으로는 **유료 동영상 강의로 기초를 습득하고, 최근 나온 알고리즘 전문 도서를 살펴보는 것**을 추천한다.

아직 코딩 테스트에 익숙하지 않고 능숙한 프로그래밍 언어가 없다면 이번 기회에 코딩 테스트에 적합한 언어를 정해서 공부하는 것이 좋다. 코딩 테스트용으로 가장 무난한 건 **파이썬**과 **자바스크립트**다. 다른 언어에 비해 간결하고 작성하기 편하기 때문이다. 하지만 가능한 **자신이 지원할 회사가 사용하는 언어로 연습하는 것을 더 추천한다**. 면접관 입장에서는 본인 부서의 메인 언어를 사용한 지원자를 더 선호할 수밖에 없다. 2025년 기준으로 쿠팡을 비롯한 몇몇 회사가 코딩 테스트 언어를 자바로 제한하고 있기에, 가급적 자바나 코틀린 언어를 미리 습득해 코딩 테스트를 대비해두는 게 좋다.

지금부터 나오는 코딩 테스트 코드들은 자바로 작성해두었다. 다만, **다른 언어를 이해하고 있다면 해당 코드를 보는 데는 크게 문제가 없을 것이다. 어려운 내용이나 문법이 들어가지 않았으므로 다른 언어를 구사하는 독자라도 코드를 살펴보고 자신의 주력 언어로 변환해보는 것도 좋은 방법**일 것이다.

일단 다음 사이트를 참고하여 준비하면 좋다. 대부분의 코딩 테스트 사이트는 브라우저 내에서 개발 언어를 선택할 수 있고 컴파일과 테스트 케이스를 돌려볼 수 있다. 실제 코딩 테스트가 주어졌을 때 주로 쓰는 개발 툴을 열어놓고 응시한다면 시간을 아낄 수 있다.

- **프로그래머스** (https://school.programmers.co.kr)
- **해커랭크** (https://www.hackerrank.com)
- **리트코드** (https://leetcode.com)
- **코딜리티** (https://app.codility.com/programmers)
- **백준 온라인 저지** (https://www.acmicpc.net)

간혹 개발 툴을 쓰지 못하게 하는 경우도 있으므로 비슷한 패턴의 문제들을 **빠르게 푸는 훈련을 하자**. 특히 리트코드의 'grind75 모음'은 소프트웨어 엔지니어링 인터뷰에서 자주 등장하는 핵심적인 문제를 엄선한 리스트로, 기본은 75문제이지만 전체를 선택하면 160여 개의 문제가 주제별(배열, 스택, 트리, 다이내믹 프로그래밍 등)로 나누어져 있고 난이도와 일정별로 목표를 설정하여 공부할 수 있다. 따라서 TIL처럼 1일 1문제 풀어보기 관점에서 꾸준히 활용하다 보면 easy 레벨의 문제들은 어렵지 않게 풀게 되는 자신을 발견할 수 있을 것이다.

- **grind75 모음**: https://www.techinterviewhandbook.org/grind75

6.1 기본적인 테스트 준비

만약 알고리즘 문제를 어떻게 푸는 건지 감조차 없다면 일단 알고리즘 사이트의 풀이 코드를 살펴보거나 예제를 보고 따라서 타이핑해보며 감을 익혀야 한다. 동영상 강의 역시 감을 익히는 데 꽤 도움이 되며 알고리즘 관련 유료 강의는 유데미Udemy와 인프런Inflearn 같은 강의 플랫폼에서 '알고리즘'으로 검색하면 좋은 강의가 많다. 그리고 다음과 같은 난이도별 훈련을 추천한다.

6.1.1 쉬운 문제부터 다양한 형태의 문제로

일단 쉬운 문제부터 계단식 접근법을 추천한다. 머리를 말랑말랑하게 만든 뒤 본격적인 연습을 시작해야 한다. 연습을 좀 쉬면 머리가 다시 굳는 걸 느낄 것이다. 미니 퀴즈나 간단한 개념부터 시작해 한 단계씩 수준을 올리며 솔루션을 찾는다면 문제 풀이에 재미를 붙일 수 있다.

그런 의미에서 코딩 테스트의 pre-test라고 말할 수 있는 **프로젝트 오일러**[1]를 먼저 소개하고자 한다. 수학 기반의 퀴즈를 프로그램 코드로 푸는 사이트이다. 우리나라의 사이냅소프트[2]가 이 사이트를 한국판으로 운영하고 있다. 365개 정도의 문제가 있으니 시간 날 때 한 문제씩 퍼즐을 푸는 느낌으로 시도해보자. 나는 두뇌 회전을 위해 코딩 테스트 이전에 오일러 퀴즈 사이트를 찾아서 몇 문제 풀곤 했다.

프로젝트 오일러 이외에도 언어별로 재미있는 퀴즈 수준의 유명한 문제들이 있다. 예를 들어 주어진 문자열을 반전시키는 문제, 문자열이 회문palindrome인지 검

---

[1] https://projecteuler.net/about
[2] https://euler.synap.co.kr

사하는 문제, 문장에 쓰인 단어의 수를 세는 문제, 주어진 숫자 값이 소수인지 판단하는 문제, 메일 포맷과 같은 특정한 포맷이 맞는지 검사하는 문제, 배열에서 가장 낮거나 가장 높은 값, 두 배열의 차이값 등을 응용하는 문제들이 존재한다.

다음 문제부터 가볍게 풀어보자. 풀이는 다양하게 존재할 수 있다.

> Q. 주어진 문자열을 반전시키는 프로그램을 작성하시오.
>
> [입출력 예]
> 입력 → ABCDE
> 출력 → EDCBA

본인의 주력 언어로 풀어보자. 다음은 자바로 답변을 작성한 예시다.

코드 6-1 ReverseString.java

```java
public class ReverseString {
    public static void main(String[] args) {
        ReverseString rs = new ReverseString();
        System.out.println(rs.reverseStr("ABCDefg"));
    }

    private String reverseStr(String str) {
        return new StringBuilder(str).reverse().toString();
    }
}
```

StringBuilder 클래스의 reverse() 메서드를 이용해 별다른 주석이 필요 없을 정도로 간단히 해결했다. 만약 내장 함수를 쓰지 말라는 조건이 있다면 어떻게 풀어야 할까? 문자열을 뒤부터 읽어서 출력하면 될 것이다.

코드 6-2 ReverseString2.java

```java
public class ReserseString2 {
    public static void main(String[] args) {
        String str = "ABCDefg";
        // 문자 배열로 변환한 뒤 역순으로 출력한다.
        char chars[] = str.toCharArray();
        for(int i = chars.length-1; i >= 0; i—) {
            System.out.print(chars[i]);
        }
    }
}
```

결과는 같지만 조건에 따라서 다르게 풀 수 있다. 이 풀이법은 간단하지만 문자열의 길이에 비례하여 성능이 저하되기에 좋은 풀이법은 아니다. 문자열을 역순으로 디힐 때마다 전체 문자열 길이를 계산히기 때문이다. 더 나은 치리 방식을 고민하는 연습이 필요하다. 이 예제에서는 StringBuffer나 StringBuilder로 처리하는 것이 더 나은 해법이다.

이런 식으로 **제약 조건이 존재하기도 하므로 꼼꼼하게 읽어본 뒤 푸는 습관**을 들여야 한다. 핵심은 해당 문제의 **본질적인 해법을 알면 연관된 문제나 이를 응용한 다른 문제로 개념적 확장**을 할 수 있다는 점이다. 이렇게 퀴즈 형태의 문제를 풀어보면서 머리를 말랑말랑하게 만든 뒤 레벨을 높여가며 실력도 높여보자. 비슷한 유형의 다음 문제를 풀어보자.

> Q. 주어진 문자열이 회문인지 확인하는 프로그램을 작성하시오. 회문은 앞으로 읽으나 뒤로 읽으나 같은 단어 또는 문장을 의미합니다. 단, 대소문자는 무시합니다.
>
> [입출력 예]
> 입력 → Level
> 출력 → true
> (대소문자를 무시하면 거꾸로 읽어도 같은 문자이므로)

간단하게 생각하면 문자열을 뒤로부터 읽어서 원본과 같은지 비교하면 될 것이고 다른 풀이도 있을 것이다. 한번 풀었던 문제여도 또 다르게 풀어내는 훈련도 중요하다. 위 문제의 자세한 풀이는 이 책의 예제가 담긴 깃허브에서 참고하기 바란다. 깃허브에 꽤 많은 예제를 담았는데 책에는 다 싣지 않았다. 초급자를 위한 수준으로 배열 관련 문제나 간단한 계산 퀴즈, 자료구조, 자료형의 비교, 유명한 알고리즘, 정렬, 디자인 패턴 문제 등을 비교적 간단한 코드로 구현해서 정리하였다. 깃에서 코드를 보면 알겠지만 꽤 오래전부터 모아온 자료이며 면접에서 실제 쓰이는 자료들을 정리했다.

- **예제 모음**: https://github.com/villainscode/tech-interview

코드 자체는 복잡하지 않기 때문에 언어를 하나 이상 구사해본 경험이 있다거나, 기본적인 자바 문법을 알고 있다면 어렵지 않게 이해할 수 있을 것이다. 실전에서 코딩 테스트 경험이 많이 없으면 문제를 보자마자 당황할 가능성이 매우 높으므로 이를 해결하려면 꾸준함밖에는 답이 없다.

6.1.2 계산과 로직, 자료구조를 고려한 훈련

2단계는 계산식이나 처리 로직을 고민하는 영역을 포함한 자료의 구조 등을 고려하여 프로그램을 작성하는 훈련이다. 예를 들어 계산이나 변환, 자료구조와 관련한 문제들을 다음과 같이 제시하였을 때 각 문제의 특징을 파악하여 빠르게 풀어보는 훈련을 해야 한다. 완전 초급 레벨에서 초보 수준의 레벨에 도달하도록 퀴즈의 난이도를 조금 더 높여서 훈련하는 것이다.

> Q. 배열 numbers에 음수, 양수, 0 등의 숫자가 임의로 들어가 있습니다. 유형별로 개수를 파악하여 비율로 표시하시오. 단, 소수점은 6자리까지 표현합니다.

```
int[] numbers = {-12, 33, -4, 0, 0, 9, 1, -2, 11, 0};
```

주어진 값이 이와 같다고 하면 각 양수, 음수, 0의 개수를 세고 각 비율을 소수점 6자리까지 표시하면 된다.

코드 6-3 PlusMinusGroup.java

```java
public class PlusMinusGroup {

    public static void main(String[] args) {
        int[] numbers = {-12, 33, -4, 0, 0, 9, 1, -2, 11, 0};

        float[] items = itemCount(numbers, numbers.length);

        // 소수점 아래 6자리까지 출력
        System.out.printf("positive : %.6f\n", items[0]);
        System.out.printf("negatives : %.6f\n", items[1]);
        System.out.printf("zero : %.6f\n", items[2]);
    }
```

```java
    private static float[] itemCount(int[] numbers, int length) {
        int positives = 0;
        int negatives = 0;
        int zeros = 0;

        for (int i = 0; i < length; i++) {
            if (numbers[i] > 0) {
                positives++;
            } else if (numbers[i] < 0) {
                negatives++;
            } else {
                zeros++;
            }
        }

        float point = (float) length;
        float positive = positives / point;
        float negative = negatives / point;
        float zero = zeros / point;

        float[] results = {positive, negative, zero};
        return results;
    }
}
```

계산이 들어간 조금 더 복잡한 프로그램이다. 코드를 이해하기 쉽게 하려고 풀어서 작성하였지만 `Arrays.stream`을 사용하여 다음과 같이 변경할 수 있다.

코드 6-4 Arrays.stream을 사용하여 변경한 코드

```java
private static float[] itemCount(int[] numbers) {
    long positives = Arrays.stream(numbers).filter(num -> num > 0).count();
    long negatives = Arrays.stream(numbers).filter(num -> num < 0).count();
    long zeros = Arrays.stream(numbers).filter(num -> num == 0).count();
```

```java
    float point = (float) numbers.length;
    float positive = positives / point;
    float negative = negatives / point;
    float zero = zeros / point;

    float[] results = {positive, negative, zero};
    return results;
}
```

자바 8 버전부터 나오는 Stream에 대해서 이해하고 있다면 구현하기 어렵지 않은 코드이다. 다음 문제를 풀어보자.

> Q. main 메서드에서 input으로 받은 시간 값(AM, PM)을 24시간 포맷으로 변경하시오.
>
> [입출력 예]
> 입력 → 07:05:45 PM
> 출력 → 19:05:45

문자열에 대한 처리와 비교, 조건을 테스트할 수 있다. 이 역시 해답은 깃에 올라와 있다. 답을 보기 전에 먼저 풀어본 뒤 비교해보자. 코드는 깃의 TimeConversion.java 파일을 보면 된다.

> Q. 최소 10개 이상의 integer형 Array가 주어졌을 때 가장 작은 값의 index와 value를 출력하시오.

값의 비교를 통해 위치를 계산하고 위치를 교환하는 방식을 고민해볼 수 있다.

코드는 깃의 ArrayIndexPosition.java 파일에 있다. 또 다른 유형으로 SNS의 타임라인에서 보이는 콘텐츠의 작성 시간 표시 방법에 대한 문제도 풀어보자.

> Q. SNS 기능 구현을 하는 프로그램을 작성할 때, 현재 읽고 있는 콘텐츠가 몇 시간 전에 작성되었는지 표기하시오. 주어진 조건은 다음과 같습니다.
> - input은 yyyy-MM-dd HH:mm:ss(예. 2023-04-18 00:42:24) 형태로 현재 시간보다 과거 시간이다.
> - 현재 시간과 비교하여 1시간 이내라면 xx분 전으로 표기(1분 이하는 1분 전으로 표기)
> - 24시간 내에 작성되었다면 xx시간 전으로 표기
> - 24시간 이후라면 xx일 전으로 표기(월은 고려하지 않음)

우리가 자주 이용하는 SNS 서비스(페이스북이나 인스타그램 등)에서 많이 사용하는 방법이므로 서비스 회사에서는 이런 문제들이 나올 수도 있다. 다음은 주어진 두 개의 값(날짜/시간)의 차이를 구하는 프로그램이다.

코드 6-5 TimeDiffCalculator.java

```java
package net.harunote.quiz;

import java.time.LocalDateTime;
import java.time.format.DateTimeFormatter;
import java.time.temporal.ChronoUnit;

public class TimeDiffCalculator {

    public static void main(String[] args) {
        String inputDateTime = "2023-06-26 16:05:00";
        LocalDateTime givenDateTime = LocalDateTime.parse(inputDateTime,
DateTimeFormatter.ofPattern("yyyy-MM-dd HH:mm:ss"));
        LocalDateTime currentDateTime = LocalDateTime.now();
        calculateDateTimeDiff(givenDateTime, currentDateTime);
```

```java
    }

    private static void calculateDateTimeDiff(LocalDateTime givenDateTime,
    LocalDateTime currentDateTime) {
        long minutesDifference = getTimeDiff(givenDateTime, currentDateTime,
ChronoUnit.MINUTES);
        long hoursDifference = getTimeDiff(givenDateTime, currentDateTime,
ChronoUnit.HOURS);
        long daysDifference = getTimeDiff(givenDateTime, currentDateTime,
ChronoUnit.DAYS);

        printTimeDiff(minutesDifference, hoursDifference, daysDifference);
    }

    private static long getTimeDiff(LocalDateTime givenDateTime,
LocalDateTime currentDateTime, ChronoUnit unit) {
        return unit.between(givenDateTime, currentDateTime);
    }


    private static void printTimeDiff(long minutesDifference, long
hoursDifference,
        long daysDifference) {
        if (minutesDifference == 0) {
            System.out.println("1분 전");
        } else if (minutesDifference < 60) {
            System.out.println(minutesDifference + "분 전");
        } else if (hoursDifference < 24) {
            System.out.println(hoursDifference + "시간 전");
        } else {
            System.out.println(daysDifference + "일 전");
        }
    }
}
```

자바 언어라면 8 버전 이상에서 제공하는 LocalDateTime 클래스를 이용해서 주어진 값과 현재 시각을 비교해서 1시간 이내인지 24시간 이내인지 등에 따라 계산 메서드를 만들어주면 된다. 이 코드에서 날짜 포맷의 이해, 날짜 간의 차이 계산과 같은 간단한 개념을 이해하고 있다면 어렵지 않게 구현할 수 있을 것이다.

이와 비슷한 문제로 follow 인원수에 따른 표기(1000명이 넘어가면 1K로 표기), 달러 표시 단위인 thousand(천)/million(백만)/billion(10억)으로 변환하기 등이 비슷한 유형의 문제다. 6.2절에서 소개하는 주요 알고리즘과 더불어 실생활에서 접하는 인기 서비스들의 주요 기능 구현 문제를 많이 풀어보면 좋다. 지원자의 입장에서만 생각하지 말고 문제를 제출하는 입장에서 3~5년 차에게 어떤 문제가 적합할지 고민해보길 바란다.

알고리즘은 높은 단계로 진입할수록 문제를 이해하기 점점 더 어려워지므로 어떤 식으로 풀어야 할지 실마리를 빠르게 잡아야 한다. 이는 지속적인 훈련으로 보완해야 할 영역이다.

술자리에서 게임을 하는 상황을 가정해보자. 요즘 인기 있는 게임을 설명해주었을 때 누군가는 한 번에 이해하고, 누군가는 게임을 여러 번 해봐야 이해하는 상황을 본 적이 있을 것이다. 알고리즘 훈련도 마찬가지라서 여러 단계의 연습과 반복을 통해 문제의 요지를 빠르게 파악하여 해결 방안을 제시해야 한다.

> Q. 스택Stack과 큐Queue의 특징에 대해서 설명하고 간단한 구현 방법을 제시하시오.

스택과 큐는 코딩 테스트에서 자주 나오는 자료구조이다. 특징은 다음과 같다.

스택

- 후입선출(LIFO Last-In-First-Out) 구조
- 마지막에 삽입된 데이터가 가장 먼저 제거됨
- 데이터의 추가 push(item), 데이터의 제거 pop( ), 맨 위의 항목을 반환 peek( )
- 스택의 최상단 요소(top)에만 접근 가능
- [예시] 웹 브라우저의 뒤로 가기 버튼, 함수의 호출 스택 등

큐

- 선입선출(FIFO First-In-First-Out) 구조
- 먼저 삽입된 데이터가 가장 먼저 제거됨
- 데이터 삽입 enqueue(item), 가장 앞에 있는 항목의 제거 dequeue( ), 첫 번째 값 확인 peek( )
- 큐의 앞(front)과 뒤(rear)에서 모두 데이터에 접근
- [예시] 프린터 대기열, 메시지 큐 등

다음의 문제를 보자. 스택과 큐에 대한 설명을 하기에 적합한 퀴즈라고 생각한다.

Q. 프로그래밍 에디터의 코드 검사기(괄호 검사기)를 간단하게 구현하시오. 소괄호, 중괄호, 대괄호는 짝이 맞아야 문법 에러가 발생하지 않을 것입니다. 지정된 괄호들의 밸런스(개수)가 맞는지 검증하는 프로그램을 작성합니다. 입력받을 괄호들은 첫 입력 명령어로 들어오는 괄호의 라인 수를 받고, 두 번째 입력부터는 해당 라인만큼의 괄호가 들어옵니다. 즉, 첫 라인에 4라는 숫자를 받으면 그 뒷줄부터는 괄호로 구성된 문장이 네 줄 입력됩니다.

괄호는 여는 괄호 {, [, (와 닫는 괄호),], }로 구성됩니다. 열고 닫는 순서가 맞아야 에러가 발생하지 않습니다. 입력으로 들어온 괄호의 구성이 올바른지 판단하는 프로그램을 작성하여 괄호의 개수가 맞으면 YES, 맞지 않으면 NO를 출력하시오.

[입출력 예]
3 // 입력해야 하는 라인 수. 3이 입력되었으므로 총 세 줄의 괄호 문장이 추가 입력되어야 함.
{[()]} // 첫 번째 라인의 괄호 구성. 가장 안쪽부터 (), [], {} 괄호의 열고 닫는 순서가 일치하기 때문에 YES 출력
{[()}} // 두 번째 라인의 괄호 구성. 가장 안쪽의 () 부터 매치가 안 되므로 NO 출력
{{[[((()))]]}} // 세 번째 라인의 괄호 구성. 가장 안쪽부터 (), (), [], [], {}, {} 순서가 일치하므로 YES 출력

이 문제의 핵심은 '어떤 자료구조를 써야 하는가?'를 파악하는 것이다. 입력된 괄호 값의 순서가 역순으로 올바르게 닫히는 괄호인지 검증해야 한다. 예를 들어 처음에 입력한 괄호가 '{'라면, 제일 마지막에 오는 괄호는 '}'가 되어야 하며, 다른 유형의 괄호라면 에러가 발생해야 한다. 다음 코드를 보자.

코드 6-6 Bracket.java

```java
/* 입력값
3
{[()]}
{[(]}}
{{[[((()))]]}}
*/
public class Bracket {

    public static void main(String[] args) {
        Scanner in = new Scanner(System.in);
        int t = in.nextInt();
        for (int a0 = 0; a0 < t; a0++) {
            String expression = in.next();
            System.out.println((isBalanced(expression)) ? "YES" : "NO");
        }
    }
```

```java
public static boolean isBalanced(String expression) {
    Stack<String> stack = new Stack<>();
    for (int i = 0; i < expression.length(); i++) {
        String ch = expression.substring(i, i + 1);

        if (ch.equals("[") || ch.equals("{") || ch.equals("(")) {
            stack.push(ch);
        } else {
            if (ch.equals(")")) {
                // 스택이 비어 있다면, 밸런스가 맞지 않는 것이므로 false를 반환
                if (stack.empty()) {
                    return false;
                }
                if (stack.peek().equals("(")) {
                    stack.pop();
                }
            } else if (ch.equals("}")) {
                if (stack.empty()) {
                    return false;
                }
                if (stack.peek().equals("{")) {
                    stack.pop();
                }
            } else if (ch.equals("]")) {
                if (stack.empty()) {
                    return false;
                }
                if (stack.peek().equals("[")) {
                    stack.pop();
                }
            }
        }
        /*
        *조건문이 다소 많다고 느낀다면 다음과 같이 표현할 수 있다.

        if (stack.empty()) {
```

```
                    return false;
                }

                // 스택의 가장 위에 있는 괄호와 현재 괄호가 짝이 맞는지 확인하
  고, 맞으면 스택에서 제거.
                if (ch.equals(")") && stack.peek().equals("(") ||
                    ch.equals("}") && stack.peek().equals("{") ||
                    ch.equals("]") && stack.peek().equals("[")) {
                    stack.pop();
                } else { // 짝이 맞지 않는 경우 false를 반환.
                    return false;
                }
                */
            }
        }
        return stack.empty();
    }
}
```

main 메서드 시작 시 사용자로부터 입력값을 받기 위해 Scanner 객체를 생성했다. 입력으로 테스트하지 않고 지정된 문자열로 한다면 main 메서드에서 문자열 공백을 split으로 처리해도 무방할 것이다. 괄호가 올바르게 짝지어져 있는지 검사하는 데 효과적인 자료구조가 무엇인지 고민해보자. 여기서는 후입선출 구조인 LIFO를 써야 할 것이고, 대표적인 자료구조로는 스택이 있다. 가장 최근에 추가된 항목이 가장 먼저 꺼내지므로 스택(Stack)에 저장(Push)한 뒤 꺼내기(Pop)하여 양쪽의 결과가 매칭되는지 판단해야 하는 것이다.

이 문제에서 주로 써야 하는 자료구조인 스택부터 알아야 한다. 구현해보는 것만큼 좋은 방법은 없다. 조금 더 발전한다면 괄호의 순서나 개수가 다르면 어디서 문제가 발생한 건지 출력하는 프로그램(문법 검사기) 같은 것을 작성해볼 수 있다. 언급한 김에 간단하게 스택을 구현해보자.

코드 6-7 StackExample.java

```java
public class StackExample {
    private int[] array;
    private int cursor = 0;

    public StackExample(int stackSize) {
        this.array = new int[stackSize];
    }

    public static void main(String[] args) {
        StackExample stack = new StackExample(4);

        stack.push(1);  // 저장
        stack.push(2);
        stack.push(3);
        stack.push(4);
        stack.push(5);

        System.out.println(stack.pop());
        System.out.println(stack.peek());
        System.out.println(stack.pop());
    }

    private int peek() {
        return array[cursor - 1];
    }

    private int pop() {
        if (cursor > 0) {
            return array[--cursor];
        } else {
            throw new NoSuchElementException();
        }
    }
}
```

```java
    private void push(int i) {
        if (cursor < array.length) {
            array[cursor++] = i;
            System.out.println("push 완료");
        } else {
            System.out.println("stack이 full입니다.");
        }
    }
}
```

스택은 나중에 추가된 데이터가 먼저 처리되는 반면, 큐는 먼저 추가된 데이터가 먼저 처리된다. 큐의 구현 코드에 대해서는 6.2.2절에서 다시 살펴볼 것이다. 문제를 풀 때 '다 풀면 정답'이 아니라 작성 흐름과 사용한 자료구조의 종류가 중요한 포인트이다.

이런식으로 간단한 퀴즈를 풀고 그 풀이의 확장을 고민해보자. 자료구조 특징을 파악하고 다시 정리 및 회고하는 형태의 사이클로 공부하면 꽤나 재미있는 코딩 테스트 훈련이 된다.

6.1.3 실행 속도 고려와 더 나은 코드 고민하기

기초적인 훈련이 되었다면 다음 단계는 실행 속도에 대한 고민을 해야 한다. 대부분의 코딩 테스트가 해당 구현이 빠른 게 맞는지, 더 빠르게 처리할 방법은 없는지와 같은 '시간 복잡도 time complexity'를 평가하게 된다.

그러니 시간 복잡도를 계산한 좀 더 간결하고 빠른 실행을 목표로 하자. 시간 복잡도를 감안한 효율적인 알고리즘 구현과 풀이로 빅오 Big-O 표기법의 이해가 선행되어야 한다. 과거보다 훨씬 양질의 자료들이 유튜브에 많이 있으므로 빅오 표기를 위한 알고리즘 해법은 꼭 동영상 강의의 도움을 받아보도록 하자. 이 책에서는 6.3.4절에 표기법을 따로 정리해놓았다.

알고리즘의 대표적인 정렬 방식과 각 알고리즘별로 쓰이는 자료구조의 이해를 바탕으로 구현해봐야 한다. 다음의 예제를 통해 시간 복잡도를 검증해보자. 같은 사이즈 자료(배열)여도 접근 방식에 따라 수행 시간이 얼마나 차이 나는지 확인하는 간단한 코드이다.

코드 6-8 ComplexityTest.java

```java
import java.util.Random;

public class ComplexityTest {
    public static void main(String[] args) {
        int[] arr = new int[10000000]; // 큰 배열 생성
        int target = 9999999; // 검색할 요소 (배열의 마지막 요소)

        // 배열에 무작위 데이터 채우기
        Random random = new Random();
        for (int i = 0; i < arr.length; i++) {
            arr[i] = random.nextInt(10000000); // 0부터 9999999 사이의 무작위 값
        }

        // 이진 검색 수행 및 실행 시간 측정
        long startTime = System.nanoTime();
        int binarySearchResult = binarySearch(arr, target);
        long endTime = System.nanoTime();
        long binarySearchTime = endTime - startTime;

        // 선형 검색 수행 및 실행 시간 측정
        startTime = System.nanoTime();
        int linearSearchResult = linearSearch(arr, target);
        endTime = System.nanoTime();
```

```java
        long linearSearchTime = endTime - startTime;

        // 결과 출력
        System.out.println("# 이진 검색 결과: " + binarySearchResult);
        System.out.println("# 이진 검색 실행 시간: " + binarySearchTime + " ns");

        System.out.println("# 선형 검색 결과: " + linearSearchResult);
        System.out.println("# 선형 검색 실행 시간: " + linearSearchTime + " ns");
    }

    public static int binarySearch(int[] arr, int target) {
        int left = 0;
        int right = arr.length - 1;

        while (left <= right) {
            int mid = left + (right - left) / 2;
            if (arr[mid] == target) {
                return mid;
            }
            if (arr[mid] < target) {
                left = mid + 1;
            } else {
                right = mid - 1;
            }
        }
        return -1;
    }

    public static int linearSearch(int[] arr, int target) {
        for (int i = 0; i < arr.length; i++) {
            if (arr[i] == target) {
                return i;
            }
```

```
        }
        return -1;
    }
}
```

랜덤으로 탐색하기 때문에 실행할 때마다 결괏값이 다르지만 대략 다음과 같이 출력되는 것을 확인할 수 있다.

```
# 이진 검색 결과: -1
# 이진 검색 실행 시간: 3458 ns
# 선형 검색 결과: 1019732
# 선형 검색 실행 시간: 2073917 ns
```

당연한 말이지만 문제를 푸는 알고리즘을 구현하기 위해 어떤 자료구조를 썼는지도 파악해야 한다. 자료구조의 특징을 알아야 알고리즘 구현에 적합한 것으로 적용할 수 있을뿐더러 면접관이 해당 자료구조를 왜 사용했는지, 다른 것을 사용할 수는 없는지 등을 물어볼 수 있기 때문이다.

6.1.4 테스트 검증하기

속도를 고려한 코드 작성 훈련이 되었다면 마지막은 다양한 형태의 테스트 케이스를 작성해본다. 테스트 코드는 해당 코드가 정상 동작하는지, 예외 케이스는 없는지 검증하는 단계이다. 여러 가지 테스트 케이스를 통해 제대로 동작하는지 확인하는 훈련이 필요하다. 이 책에서는 빠른 실행을 위해서 테스트 케이스 작성보다는 main 메서드 안에서 검증을 진행하였으나 JUnit이나 Spock 등을 활용한 테스트 케이스를 작성하여 실제 다양한 검증 데이터를 통과할 수 있도록 연습하는 것이 좋다.

6.2 기본적으로 알아야 할 알고리즘

이직 결심 후 지원까지 끝냈다면 그 이후는 자신의 의지와는 조금 다르게 흘러갈 수 있다. 코딩 테스트를 대비할 절대적인 공부 시간이 부족할 수 있기 때문에 틈틈이 문제들을 미리 정리해두어야 한다. 그래야 급박하게 잡히는 코딩 테스트 일정 압박에 시달리지 않게 된다. 시간이 부족할 때는 풀었던 문제를 리뷰하면서 공부하는 것도 좋은 방법이다.

많은 기업에서 코딩 테스트에 시간 제한을 둔다. 일반적인 시험처럼 문제를 빠르게 파악하여 가장 쉬운 부분부터 해결하고 어려운 문제를 풀 수 있는 시간을 확보해두어야 한다.

6.2.1 코딩 테스트의 유형

코딩 테스트는 크게 다음 두 가지 유형으로 나뉜다.

- 각종 문제 은행 사이트를 통한 알고리즘과 코딩 테스트
- 과제 위주의 코딩 결과물을 검토하는 형태

보통 주니어일 때는 전자를, 시니어일 경우에는 후자의 방식으로 진행하는 게 일반적이다. 하지만 회사마다 기준과 절차가 다를 수 있으므로 항상 꼼꼼히 확인해야 한다.

그 외에 또 다른 방식으로는 다음과 같은 것들이 있다.

- 문제와 코드에서 오류 검출하기(문법적 오류 검토, 값에 대한 동등 비교, 객체의 멱등 비교가 맞는지 확인 등)
- 주어진 주석으로 프로그램 코드를 만들어내는 방식

최대한 다양한 문제를 접하는 것이 좋다. 제한 시간과 문제 수도 회사마다 다르다. 세 문제를 주고 세 개를 다 풀어야 통과시키는 회사도 있고, 네 문제 중 두 문제만 선택하여 풀도록 하는 곳도 있다.

회사에서 코딩 테스트를 채용 필수 프로세스로 넣었다는 것은 테스트 결과로 유의미한 필터링을 하겠다는 의미이다. 어떤 유형이든 다 풀어내는 것이 통과하는 데 유리하다. 테스트 통과 이후 기술 면접에서 왜 이렇게 풀었는지 리뷰하는 자리를 갖기도 한다. '왜 이런 자료구조를 썼는가' '왜 이 방식으로 풀었는가' '더 좋은 방식은 없는가' 이런 질문들을 테스트 이후 스스로 해봐야 한다.

따라서 문제를 제대로 이해하는 게 가장 중요하고, 어떤 해법으로 접근한 건지 코드에 드러나게 작성하거나 주석으로 설명을 달아 작성자의 의도를 쉽게 파악할 수 있게 해야 한다. 풀이에 대한 설명이 어렵다면 본인 것이 아니다.

6.2.2 코딩 테스트를 위한 주요 알고리즘

이미 개발자로 일하고 있다면 학교를 졸업한 지 몇 년이 지나면서 CS 영역은 상당 부분 잊었을 수도 있다. 나 역시 새로운 면접 자리마다 잊었던 지식들을 재정비할 때가 많다. CS 지식은 면접관들이 좋아하는 주제이기도 하다. 따라서 코딩 테스트를 훈련하며 CS 지식도 다시 정리해볼 필요가 있다. 예를 들어 최단 거리 알고리즘인 다익스트라 구현이나 페이징 교체 알고리즘인 LRU, LFU에 쓰이는 자료구조형, DFS나 BFS에서 쓰이는 자료구조라든지 우선순위 큐, 스택 vs 큐, List vs Set 등 자료구조의 특징부터 소트 알고리즘별 시간 복잡도 등은 철저하게 구현해보고 설명도 직접 해봐야 한다.

관련 책 등 정리된 자료를 읽고 이해했다고 생각하지 말고 알고 있어도 유형을 조금 다르게 물어보면 당황하여 대답을 잘 못하는 경우를 많이 봤다. 남들에게 잘 설명할 수 있도록 코딩을 해보자. 다음 내용은 지원자의 **CS 지식을 검증할 때 주로 물어보는 개념**을 나열한 것이다. 전부 다 코드로 설명하면 좋겠지만 일부 중요한 항목만 코드로 확인하고 나머지는 깃에 올려놓았으므로 확인해보길 추천한다.

- **알고리즘 모음**: https://github.com/villainscode/tech-interview/tree/main/src/main/java/net/harunote/algorithm

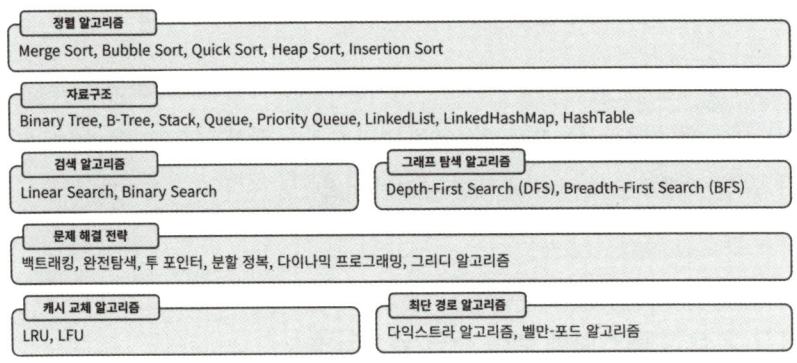

그림 6-1 필수 알고리즘 종류

더 많은 개념을 정리하고 넘어가면 좋겠지만 이 정도 리스트만이라도 꼭 이해하고 훈련을 지속하길 바란다.

큐와 우선순위 큐

앞서 언급한 큐와 우선순위 큐에 대해서 알아보기 위해 다음 코드부터 살펴보자.

코드 6-9 QueueExample.java

```java
public class QueueExample {

    private List<Integer> queue = new ArrayList<>();

    public void enqueue(Integer data) {
        queue.add(data);
    }

    public Integer dequeue() {
        if (queue.isEmpty()) {
            System.out.println("Queue is Empty");
            throw new NoSuchElementException();
        }

        return queue.remove(0);
    }

    public Boolean isEmpty() {
        return queue.isEmpty();
    }

    public Integer peek() {
        return queue.get(0);
    }

    public static void main(String[] args) {
        QueueExample queue = new QueueExample();
        queue.enqueue(2);
        queue.enqueue(1);
        queue.enqueue(3);
```

```java
        queue.enqueue(4);
        System.out.println("Queue peek = " + queue.peek());
        remove(queue);

        queue.enqueue(7);
        queue.enqueue(8);
        queue.enqueue(9);
        queue.dequeue();
        remove(queue);
    }

    private static void printQueue(QueueExample queue) {
        while (!queue.isEmpty()) {
            System.out.println("Element : " + queue.dequeue());
        }
    }
}
```

큐는 6.1절에서 설명한 바와 같이 선입선출(FIFO) 형태의 자료구조로 배열이나 리스트, 연결 리스트 등을 통해 구현할 수 있다. 공연장에 들어가기 위해 줄을 서 있는 사람들을 생각해보면 된다. 먼저 줄 선 사람이 먼저 입장하는 구조이다.

연결 리스트를 이용하여 큐를 구현할 경우 데이터가 저장될 큐의 크기를 미리 지정하지 않아도 된다. 배열은 요소들을 추가하거나 삭제할 때 크기가 초과되면 새로운 배열을 생성하고 기존의 요소들을 복사해야 한다. 반면 큐는 동적으로 크기를 늘리거나 줄일 수 있어서 메모리 관리가 효율적이다. 주요 기능(함수)은 다음과 같다.

- **Enqueue()**: 큐의 끝에 새로운 자료를 삽입한다.
- **Dequeue()**: 큐의 가장 처음에 있는 자료를 반환하고 제거한다.

- **Peek()**: 큐의 처음에 있는 자료를 반환한다. Dequeue 메서드와는 달리 처음에 있는 자료를 제거하지는 않는다.

- **isEmpty()**: 큐가 Empty 상태인지 확인한다.

- **clear()**: 큐 내부의 모든 자료를 삭제한다.

이제 우선순위 큐에 대해서 알아보자.

코드 6-10 PriorityQueueExample.java

```java
public class PriorityQueueExample {
    public static void main(String[] args) {
        PriorityQueue<Integer> priorityQueue = new PriorityQueue<>();
        // enqueue
        priorityQueue.add(3);
        priorityQueue.add(1);
        priorityQueue.add(2);
        // dequeue
        int element = priorityQueue.poll();

        System.out.println(element); // 출력: 1 (우선순위가 가장 높은 값이 먼저 꺼내짐)
        priorityQueue.peek();
        printQueue(priorityQueue);

        priorityQueue.add(5);
        priorityQueue.add(4);
        priorityQueue.add(3);

        if (!priorityQueue.isEmpty()) {
            System.out.println(priorityQueue.poll());
            printQueue(priorityQueue);
        }
    }
```

```
    private static void printQueue(PriorityQueue<Integer> priorityQueue) {
        while (!priorityQueue.isEmpty()) {
            System.out.println("priorityQueue : " + priorityQueue.poll());
        }
    }
}
```

우선순위 큐는 데이터에 우선순위를 부여하여 우선순위가 높을수록 먼저 꺼내지는 자료구조이다. 즉, 우선순위가 높은 element가 낮은 element보다 먼저 큐에 대기한다. 응급실에는 '접수한 순서가 아니라 위급한 순으로 진료합니다'라는 문구를 붙여놓곤 하는데 우선순위 큐도 이와 비슷한 방식이다. 만약 두 element 간의 우선순위가 같다면 대기열에 먼저 들어간 element가 먼저 해제된다. 따라서 일반 큐와는 다르게 우선순위에 따라 정렬된 상태로 유지된다. 일반적으로 힙heap을 사용하여 작업 스케줄링, 최단 경로 알고리즘 등에서 사용된다. 주요 기능은 다음과 같다.

- **add(E e) 또는 offer(E e)**: 요소를 우선순위 큐에 추가. 새 요소가 추가될 때 자동으로 정렬됨
- **remove() 또는 poll()**: 우선순위 큐에서 가장 우선순위가 높은(작은) 요소를 제거하고 반환
- **peek()**: 우선순위 큐에서 가장 우선순위가 높은(작은) 요소를 제거하지 않고 반환
- **isEmpty()**: 우선순위 큐가 비어 있는지 확인
- **size()**: 우선순위 큐에 포함된 요소의 수를 반환
- **clear()**: 우선순위 큐를 삭제

정렬

그다음은 가장 많이 나오는 정렬을 살펴보자. 문자열이나 숫자에 대한 정렬, 오름차순, 내림차순 등 양쪽의 값을 비교하는 정렬이나 값의 순차적인 정렬을 필요로 하는 경우 등 업무에서도 정렬 문제는 꾸준히 접할 수 있다. 힙의 구조상 삽입과 삭제 연산의 시간 복잡도는 O(log n)으로 매우 효율적이다. 또한 힙을 사용하면 가장 우선순위가 높은 요소를 빠르게 찾아낼 수 있기 때문에 peek 연산은 O(1)의 시간 복잡도를 가진다. 다음으로는 대표적인 정렬 알고리즘인 퀵 정렬과 병합 정렬에 대해서 살펴볼 것이다.

코드 6-11 QuickSort.java

```java
public class QuickSort {

    public static void main(String[] args) {
        int[] array = {9, 2, 4, 7, 3, 7, 10};

        int start = 0;
        int end = array.length - 1;
        quickSort(array, start, end);
        System.out.println(Arrays.toString(array));
    }

    private static void quickSort(int[] array, int start, int end) {
        if (start >= end) {
            return true;
        }

        // 피봇을 정한다.
        int middle = start + (end - start) / 2;
        int pivot = array[middle];

        // 왼쪽은 피봇보다 작고 오른쪽은 피봇보다 커야 한다.
```

```
        int low = start;
        int high = end;

        while (low <= high) {
            while (array[low] < pivot) {
                low++;
            }

            while (array[high] > pivot) {
                high--;
            }

            if (low <= high) {
                int temp = array[low];
                array[low] = array[high];
                array[high] = temp;
                low++;
                high++;
            }
        }

        if (start < high) {
            quickSort(array, start, high);
        }

        if (start > low) {
            quickSort(array, low, end);
        }
    }
}
```

정렬 범위의 시작 인덱스 start, 정렬 범위의 끝 인덱스 end를 기준으로 중간 요소를 피봇으로 정한 뒤 피봇을 기준으로 왼쪽은 작은 값, 오른쪽은 큰 값이 오도록 분할하였다. 퀵 정렬은 따로 별도의 메모리를 사용하지 않고 현재 있는 메모리 안에서 정렬하기 때문에 효율이 좋은 피봇을 하나 정해 왼쪽과 오른쪽을 기준으로 각각 퀵 정렬로 재귀적(Recursive) 접근을 통해 연산한다. 퀵 정렬의 평균 시간 복잡도는 O(n log n), 최악의 시간 복잡도는 O(n^2), 이미 정렬된 상태에서 실행할 경우 O(log n)이 나온다.

대부분의 상황에서 좋은 평균 시간을 가지지만 역배열로 정렬된 상태 등 최악의 경우는 실행 시간이 급격하게 증가한다. 이와 비슷한 병합 정렬 코드를 살펴보자.

코드 6-12 MergeSort.java

```java
public class MergeSort {

    public static void main(String[] args) {
        Integer[] a = {2, 6, 3, 5, 1};
        mergeSort(a);
        System.out.println(Arrays.toString(a));
    }

    private static Comparable[] mergeSort(Comparable[] list) {
        // 리스트가 1 이하이면 연산할 필요 없음
        if (list.length <= 1) {
            return list;
        }

        // 리스트를 반으로 나누어 두 부분으로 분리 - 5일 경우 2.5 (2)
        Comparable[] first = new Comparable[list.length / 2];
        // 5 - 2 : 3개의 배열 요소를 처리
        Comparable[] second = new Comparable[list.length - first.length];

        // 배열에서 원하는 요소를 부분을 복사한다. 원본, 원본 시작점, 복사본,
        복사본 시작점, 길이
```

Chapter 06 코딩 테스트 준비 전략

```java
        System.arraycopy(list, 0, first, 0, first.length);  // 첫 파트 배열
카피  list, 0, first, 0, 2
        // 두 번째 파트 배열 카피  list, 2, second, 0, 3
        System.arraycopy(list, first.length, second, 0, second.length);

        // 재귀 호출로 각 요소를 분리한다.(첫 번째 배열 분해 후 두 번째 배열 분해)
        mergeSort(first);
        mergeSort(second);

        // 각 배열을 병합하여 원래 배열을 덮어쓴다.
        merged(first, second, list);

        return list;
    }

    private static void merged(Comparable[] first, Comparable[] second, Comparable[] result) {
        // 첫 번째 배열의 인덱스 위치 - 첫 요소부터 시작
        int firstIndex = 0;

        // 두 번째 배열의 인덱스 위치 - 첫 요소부터 시작
        int secondIndex = 0;

        // 병합된 배열의 인덱스 위치 - 첫 번째 위치부터 시작
        int merged = 0;

        // 첫 배열의 요소와 두 번째 배열의 요소를 비교함
        // 그중 작은 요소를 배열 병합에 저장
        while (firstIndex < first.length && secondIndex < second.length) {
            System.out.println(
                "first[firstIndex] : " + first[firstIndex] + "
second[secondIndex] : "
                + second[secondIndex] + " result = " +
                first[firstIndex].compareTo(second[secondIndex]));
```

```
            if (first[firstIndex].compareTo(second[secondIndex]) < 0) {
                result[merged] = first[firstIndex];
                firstIndex++;
            } else {
                result[merged] = second[secondIndex];
                secondIndex++;
            }
            merged++;
        }

        System.arraycopy(first, firstIndex, result, merged, first.length - firstIndex);
        System.arraycopy(second, secondIndex, result, merged, second.length - secondIndex);
    }
}
```

분할 정복 방식의 알고리즘 중 한 종류(1/2씩 분할)로 배열을 반으로 나누고 각 부분 배열을 재귀적으로 정렬한 후, 정렬된 부분 배열을 병합하여 최종적으로 정렬된 배열을 얻게 된다. 병합 정렬은 평균적으로 $O(n \log n)$의 시간 복잡도를 가지며 최악이나 최선도 같은 속도가 나오는 안정적인 정렬 방법이다. 정렬에 대한 더 다양한 예제는 다음 주소에서 확인할 수 있다.

- https://github.com/villainscode/tech-interview/tree/main/src/main/java/net/harunote/algorithm/sort

다시 말하지만 코딩 테스트에서 기본 개념으로 가장 많이 쓰이는 것은 정렬과 약간의 계산식, 그리고 적합한 자료구조이다. 자료구조는 그 자체로도 좋은 질문 범위를 가지고 있다. 테스트 통과 후 기술 면접에서 '왜 해당 자료구조를 썼나요?'라고 물어본다면 각 자료구조의 특징이나 구현 방법을 이해하지 못할 경우 구체적으로 답변하기 어려울 것이다. 예를 들어 Array와 ArrayList의 차이,

큐와 덱deque의 차이, 큐와 스택의 차이, 우선순위 큐 등 알고리즘에 적용한 자료형을 근거로 꼬리 물기 질문을 할 수 있다. 자료형에 대한 보다 다양한 소스 코드는 다음 주소에서 확인할 수 있다.

- https://github.com/villainscode/tech-interview/tree/main/src/main/java/net/harunote/collection

페이지 교체 알고리즘

운영체제에서 자주 언급되는 페이지 교체 알고리즘에는 LFU^{Least Frequently Used}, LRU^{Least Recently Used} 등이 있다. LFU는 가장 적게 사용된 데이터를 캐시에서 제거하는 알고리즘이다. LRU는 최근에 사용되지 않은 데이터를 제거하는 알고리즘이다. 즉, 캐시에서 가장 오래된 데이터를 우선적으로 제거하여 최근에 자주 사용되는 데이터를 캐시에 보관하는 방식이다. 그림으로 살펴보면 다음과 같다.

그림 6-2 LRU 동작의 이해

먼저 LRU를 자바로 구현해보자. 새로운 데이터가 캐시에 추가될 때 캐시가 가득 차 있으면 가장 오래된 데이터를 제거한다. 기존 캐시에 있는 데이터를 조회하거나 업데이트할 때는 해당 데이터의 접근 순서가 갱신되어 가장 최근으로 이동시켜 데이터를 유지한다. 이런 특징은 LinkedHashMap을 통해 쉽게 구현할 수 있다. 다음의 코드를 보자.

코드 6-13 LRUCache.java

```java
public class LRUCache<K, V> extends LinkedHashMap<K, V> {
    private int cacheSize;

    //cacheSize는 '생성할 때 map의 크기를 얼마로 할 것인가?'의 관점
    //loadFactor는 'cache의 몇 퍼센트가 차야 용량을 늘릴 것인가'의 관점
    //마지막 불리언 값은 정렬이 삽입 순서(false)냐 접근 순서(true)냐에 대한 인자
    public LRUCache(int cacheSize) {
        super(cacheSize, 0.75f, true);
        this.cacheSize = cacheSize;
    }

    // 현재 맵의 크기보다 크면 true를 리턴하고 first 노드를 찾아서 삭제
    @Override
    protected boolean removeEldestEntry(Map.Entry<K, V> eldest) {
        return size() > cacheSize;
    }

    public static void main(String[] args) {
        LRUCache<Integer, String> cache = new LRUCache<>(3); // LRU 캐시 크기를 3으로 설정

        cache.put(1, "첫 번째 항목");
        cache.put(2, "두 번째 항목");
        cache.put(3, "세 번째 항목");

        System.out.println(cache);
        // 출력: {1=첫 번째 항목, 2=두 번째 항목, 3=세 번째 항목}

        cache.get(2); // 요소 2에 액세스하여 가장 최근 사용 위치로 이동

        System.out.println(cache);
        // 출력: {1=첫 번째 항목, 3=세 번째 항목, 2=두 번째 항목}
```

```
        cache.put(4, "네 번째 항목");
        // 용량 초과로 인해 LRU 항목의 first 노드 제거

        System.out.println(cache);
        // 출력: {1=첫 번째 항목, 3=세 번째 항목, 2=두 번째 항목}
    }
}
```

loadFactor는 capacity의 몇 퍼센트가 차면 용량을 늘릴 것인지 정의하는 부분으로 해시 테이블에 75퍼센트 정도가 찰 때 리사이징을 수행하도록 하였다. cacheSize는 3으로 설정하였다.

LRU를 구현할 때 LinkedHashMap을 사용하는 게 가장 중요한 포인트이다. 먼저 LinkedHashMap은 데이터를 삽입한 순서대로 유지한다. 따라서 데이터의 삽입 순서가 LRU 캐시에서 중요한 역할을 할 때 유용하며 데이터의 접근 순서를 유지하는 방법이 이미 존재하므로 구현할 필요가 없다.

즉, 데이터를 조회하거나 업데이트할 때 해당 데이터를 가장 최근에 사용된 데이터로 이동시킬 수 있다. 또한 LinkedHashMap을 상속하고 removeEldestEntry 메서드를 오버라이드하여 LRU 캐시의 제거 기능을 쉽게 구현할 수 있다.

테스트를 위해 캐시 크기를 3으로 제한하였고 네 개의 데이터를 호출했으므로 1번 데이터는 이미 사라진 상태이다. 위의 알고리즘들은 더 나은 풀이법이 없는지, 코드를 더 읽기 쉽게 만들 수 있는지 꼭 고민해서 개선해보길 권장한다.

LRU 알고리즘에서는 다중 스레드 환경이나 스레드간 경쟁 조건(Race Condition), 데드 락과 같은 동시성 관련 문제에 대한 고민이 필요하다. 깃의 tech-interview 하위에 algorithm 패키지에 보면 LRUCache 코드가 있으므로 복사하여 실행해보자. 참고로 최초 코드는 이직을 위해 코딩 테스트를 준비하던

시기인 2016년쯤 작성하였는데 최근에 더 간단한 코드로 개선되었으니 참고하길 바란다. 다음은 LFU의 동작에 대한 설명이다.

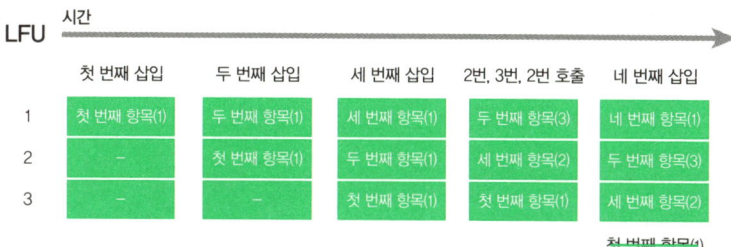

그림 6-3 LFU 동작의 이해

LFU는 참조된 횟수가 가장 적은 페이지를 교체하는 알고리즘이다. 이를 자바 코드로 개발하려면 LinkedHashMap 형태의 자료형과 우선순위 큐를 활용하여 구현하면 된다.

코드 6-14 LFUCache.java

```java
class LFUCache<K, V> {
    private final int capacity;
    private final Map<K, V> cache;
    private final Map<K, Integer> frequency;
    // 우선순위 큐 (가장 낮은 값이 우선순위가 높다)
    private final PriorityQueue<Map.Entry<K, Integer>> minHeap;

    public LFUCache(int capacity) {
        this.capacity = capacity;
        this.cache = new LinkedHashMap<>(capacity, 0.75f, true);
        this.frequency = new HashMap<>(capacity);
        // 우선순위 큐의 빈도수 비교 (가장 낮은 빈도수를 가진 항목이 맨 위에 위치)
        this.minHeap = new PriorityQueue<>((e1, e2) -> e1.getValue() - e2.getValue());
```

```java
    }

    public V get(K key) {
        // 빈도수 증가 처리
        if (cache.containsKey(key)) {
            int freq = frequency.get(key);
            frequency.put(key, freq + 1);
            return cache.get(key);
        }
        return null;
    }

    public void put(K key, V value) {
        if (capacity == 0) {
            return;
        }

        if (cache.size() >= capacity) {
            evictLFU();
        }

        cache.put(key, value);
        frequency.put(key, 1);
        // minHeap에 항목을 추가
        minHeap.offer(new AbstractMap.SimpleEntry<>(key, 1));
    }

    private void evictLFU() {
        // 가장 낮은 항목의 key 조회
        Map.Entry<K, Integer> entry = minHeap.poll();
        K lfuKey = entry.getKey();
        cache.remove(lfuKey);
        frequency.remove(lfuKey);
    }
```

```java
    @Override
    public String toString() {
        StringBuilder sb = new StringBuilder();
        for (Map.Entry<K, V> entry : cache.entrySet()) {
            sb.append(entry.getKey()).append(": ").append(entry.getValue()).append(", ");
        }
        return sb.toString();
    }

    public static void main(String[] args) {
        LFUCache<Integer, String> cache = new LFUCache<>(3); // LFU 캐시 크기를 3으로 설정

        cache.put(1, "첫 번째 항목");
        cache.put(2, "두 번째 항목");
        cache.put(3, "세 번째 항목");
        System.out.println("초기값 : " + cache);
        System.out.println("두 번째 항목, 세 번째 항목 호출 빈도 증가");
        cache.get(2);
        cache.get(3);
        cache.get(2);
        System.out.println("증가 후 값: " + cache);
        cache.put(4, "네 번째 항목");
        System.out.println("네 번째 삽입 후 값 : " + cache);
    }
}
```

get과 put일 때는 참조 횟수도 같이 증가시켜 주고 put 시점에 지정된 캐시 사이즈보다 클 경우는 삭제를 위해 evictLFU() 메서드를 호출한다. 이를 통해 우선순위 큐에서 가장 우선순위가 높은 항목(적은)을 반환하고 그 키를 통해 캐시와 참조 횟수를 제거해준다.

같은 문제라도 풀이법은 각자 스타일에 따라 다를 것이다. 또 경험이 쌓이면서 좀 더 좋은 풀이를 만들어낼 수도 있다. 문제를 이해하고 내 것으로 만드는 과정이 제일 중요하고 이런 훈련이 쌓여야 한다.

만약 보안 관련 업무(데이터 암호화나 인증, 인가 등)가 포함되었다면 암호화 알고리즘에 관한 개념을 알아야 한다. 대칭 키$^{symmetric\ key}$와 비대칭 키$^{asymmetric\ key}$, 단방향 암호화의 개념과 종류를 설명해야 할 수도 있다. 대칭 키 알고리즘은 AES$^{Advanced\ Encryption\ Standard}$와 DES$^{Data\ Encryption\ Standard}$가, 비대칭 알고리즘은 RSA$^{Rivest-Shamir-Adleman}$ 같은 알고리즘이 유명하다.

또한 업무에 따라 디지털 사인이나 비밀번호 인증과 같은 곳에서는 단방향 암호화인 MD5$^{Message\ Digest\ Algorithm\ 5}$, SHA-1,2$^{Secure\ Hash\ Algorithm\ 1,\ 2}$, SHA-256 등의 알고리즘이 유명하다. 만약 지원하는 부서가 보안과 인증 관련 업무를 수행한다면 알아야 할 중요한 개념이다.

하지만 코딩 테스트는 통과 관문의 하나이지 모든 공력을 이곳에만 쏟으면 안 된다. 충분히 준비하되 주객이 전도되지 않도록 노력하자. 기본적으로 알아야 할 알고리즘 코드를 소개하고 준비하는 과정에 대해서 다시 한번 정리해보았다.

- CS에서 기본으로 배우는 자료구조, 네트워크, 알고리즘 강의에 충실하자. 학교 수업에 충실하였다면 어렵지 않다.
- 주니어 시기가 지났다면 결과물을 만들어내는 것이 중요하다. 주력으로 하는 개발 언어의 레벨을 올리고 프레임워크와 함께 데이터베이스와 인프라 설정 같은 개발자 영역에서의 경험치와 결과물이 중요하다.
- 상위 기업이라면 대부분 코딩 테스트를 진행한다. 코딩 테스트에 거부감을 느끼고 쉽게 포기하게 되면 그만큼 상위 기업에 이직하기 어렵다.
- 전공자라면 홀로 준비하는 것이 가능할 것이다. 혼자 하기 어렵다면 동영상 강의든 오프라인 강의든 비용을 투자해서라도 꾸준히 원하는 수준까지 가도록 시도해야 한다.

- 경력이 쌓일수록 과거 데이터는 지워지므로 이직을 생각하고 있다면 미리 머리를 말랑말랑하게 훈련해두어야 한다.

6.3 테스트 통과를 위한 키 포인트

6.3.1 시간 배분

시간 배분은 무척 중요하다. 실력을 떠나 시간을 맞추지 못해 떨어지는 지원자를 정말 많이 보았다. 예를 들어 총 네 문제 중 필수 두 문제는 반드시 풀고, 남은 두 문제 중에 하나만 풀어서 총 세 개의 솔루션을 제출해야 한다고 가정해보자. 주어진 시간이 세 시간이라고 했을 때, 계산해보면 각 문제에 최대 한 시간씩밖에 없다고 판단할 것이다.

그러나 두 문제는 반드시 풀어야 한다는 조건이 있으므로 두 문제를 풀어내는 데 최대한 쏟고 남은 시간을 나머지 한 문제에 할당해야 한다. 그마저도 시간이 부족하다면 의사코드$^{pseudo-code}$ 형태나 주석 형태로라도 풀이를 설명해주면 면접관 입장에서는 필수 두 문제의 해법이 나쁘지 않다면 나머지 옵션 문제를 못 풀었더라도 합격 의견을 낼 수 있다. 시간이 부족해서 마저 못 풀었다면 어떤 방식으로 풀 것이다라는 의견이라도 제출해야 한다.

6.3.2 공부 방법과 로드맵

하루 한두 문제씩 **100일 챌린지**에 도전하자. 이 과정을 매일매일 깃에 올린다면 1부의 지원서와 포트폴리오 파트에서 언급한 잔디 관리도 되고 TIL도 정리될 수 있다. 준비는 철저할수록 좋으므로 매일 훈련하는 것이 좋다.

또한 기본적인 자료구조와 알고리즘에 대해 알고 있어야 한다. 필수 알고리즘은 6.2.2절에서 이미 언급했으니 다음과 같은 계획을 세워 공부하길 바란다.

① 1단계 – 초급

기본적인 퀴즈형 문제, 산수 문제들을 풀어보고 배열과 리스트 조작, 문자열 처리, 스택이나 큐 활용, 기본 정렬 등의 코드를 학습한다. 특히 리트코드의 easy 난이도와 같이 각 코딩 테스트 사이트의 초급 레벨 문제들을 카테고리화해서 어떤 영역에서 본인이 취약한지 파악하고 반복 학습을 해야 다음 단계로 넘어갈 수 있다.

② 2단계 – 중급

1단계를 잘 넘겼다면 다음은 탐색 알고리즘, DP, 그리디, DFS, BFS, 이진 트리 등을 구현해보며 어떤 상황에 적용할 수 있는지 다양한 예제를 접해본다.

여기까지는 각 코딩 테스트의 중간 레벨, 리트코드의 Medium 레벨이다. 이 정도 수준에 올라가면 코딩 테스트에 대한 준비가 80% 이상 되었다고 판단된다.

③ 3단계 – 고급

마지막 레벨은 hard 난이도의 문제를 풀어보고 백트래킹, MST, 다익스트라 등 유명 알고리즘에 대해 학습하고 구현해보는 훈련을 한다. 5년 경력자 기준으로 짧게는 한 달 이상의 준비가 필요하다. 네카라쿠배를 노린다면 그 이상도 준비해야 할 수 있다. 이 회사들의 신입 공채를 준비한다면 이 단계에서 3문제 중 1~2문제 정도는 풀어낼 수 있어야 한다.

④ **과제 준비**

회사별로 코딩 테스트 혹은 과제를 부여하는 경우도 있다. 연차별, 부서별로 다를 수 있으므로 지원하고자 하는 부서의 채용 공고를 꼭 꼼꼼하게 살펴보고, 주변에 도움을 받을 수 있다면 미리 물어보고 대비하자.

⑤ **스터디 준비**

신입 공채 혹은 주니어 이직을 대비한다면 1단계와 2단계에 진입하기 가장 효과적인 방법은 4~5명 스터디 및 리뷰이다.

스터디를 추천하는 이유는 시간 대비 문제 풀이의 절대량이 혼자하는 것보다 많기 때문이다. 각자 인상 깊었던 문제의 풀이를 돌아가면서 공유하는 방식을 추천한다. 같은 결과여도 여러 풀이가 있을 수 있기에 다른 사람의 접근 방식을 살펴보며 개념을 확장하고 유연함을 기르는 데 도움이 된다.

- 중간 레벨 문제의 풀이를 리뷰하자. 예를 들어 5일치 문제를 풀어보고 주말에 네 명이 온라인으로 모여 각자 다른 문제를 리뷰한다면 1주일 사이에 20문제가 내 것이 된다.
- 이런 방식을 한 사이클로 하여 회차가 늘어날 때마다 기존 문제에 더 좋은 풀이법이 없는지 회고하고 반영하는 방향으로 하면 좋다.
- 난이도가 '상'인 문제는 해법에 대해 강의 수준의 설명이 필요할 수 있으므로, 주변 알고리즘 고수의 도움이 필요하다. 혼자서 높은 레벨에 진입할 수 있다면 가장 좋겠지만 그게 어렵다면 유료 강의도 고려해보자.
- 기본적으로 난이도 '하'부터 꾸준히 습득해 '중' 레벨까지 도달하는 것을 목표로 하자. 중간 레벨이 마무리되었다면 난이도 '상' 문제들도 한번씩 접해보면 큰 도움이 된다.

6.3.3 회고와 리뷰 그리고 마무리

스터디 후 리뷰와 회고는 매우 중요하다. 어디서 막혔는지 회고하다 보면 점점 실력이 향상되는 것을 느낄 수 있다. 특정 회사 지원 시 접한 문제를 외부에 공유하면 회사에서 페널티를 줄 수도 있고, 문제를 교체하거나 담당 사이트까지 물갈이할 수 있으므로 온라인 공유는 절대 하지 않아야 한다. 이미 인터넷에 떠도는 문제들은 과거 데이터이므로 그냥 풀어만 보자. 코딩 테스트를 통과했다면 면접 시 리뷰하는 시간을 가질 수도 있다. 코드 리뷰와 함께 '왜 이런 방식으로 풀었는지' 점검하므로 미리 자신의 코드를 복기하며 더 나은 풀이나 해법은 없었는지 제시해보고 문제의 해결 과정과 복잡도를 설명하는 형태로 대비하자.

코딩 테스트를 통해 숫자나 텍스트의 정렬이나 로직으로 풀어내는 수준의 문제들을 어렵지 않게 풀 수 있게 되었다면 과제도 연습해봐야 한다. 주어진 DB를 연동하여 화면에서 호출하는 문제나 오픈되어 있는 API를 통해 특정 기능을 수행하는 등의 과제를 연습 삼아 훈련해두자. 개인적으로 고난이도 문제의 필요성에 대해서는 부정적이라서 개발 현장에서 접할 법한 현실적인 수준의 과제로 평가해야 한다고 생각한다. 이 내용에 대해서는 4.3.3절 개인 혹은 팀 프로젝트를 설명하며 이미 언급한 바 있다.

6.3.4 빅오 표기법 정리

코딩 테스트를 풀 때는 복잡도에 대한 계산까지 고려해야 한다. 다음은 빅오 표기법에 따른 설명이다. 각 빅오 표기법에 나오는 구현 알고리즘은 한 번씩 코드로 만들어서 이해하는 과정을 거치자. 또한 코딩 테스트를 수행하면서 결과물의 수행 속도가 다음 표기법의 예시 항목 중 어떤 것에 부합하는지 이해하는 게 중요하므로 반드시 참고하자.

표 6-1 빅오 표기법 정리

빅오 표기법	명칭	설명
O(1)	상수 시간 복잡도	입력 크기에 상관없이 실행 시간이 변하지 않음
구현: 배열의 인덱스 접근, 해시 테이블의 키 조회 [예시] 편의점 냉장고에서 내가 원하는 브랜드의 음료를 찾는 상황		
O(log n)	로그 시간 복잡도	입력 크기가 커질수록 실행 시간이 log(n) 비율로 증가, 입력 크기를 절반씩 줄이는 방식
구현: Binary Search, AVL [예시] 책의 목차를 보고 원하는 내용을 절반씩 버리면서 찾는 방식		
O(n)	선형 시간 복잡도	입력 크기에 비례하여 실행 시간이 증가함
구현: Linear Search, 단순 반복문, 연결 리스트 순회 [예시] 택배 보관 창고에서 내 택배를 찾을 때 하나씩 확인하는 방식		
O(n log n)	선형 로그 시간 복잡도	입력을 작게 분할한 후, 각각을 정렬한 뒤 다시 합치는 방식
구현: Merge Sort, Quick Sort, Heap Sort [예시] 도서관에서 책을 장르별로 나누고, 그 후 제목 순으로 정렬하는 방식		
$O(n^2)$	이차 시간 복잡도	중첩 반복문이 실행되며, 입력값의 제곱으로 증가
구현: Bubble Sort, Selection Sort, Insertion Sort [예시] 모든 학생이 서로 돌아가면서 한 번씩 악수하는 방식		
$O(2^n)$	지수 시간 복잡도	모든 가능한 경우의 수를 실행, 입력 크기가 증가할수록 실행 시간이 기하급수적으로 증가
구현: Exhaustive Search, Backtracking [예시] N개의 주사위를 던져 모든 조합을 고려하는 방식		

시간 복잡도 크기를 순서대로 나열하면 $O(1) < O(\log n) < O(n) < O(n \log n) < O(n^2) < O(2^n)$이 된다.

CHAPTER 07

기술 면접 대비하기

> Q. 자사 서비스에서 메이저 파트너사와의 큰 계약 건으로 인해 이벤트를 진행하기로 했다고 가정합니다. 특정 이벤트가 오픈하는 날, 트래픽이 평소에 비해 최소 열 배 이상 증가할 거라고 예상된다면 어떤 조치들을 취해야 할까요? 시스템적인 관점과 서비스 운영의 관점에서 개발 조직에서 해야 할 역할들은 어떤 게 있을까요?

기술 면접은 이와 같은 질문에 답하는 자리다. 본격적으로 설명하기 전에 감을 잡는 차원에서 질문부터 소개해보았다. 기술 면접은 해당 부서의 시니어나 연차가 좀 있는 주니어 혹은 공동 면접관이나 관찰자observer(인사나 기술 관련) 조합으로 이뤄진다. 2대1일 수도 있고, 3~4대1일 수도 있으며, 1대1로 여러 차례 하는 경우도 있다.

본격 기술 면접 전에 전화 통화나 온라인 화상 인터뷰 등을 통해 오프라인 면접자를 가려내는 곳도 있으니 1부의 회사별 면접 절차를 참고하자. 기본적으로 기술 인터뷰의 핵심 두 가지는 다음과 같다.

- 기술 수준이 기대치에 미치는가? 얼마나 뛰어난 사람인가?
- 같이 일을 할 수 있는 사람인가?

첫 번째 질문도 중요하지만, 결국 두 번째 기준을 판단하는 자리이다. 1부의 2.7절 '신입을 뽑을 때 중요하게 보는 것'에서 소개한 바와 같이 주니어라면 성장 가능성과 문제 해결 능력, 현재 실력, 적극적인 자기계발 의지, 꾸준한 노력의 여부가 이력서와 기술 면접에서 드러나야 한다. 기술적 역량 측정도 중요하지만 이를 표현하는 커뮤니케이션 능력 또한 중요하다. 기술 면접 자리는 대부분 기술 영역에 열정과 호기심이 있는지, 코딩 테스트 리뷰에 좀 더 좋은 방법을 고민해본 흔적이 있는지, 지원 분야나 본인이 개발한 분야의 아키텍처를 포함한 시스템에 대한 기본적인 디자인 등을 CS 베이스 혹은 경험적인 지식으로 풀어낼 수 있는지를 판단하는 자리이다.

물론 연차에 따라 질문의 종류나 수준에 차이가 있고 각 회사나 면접관마다 중요하다고 생각하는 가치가 다를 수 있다. 그러므로 완벽한 준비란 불가능하며, 최선을 다한다는 마음가짐이 중요하다. 이런 준비에 도움이 될 만한 기술 면접과 관련된 서비스 목록을 소개한다.

- **매일매일**: 매일 기술 면접 질문과 답변을 구독할 수 있는 메일링 서비스. 프런트엔드와 백엔드를 위한 메일을 발송해준다.
  - https://www.maeil-mail.kr
- **데브필**: 개발에 관한 전문적인 내용을 소개하는 메일링 서비스. 시스템 디자인이나 커리어, 빅테크 회사들의 내부 기술을 상세하게 소개해준다.
  - https://maily.so/devpill
- **Hello Interview**: 해외 취업을 목표로 한다면 FAANG(페이스북, 애플, 아마존, 넷플릭스, 구글) 출신이 멘토링과 모의 인터뷰를 제공하는 이 서비스를 활용하는 걸 추천한다. 유료지만 후기가 좋기로 유명하다.
  - https://www.hellointerview.com

- **The Interview Handbook**: 개발자를 위한 무료 인터뷰 준비 자료를 제공하는 서비스. 기술 인터뷰의 모든 단계를 다룬다.
  - https://www.techinterviewhandbook.org
- **ByteByteGo**: 시스템 디자인을 전문적으로 다루는 사이트. 아키텍처의 스케일링이나 시스템 디자인 인터뷰를 대비해야 한다면 꼭 활용해보길 바란다.
  - https://bytebytego.com
  - https://www.youtube.com/@ByteByteGo/videos

면접이 아닌 '대화'를 잘하는 법

면접에서 자신의 이력을 바탕으로 대화를 이끌어내려고 노력한다면 더 수월한 경험이 될 것이다. 전형적인 해법이 있는 경우도 많지만 독창적인 방식의 해법이나 방향만이라도 제시한다면 깊은 인상을 만들어낼 수 있다. 어려운 문제를 해결한 경험들을 최대한 어필할 수 있는 자리로 만들자.

그러므로 기술 면접에서 중요한 건 '대화'를 잘 해내는 것이다. 마치 소개팅이나 선보는 자리와 같다고 생각한다. 대화가 잘되고 분위기가 좋아야 그다음 단계에 진입할 수 있는 것처럼 기본적인 사항을 잘 숙지하고 나의 역량을 최대한 보여주는 것에 포커스를 맞추어야 한다.

사소하지만 지켜야 할 것들

오프라인이라면 당연히 면접 시간 10분 전에는 도착해야 한다. 미리 근처 카페 등에서 대기하며 웜업을 하도록 하자. 지각은 절대 하지 않아야 한다. 이렇게 강조하는 건 당연한 것임에도 지키지 않는 지원자를 꽤 많이 보았기 때문이다.

의도치 않게 여러 변수가 생길 수는 있다. 나도 면접 시간에 2분 정도 늦은 경험이 있다. 원래 한 시간도 안 걸리는 곳이었지만 하필 여름휴가 시즌이 시작되어 도로에 한 시간 넘게 갇혔던 것이다. 두 시간이나 일찍 출발했음에도 아슬아슬하게 도착했고, 인사팀 담당자에게 미리 상황을 설명하고 양해를 구했지만 더 늦었다면 면접은 취소되었을지도 모른다.

이와 같이 불가피한 사정이 있으면 사전에 미리 연락해야 하고 안정적인 시간과 날짜를 조율하는 게 좋다. 지원자도 면접을 위해 다른 일정을 조율했듯이 면접관도 면접을 위해 할 일을 미루고 준비하고 있다. 날짜를 불가피하게 변경해야 하면 꼭 며칠 전에는 미리 조정을 요청해야 한다.

본인 확인을 요구하는 곳도 있으니 신분증을 지참하고 캐주얼한 복장으로 챙겨 입으면 된다. 정장을 입을 필요는 없지만 너무 편한, 예를 들어 반바지에 슬리퍼 차림도 추천하지 않는다. 어쨌든 첫인상은 매우 중요하기 때문이다.

면접의 기회를 다양하게 만들자

한 곳만 바라보지 말고 되도록 많은 기회를 얻어 지식을 정리하는 기회로 삼는게 바람직하다. 한 곳만 집중 공략한다고 끈기를 인정해주는 면접관도 별로 없을뿐더러 왜 이전에는 탈락했는지에 대한 질문만 더 많이 하게 된다. 자신의 탈락 이유도 명확히 모르는 지원자가 많기 때문에 궁색한 답변이 돌아오는 경우가 많다. 반드시 면접을 마치고 회고를 해야 하는 이유 중 하나이다. 처음에는 긴장감으로 당황하는 순간도 있기 마련이지만 여러 번의 경험을 통해 마인드 컨트롤하는 법을 훈련하자.

진짜 가고 싶은 최종 회사 면접 전에 다른 회사의 면접부터 경험하여 정리하는 시간을 가지면 조금의 확률이라도 올릴 수 있다. 주변에 해당 회사 면접 유경험자나 재직자가 있다면 팁을 얻어가는 것도 큰 도움이 된다.

만약 도움받을 곳이 없다면 앞서 설명했던 커리어 패스 상담이나 인터뷰 조언을 얻을 수 있는 앱들도 있고 소정의 유료 컨설팅 강의도 존재하므로 이직을 마음 먹은 순간부터 멘토링 기회를 적극적으로 찾아보자.

장기전을 준비하는 마음으로

막상 면접에 들어가면 예상보다 분위기가 좋을 것이다. 다소 칙칙할 수는 있어도 고압적이거나 험악한 분위기는 거의 없다고 봐도 무방하다. 시대가 바뀌었고 면접관들은 회사를 대표해서 나온 것이기 때문에 권위적인 분위기는 지양하는 방향으로 대부분의 회사가 가이드하고 있다.

물론 가이드를 따르지 않는 소수 몰상식한 면접관도 있을 수 있다. 그건 그 사람이 문제가 있는 것이지 지원자나 회사의 잘못은 아니다. 결국 그 면접관은 어떻게든 문제 제기를 받고 면접관에서 배제되거나, 스스로 회사 이름에 먹칠했음을 이해하는 순간이 온다. 만약 면접관의 부당한 태도로 제 실력을 다 발휘하지 못하고 불쾌감을 느꼈다면 인사 담당자를 통해 주의를 요구할 수도 있다.

내가 지원했고 가고 싶은 곳이라고 지나치게 긴장할 필요는 없다. 면접만큼은 온전히 지원자가 회사에게 투자하는 시간이다. 쿠딩 테스트는 빠른 시간 안에 궤도에 오르는 게 중요한 반면, 기술 면접은 길게 보고 꾸준히 준비하는 편이 유리하다.

기술 면접을 한두 달 내로 준비하기는 어려우므로 평상시에 정리하는 습관을 기르고 틈나는 대로 리마인드하는 편이 성공 확률을 높이는 길이다. 단점은 체력적으로 지쳐 좋은 컨디션을 꾸준히 유지하는 게 힘들어 초기의 열정이 사그라들기 쉽다는 것이다. 꼭 길게 준비한다고 다 성공 확률이 올라가는 것은 아니다. 마치 직장을 다니면서 꾸준한 운동으로 근육질 몸을 만들어서 보디 프로필을 찍는 것과 비슷하다고 할 수 있다. 평상시엔 일주일에 세 번 정도 운동을 하겠지만, 마감이 다가오기 시작하면 매일 두세 시간씩 매달리게 된다. 마지막 한두 달은 식단과 병행해서 모든 것을 쏟아붓는다. 이때 많은 사람이 포기하기도 한다. 결국 이 극한의 시기를 통과해야 목표했던 바에 근접한 결과물을 낼 수 있다.

이 또한 개인의 스타일과 많이 연관되어 있기 때문에 본인이 벼락치기 성향인지, 계단식 성장에 익숙한 사람인지에 따라 다르게 접근할 필요가 있다. 단기간 너무 깊이 없이 준비했다가 떨어지는 케이스도 있고 반대로 오랜 시간 열심히 준비했지만 막판에 '이 정도 했으면 됐지. 될 대로 되라지'라고 하며 번아웃이 온 상태로 탈락하는 사람도 꽤 많이 보았다. 내가 무엇을 잘 알고 잘 모르는지, 아는 부분을 설명하는 훈련이 되어 있는지 잘 체크하지 않으면 1퍼센트의 문턱을 넘기가 힘들다. 이런 인지를 통해 한층 더 발전할 수 있을 것이고 자기계발과 훈련으로 단단한 토양을 다질 수 있을 것이다.

이번 장의 서두에서 나온 질문은 7.5절에서 해법을 확인할 수 있다. 서버 증설과 같은 단편적인 수준의 대답이 아니라 애플리케이션 운영과 개선, 스케일 아웃, 병목 지점 파악과 문제 해결의 과정을 요구하는 것이다. 이 예시 상황은 간단하게 아이폰 사전 예약 같은 행사를 떠올리면 이해하기 쉬울 것이다.

각 절의 서두에는 실제 면접에서 나올 법한 기술 질문을 소개해 그 의도를 파악하여 어떤 방향으로 답해야 할지 정리했다. 자신이 생각하는 이상적인 솔루션과 답변부터 정리해본 후 책의 내용과 비교하여 부족한 부분을 추가로 학습하기를 권한다. 연차가 쌓일수록 필수적인 내용이므로 별도의 기록으로 정리해두길 바란다.

7.1 기술 면접 준비 시작

7.1.1 채용 공고 다시 뜯어보기

앞서 2.2.1절에서 지원을 앞둔 회사의 채용 공고에서 기술 스택을 참고해 지원 전략을 세우는 방법을 살펴봤었다. 실제 지원자의 입장에서 채용 정보를 찾아보고, 이를 통해 주요 기술 스택이나 특정 회사가 아닌 업계에서 요구하는 스킬셋과 나에게 부족한 부분을 비교해볼 수 있다.

다음은 '백엔드'와 '주니어'라는 키워드로 1부에서 말한 채용 사이트에서 가장 처음 발견한 회사의 채용 공고와 우대 사항이다. 회사 정보를 특정할 수 있는 내용은 삭제하였고 공고상의 순서는 임의로 수정했다. 채용 기준부터 먼저 살펴보자.

1. 3년 이상의 백엔드 개발 경력 또는 이에 준하는 경험이 있는 분
2. 파이썬, 자바, 코틀린 중 한 개 이상의 충분한 개발 경험이 있는 분
3. 분산 버전 관리 시스템Distributed Version Control System을 이해하고 있는 분
4. MSA에 대한 이해와 경험이 있는 분
5. 비동기 아키텍처에 대한 이해가 있는 분
6. AWS 기반 하에서 개발 및 운영 경험이 있는 분
7. 개발 유관 부서와 원활한 커뮤니케이션이 가능하고 긍정적인 사고를 지닌 분

다음은 우대 사항이다.

- 기존 서비스를 스프링 부트 기반 프레임워크로 전환해본 경험이 있는 분
- Git-Flow, Gitlab-Flow 등의 워크플로 방식을 활용한 협업 경험이 있는 분
- 다양한 인터넷 환경에서의 failover 처리 및 각종 장애 극복 경험이 있는 분

- 대규모 트래픽이나 대용량 데이터 처리를 위한 시스템 설계 및 개발 경험이 있는 분
- 언어와 환경에 구애 받지 않고 서비스를 구축할 수 있는 능력이 있는 분
- 오픈소스 혹은 개발 커뮤니티 활동 경험이 있는 분
- 쿠버네티스 기반의 개발 및 운영 경험이 있는 분

3~4년 차 기준으로 대략 어떤 것들을 공부해야 할지 알아낼 수 있다. 우대사항을 살펴보면 아마도 **기존 시스템이 파이썬으로 되어 있는데, 스프링 부트로 전환하는 프로젝트를 하고 있다고 유추**할 수 있다. 또한 대규모 트래픽 처리를 위한 설계나 개발 경험 등을 우대하므로 MSA로 전환을 계획하고 있는 것으로 보인다. MSA로 전환한다는 건 어느 정도 트래픽 규모가 있다는 뜻이다. 이에 더해 회사 정보나 투자 내역, 서비스까지 살펴보면 성장성을 더 명확히 판단할 수 있다.

우대사항은 제외하더라도 필수 항목에 부합하는지 체크해보자. 먼저 3년 이상의 경력자 모집이므로 이에 부합한다면 언어는 하나 이상 무리 없이 구사할 것이다. 따라서 1번과 2번은 무난하게 넘어갈 수 있고 3번 분산 버전 관리 시스템도 깃 관련 경험이 있으면 문제 될 게 없다.

3, 4, 5번의 경우 가장 일반적인 채용 트렌드를 담은 기술이다. 때문에 MSA 환경에서의 개발 경험과 비동기 기술인 메시지 큐(래빗MQ, 카프카Kafka) 관련 스킬셋을 활용한 애플리케이션 경험이 있어야 한다. 중소 규모의 프로젝트에서는 경험하기 어려운 항목이므로, 이 스킬셋을 경험해볼 수 있는 회사로 이직을 고려해봐도 좋다. 관련 도서나 인프런, 유튜브 등의 강의 자료를 살펴보고, 필수 사항에 부족함이 있더라도 지원하려 한다면 로컬에서라도 해당 환경 기술을 테스트해봐야 한다.

만약 4년 정도의 경력을 가진 후배가 3, 4, 5번 경험이 없는 상태에서 이 회사에 지원하고 싶다고 조언을 구하면 어떤 답변을 해줄 수 있을까? 먼저 로컬에서 MySQL 쿼리로 수십만~수백만 정도의 데이터를 생성한 뒤에 데이터 전송 테스트를 권할 것이다. 수백만 건의 미가공 데이터raw data를 .sql 파일로 만들어서 서버 기동 시 .sql의 파일을 읽어와 MQ로 전송하는 애플리케이션(Producer)을 만들고, 이어서 Consumer를 통해 해당 메시지를 추출해 DB에 삽입하는 작업을 해본다면 도움이 될 것이다. 이런 과정에서 데이터가 많아질 때 어떤 문제가 있는지, Consumer에 데이터를 100퍼센트 전송하기 위한 처리 방식이나 데이터가 서로 맞지 않을 때 어떻게 양쪽 데이터를 sync해야 하는지 정리해보라고 할 것이다. 회사마다 처리 방식은 다를 수 있지만 전송되는 데이터의 보장과 속도 문제는 공통적으로 고민하는 영역이기 때문이다. 지원 조건에 완전히 부합하지는 않지만, 실무에서 경험을 못 해봤다는 핸디캡을 극복하고자 개인적인 노력을 기울였다고 말하는 지원자에게는 가산점이 붙을 수밖에 없다.

마지막으로 테스트가 잘되었다면 AWS의 EC2와 SQS^{Simple Queue Service} 같은 서비스에 올려 적용해보면 채용 공고 필수 사항의 전부는 아니지만 지원서를 내볼 정도는 될 것이다. 관련 지식은 공부를 따로 해야 하기에, 이 책의 후반부에서 MSA나 비동기 처리에 대한 전반적인 아키텍처와 실무에 적용하기 위한 코드 및 개념을 집중적으로 설명할 예정이다.

우대 사항은 만 3년의 경력을 감안한다면 두세 가지 항목만 충족해도 큰 무리는 없을 것이다. 지원하는 입장에서는 닫혀 있는 정보가 대부분이다. 따라서 한정된 공개 정보를 바탕으로 준비 사항을 추론해야 하는 상황이 있을 수도 있다. 따라서 채용 공고와 회사 정보 등을 토대로 부족한 부분을 메꾸는 방법을 계속 훈련하자.

7.1.2 면접의 시작과 끝

> Q. 간단한 자기소개부터 부탁드립니다.

면접에선 보통 자기소개부터 하게 된다. 2~3분 정도 짧은 시간 내에 자신이 어떤 사람인지 설명해야 한다. 대부분의 지원자가 깊은 생각 없이 커리어 중 강조하고 싶은 것들을 설명하곤 한다. 조금만 준비하면 되는 수월한 시간이라고 느낄 것이다.

그러나 면접장 입장부터 면접은 이미 시작된 것이며 자기소개도 당락에 큰 영향을 미치는 중요한 포인트다. 이것도 기술 면접의 일부라는 뜻이다. 이 시간에 면접관에게 별다른 흥미를 유발하지 못한다면 단순한 질문과 답변 시간으로만 이어질 가능성이 매우 높다.

자기소개 전에 고민해야 할 것들

오랜 시간 면접관으로 임하며 본 지원자 중, 스스로 어떤 면을 긍정적으로 평가받아서 서류가 통과되었는지 염두에 두고 자기소개를 하는 사람이 있었는지 떠올려보면 사실 거의 없었다.

자기소개 시간에 지원자는 적어도 두 가지를 고민해야 한다. 첫 번째는 부각시키고 싶은 프로젝트나 기술 경험을 면접관에게 소개하는 것과 소개 방식의 전략이고, 두 번째는 자신의 커리어가 회사의 어떤 영역에 기여할 수 있는지를 바탕으로 면접관의 관심사를 돌리는 것이라고 할 수 있다.

서류가 왜 통과되었는지 한번 되짚어보자. 1부 전반에 걸쳐 서류 통과를 위한 비법을 설명했고 지원하는 회사의 공고를 잘 살펴보면 왜 통과되었는지 알 수 있을 것이다. 서류의 첫 번째 심사 요소가 해당 부서와의 기술 베이스 적합성과 역량이라면 면접에서 중요한 것은 커뮤니케이션 방식이다. 업무 몰입도나 실시간 대응 능력 같은 건 면접 자리에서 검증하기는 어렵기 때문에 기본 커뮤니케이션 방식을 보고 태도와 열정, 협업 능력 정도를 가늠해본다. 그러니 자기소개부터 핵심 위주로 대화하듯 자연스럽게 타인에게 설명하는 연습을 자주 하는 게 좋다. 꼭 해야 할 말과 예상 면접 질문지를 뽑아서 혼자서라도 모의 훈련을 꼭 해봐야 한다.

자기소개 후 본격적인 기술 면접으로 넘어가면 **지원자와 면접관이 기술적 흥미와 관심사에 대해 토론하는 자리**로 만들어야 한다. 따라서 면접관이 지원자가 관심 있거나 자신 있는 분야에 흥미를 갖고 질문할 수 있도록 자기소개로 미리 유도해야 하고, 이를 통해 '대화'하는 면접으로 분위기를 반전시킬 수 있다.

지원자는 일방적으로 답변만 하는 면접을 지양하고 면접관의 의도가 파악이 안 되었거나 궁금한 점이 생기면 꼭 **질문하고 재확인하는 등 면접에 내가 능동적으로 참여**하고 있음을 어필해야 한다.

Q&A에서 고민해야 할 것들

면접이 다 끝난 뒤 질문하는 시간도 마찬가지다. 대부분의 지원자가 복지나 업무 관련 질문을 한두 개쯤 하고 마무리한다. 면접관으로서 상당히 안타깝다고 느낀다. 나는 면접 마지막에 지원자에게 꼭 질문 기회를 준다. '회사에 관해 궁금한 점이나 오늘 면접에서 궁금한 것이 있는지'를 물어보는데 지원자가 머뭇거리면 항상 해주는 얘기가 있다. "면접관의 시간은 끝났고, 이제 남은 5분은 지원자를 위한 시간이니 궁금한 게 있으면 꼭 질문하시고, 가능한 부분은 최대한 답변해 드리겠다"라고 재차 안내한다. 이렇게까지 기회를 주는 건 **이 시간이 당락을 결정짓는 마지막 중요한 변수**이기 때문이다. 그래서 마지막 질문도 미리 준비하길 추천한다.

그렇다면 무엇을 질문해야 할까? 내가 만약 지원자라면 **입사하게 된다면 어떤 업무를 하는지, 어떤 기술들을 적용하고 있는지, 어떤 역할(Role)을 해야 하는지** 물어볼 것이다. 또한 입사할 팀의 일하는 방식과 사용하고 있는 툴에 대한 질문도 좋고 팀이 운영 중인 업무의 수치 데이터도 물어볼 수 있다. 사용자는 얼마나 되는지, 올해 잡은 목표는 어느 정도인지 등 해당 업무에 진정으로 관심을 갖고 있다는 것을 보여줄 수 있다.

단순 복지나 근무 시간은 면접 시간이 아니어도 채용 공고나 커뮤니티 등을 통해 쉽게 알 수 있다. 그러니 이 시간을 잘 활용하여 끝까지 좋은 인상을 남기면 좋다. 면접장에 들어서서 인사하고 자기소개하는 그 순간부터 마지막 인사하고 퇴장할 때까지가 면접임을 꼭 기억하길 당부한다.

그럼 지금부터 기술 면접을 대비하기 위해 어떤 개념을 학습해야 하는지 알아보도록 하자.

7.2 기술 영역별 공부해야 할 것들

> Q. 이커머스 사이트에 '나의 구매 목록'을 조회하는 기능이 있다고 할 때, 초반에는 데이터가 적어 페이지 로딩이 빠르지만 시간이 지나 억 단위의 데이터가 생성되었다면 조회할 때마다 페이지 로딩이 느려질 것입니다. 로딩 시간을 개선하기 위해 어떤 해결책을 제시할 수 있을까요?

어떤 해결책을 제시해야 할까? 일단 멈추어서 생각해보자.

주니어 레벨에서 접근할 수 있는 해결책은 연도 혹은 월 등의 기간별 데이터 파티셔닝으로 구조를 개선하는 방법을 제안하는 것이다. 물론 쿼리 최적화나 인덱스 재생성 등도 오답은 아니지만 그런 답변을 기대한 질문은 아니다. 문제의 본질을 해소하기에는 쿼리나 인덱스 튜닝은 다소 지엽적이고 단편적이기 때문이다. 시간이 지날수록 억 단위의 데이터가 쌓여 있다는 것은 앞으로도 계속 데이터가 선형적으로 증가한다는 뜻으로 유추할 수 있다. 페이지 로딩 속도는 선형 증가 시에 쿼리나 인덱스 튜닝을 하더라도 일시적인 수준에서만 개선이 될 가능성이 높다. 즉, 향후에도 동일한 속도 문제에 봉착하므로 근본적인 구조 개선과 비즈니스 로직에서 연도, 월별 검색을 위한 테이블 파티셔닝이 필요한 것이다. 근본적 해결 방식 제안과 더불어 더 나은 방향에 대한 고민도 추가된다면 면접에서 더없이 좋은 답변과 태도로 평가받을 수 있다.

보통 기술 면접에서 물어보는 영역들을 크게 분류하면 다음과 같다. 채용하는 포지션에 따라 시스템 아키텍처의 비중이 클 수도 있고 언어적인 측면이나 프레임워크에 대한 질문이 더 깊게 들어올 수도 있다. 주니어 레벨이라면 개발 경험이 있는 주력 언어 하나와 관련 프레임워크 하나면 충분하다.

- CS, 알고리즘과 자료구조
- CPU와 메모리
- 데이터베이스와 트랜잭션
- 네트워크와 인프라
- 시스템 디자인, 엔터티 설계
- OOP Object-Oriented Programming와 대표적인 디자인 패턴
- 소프트웨어 공학 software engineering
- 문제 해결 problem solving

- 개발 언어(파이썬, Go, 자바, 코틀린 등)
- 프레임워크(스프링, 장고Django, Gin 등)
- 애플리케이션의 장애 트래킹과 문제 해결 방법, 성능 향상 튜닝
- 비동기 아키텍처에 대한 이해
- 마이크로서비스 아키텍처MicroService Architecture(MSA)

최근에는 클라우드 환경의 인프라 기술을 운용하는 회사도 많기 때문에 GCP나 AWS와 같은 클라우드 기술과 도커, 쿠버네티스 같은 컨테이너 플랫폼 환경에 대한 이해도 필수다. 다만 회사마다 기반 기술이 다르고 모든 내용을 다 담기는 어렵다. 나도 모든 내용을 기술 면접으로 검증해낼 수준으로 다 알지는 못한다.

같은 의미로 지원서에 모든 영역을 반드시 다 공부해서 기재할 필요도 없다. 부족한 영역은 앞으로 설명하는 내용을 기반으로 대비하면 된다. 각 영역들은 책 한 권 분량이 넘을 정도로 방대하다. 항목별로 필수 개념만 어떤 의도를 가지고 질문하는지에 대해 집중적으로 정리할 것이다. 이번 장에서는 코드보다는 설명 위주로 작성하였고 코드는 다음 깃 링크에서 확인해보자.

- https://github.com/villainscode/tech-interview
- https://github.com/villainscode/HelloMessageQueue

주로 이력서를 기준으로 다양한 관점의 질문을 하기 때문에, 개념에 대한 충분한 이해를 바탕으로 본인의 업무에 적용했던 기술들을 확장해 나가는 방식으로 준비하는 게 유리하다. **면접관의 꼬리 물기 질문의 시작점은 자신의 이력서에 나온 경력과 프로젝트**이다.

면접관이라고 다 알고 질문하는 것은 아니다. 현재 면접관이 고민 중인 기술적, 업무적 영역을 물을 수도 있다. 당장 프로젝트나 업무에 기여할 사람을 뽑는 것

이기에 실제 운영 혹은 개발하는 시스템이 봉착한 문제에 대해 지원자가 어떤 인사이트를 가지고 있는지 물어보는 것이다.

종합해보자면 다음과 같은 질문은 잘 하지 않을 것이다.

> Q. 테이블 파티셔닝에 대해서 설명해주세요.

개념 질문을 하더라도 **개념 간의 차이를 구분해서 적용할 수 있는지를 판단하려고 하는 것이고, 단순히 개념을 물어본다면 그다음 질문을 위한 사전 질문**에 불과하다. '인터넷에 공유된 면접 예상 질문지만 정리한다고 면접을 잘 볼 수 없다'고 한 의미가 바로 여기에 있다. 그런 예상 질문지에는 이와 같은 단답형 질문이 대부분이다. 그런 자료를 참고하기보다는 이번 7장 전반에 걸친 지식을 연계하여 설명할 수 있다면 더욱 좋은 결과를 내리라 믿는다. 그 개념을 어디에 적용하고 어떤 효과를 기대하는지, 어떤 문제 해결을 할 수 있는지가 핵심이라는 뜻이다. 이런 형태의 질문은 다음 절부터 영역별로 구체적으로 소개하려 한다.

7.2.1 기술 면접에서 알아야 할 지식들

알고리즘 영역도 몇 가지 대표 질문이 있듯이 각 언어나 채용 분야마다 인기 키워드가 존재하기 마련이다. 언어나 프레임워크 레벨에서 하는 코드나 스펙 관련 질문 이외에 자바 백엔드 면접에서 대표 질문을 뽑아보자면 다음과 같다.

- 프로세스와 스레드
- 동시성과 병렬성
- 데드 락dead lock, 트랜잭션transaction 격리 레벨, 트랜잭션 락

- DROP과 TRUNCATE의 차이
- JPA 1차/2차 캐시, OSIV, N+1 문제
- JPQL과 QueryDSL
- 브라우저에서 도메인을 호출한 뒤 페이지가 랜딩되기까지의 아키텍처와 흐름
- Map, Set, List
- 스택과 큐
- 트리tree와 힙heap
- 해시 맵hashmap과 해시 테이블hash table
- HTTP와 HTTPS
- CORS
- 기본 키(Primary Key), 외래 키(Foreign Key), 복합 키(Composite Key)
- 테이블과 인덱스, 인덱스의 활용
- Mutable과 Immutable
- 세션session과 쿠키cookie, 세션 스토리지session storage
- IoC와 DI
- 필터filter와 인터셉터interceptor
- 프레임워크와 라이브러리
- RESTful 아키텍처
- 프록시proxy와 리버스 프록시reverse proxy
- SQL 인젝션injection과 XSS
- OAuth, JWT, Token
- 마이크로서비스 아키텍처

또 데이터가 쌓일 때 개선 방법에 대해 튜닝 관점 이외에 어떤 것들이 있는지, 데이터베이스의 구조나 설계 방법을 물어보는 경우도 있다. 웹 애플리케이션일 경우 세션이나 쿠키의 차이점, 인터셉터와 필터, 프로세스와 스레드 등 비슷하지만 엄연히 다른 개념이라 동작 방식을 상세하게 이해하고 있어야 설명이 가능한 질문들도 있다. 백엔드 중 극히 일부가 이 정도라면 언어나 프레임워크 레벨에서는 수십 배 더 많은 개념을 이해해야 한다. 단순 개념 암기를 넘어 동작 방식을 이해하고 어떤 상황에서 써야 되는지 설명하는 것이 중요하다.

블로킹과 논블로킹, 동기와 비동기

가령 다음과 같은 질문을 받았다고 가정해보자. 개념은 알고 있어도 설명하기는 까다로울 것이다. 어떤 방식으로 물어보는지 몇 가지 사례를 정리하였으므로 꼭 이해하고 넘어가길 바란다.

> Q. 블로킹과 논블로킹, 동기와 비동기의 차이를 설명하고 각 개념을 적용할 수 있는 구체적인 사례를 설명해보세요.

올바른 답변을 하기 위해 개념부터 정리해보면 다음과 같다. 블로킹과 논 블로킹은 **호출되는 함수가 리턴될 때까지 대기하는가? 아니면 제어권을 넘겨주고 다른 일을 할 수 있도록 하는가?**의 차이이다.

- 블로킹(blocking): 호출된 함수가 작업을 모두 마칠 때까지 제어권을 가지고 있고 호출한 함수는 대기하고 있다.
- 논블로킹(non-blocking): 호출된 함수가 바로 제어권을 리턴하고, 콜백을 할 때까지 호출한 함수가 다른 일을 수행할 수 있다.

동기와 비동기는 **호출되는 함수의 작업 완료 여부를 함수가 체크하는지**를 기준으로 구분한다.

- 동기(synchronous): 함수의 작업 완료 여부를 호출한 함수가 체크한다.
- 비동기(asynchronous): 호출하는 함수의 작업 완료 여부를 신경 쓰지 않는다(별도의 스레드로 빼서 실행하고 완료하면 호출하는 측에 알려준다).

이를 그림으로 표현하면 다음과 같다.

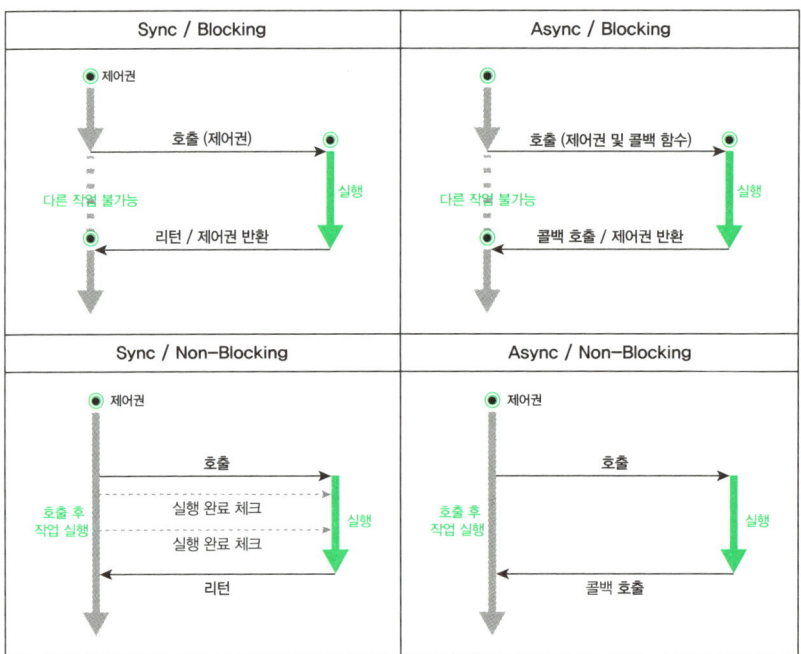

그림 7-1 동기와 비동기, 블로킹과 논블로킹 특징

개념적으로는 이렇게 정리할 수 있지만 실무에서 어떻게 사용하고 어떤 영향이 있는지는 별도로 공부해야 한다. 운영체제를 보다 보면 프로세스나 스레드, I/O를 다루면서 동기와 비동기, 블로킹과 논블로킹에 대해서 본 적이 있을 것이다.

MSA 환경으로 대형 서비스들이 체질 개선을 하게 되면서 자바 진영의 HTTP client 모듈들도 RestTemplate(멀티 스레드multi thread, 블로킹)에서 WebClient (싱글 스레드single thread: 코어core당 한 개, 동기/비동기 둘 다 지원, 논블로킹) 방식의 기술로 대체되기 시작했다. RestTemplate의 경우 스프링 5.0부터 더 이상 유지보수하지 않기로 하여 WebClient로 사용할 것을 권고하고 있다. 스프링 프레임워크 5.0에 도입된 WebClient는 비동기 및 논블로킹 HTTP 통신을 지원하는 클라이언트로, 리액티브 프로그래밍 모델(WebFlux)을 기본으로 지원한다(아마 다른 언어의 프레임워크도 이와 비슷한 기술들을 지원할 것이다).

또한 하나의 서비스가 다른 여러 서비스를 호출하는 방식(MSA 기반의 API 호출)으로 바뀌다 보니 네트워크 지연network latency에 민감해지고 호출 결과의 응답 시간response time에 부담을 느끼기 시작했다. 가벼운 데이터면 모르지만 MSA나 분산 환경을 적용한 아키텍처라면 시스템이 무겁고 데이터가 많다는 것을 전제하기 때문에 속도 측면의 성능 관리가 중요하다. 한꺼번에 몇 개의 다른 API를 호출한다고 가정해보자. 별다른 조치를 하지 않으면 API마다 호출 후 응답이 올 때까지 블로킹되어 있을 것이다. 각 API가 3초씩 걸린다 치고 10개의 요청이 오면 30초가 지난 뒤에야 로직이 완성되어 화면에 뿌려진다. 과연 고객들이 이 시간 동안 결과를 기다릴까?

이런 이유로 기본적인 로직만 처리한 후 나머지 부분은 비동기로 전환하여 큐를 발급하거나 별도의 처리를 해주되, 뒷단에서의 처리와 상관없이 클라이언트에는 응답을 바로 내려주는 형태로 개발 방식도 변화하였다(비동기 메시지 관련 기술은 7.5.6절에 자세히 설명한다). 그런 뒤 화면에 뿌려야 할 영역별로 API 호출을 나눠서, 먼저 보여지는 영역은 클라이언트 화면에 로드해온다면 더 늦게 로드되는 페이지도 기다림 없이 순차적으로 전환될 것이다.

관련 기술의 특성을 명확히 이해하고 요구사항에 맞도록 개발해야 하는 상황이 많아졌기에 반드시 알아야 한다. **개념과 차이, 어떤 기술에 적용되는지 숙지해야 제대로 설명할 수 있다. 면접관이 단순히 동기와 비동기, 블로킹과 논블로킹의 개념을 묻는 게 아니다.**

7.1절 서두의 테이블 파티셔닝에 대한 질문과 비슷한 개념으로 동시성과 병렬성을 물어보기도 한다.

> Q. 동시성과 병렬성에 대해서 설명하고 각각의 구현이 적합한 프로세스나 상황에 대해서 설명해주세요.

확장해서 업무와 연관된 방향으로 바꾸면 다음과 같은 질문을 할 수도 있다.

> Q. 현재 서비스하고 있는 DB의 테이블을 비정규화해서 분리하기로 했다고 가정합니다. 대량의 데이터 중 요건에 부합하는 테이블과 일부 데이터를 가공해서 배치를 통해 이관하고자 합니다. 이관 실행 시간을 계산할 때 충분한 기간을 확보하지 못했다면 어떤 방식으로 처리해야 작업 속도가 빨라질까요?

이 질문은 데이터 덤프나 복제 같은 관리나 백업 질문이 아니라 **데이터 처리량을 늘리기 위해 어떤 프로그래밍 방식을 적용할 것인지** 묻는 것이다. 단순히 특정 테이블 A, B, C에 있는 aa, bb, cc, dd와 같은 칼럼^{column}들을 옮겨오는 배치 작업을 묻는 게 아니다. 동시성보다는 병렬성에 대한 질문이고, 운영 레벨에서 트래픽이 몰리지 않는 시간대에 배치를 통해 점진적 이관과 효율적인 작업 시간(처리)에 대한 지원자의 지식과 노하우를 알고자 하는 의도이다. 다음 개념을 바탕으로 설명할 수 있어야 한다.

동시성

동시성concurrency 개념은 서로 독립적이고 작업 시간이 비교적 짧은 경우에 유용하다. 논리적인 개념이기에 단일 스레드에서도 사용 가능하다. 예를 들어 초기 멀티 태스킹은 동시성 개념을 통해 여러 프로세스가 동시에 수행되는 것과 같은 결과물을 만들 수 있었다. 수많은 요청에 대한 응답을 빠르게 처리해줘야 한다고 가정해보자. 네트워크 응답이나 DB 자원 반환과 같은 작업을 각 클라이언트별 요청에 대한 별도의 스레드 처리로 빠르게 처리할 수 있다.

웹 서버의 경우 여러 클라이언트로부터 요청을 받아 처리해야 하고, 각 요청이 독립적으로 수행되어야 하기 때문에 동시성을 고려해볼 수 있다.

- 수행 속도: 동시성은 스레드 풀을 사용하여 작업을 분산시키므로, 여러 작업이 동시에 실행될 수 있다. 하지만 실제로 동시에 실행되는 스레드는 CPU 코어의 수에 제한된다. 따라서 스레드 수가 적을 경우에는 상대적으로 수행 속도가 느릴 수 있다.
- 처리 자원: 동시성은 스레드 풀을 사용하여 작업을 처리하므로, 적은 수의 스레드로 많은 작업을 동시에 처리할 수 있다. 이로 인해 메모리와 CPU 자원을 효율적으로 사용할 수 있다. 하지만 스레드 컨텍스트 스위칭context switching이 발생할 수 있으며, 추가적인 오버헤드가 발생할 수 있다.

병렬성

병렬성parallelism은 동시성과 다르게 실제로 동시에 여러 작업을 연산하는 것을 말한다. 때문에 단일 스레드에서는 사용이 불가능하고 다중 스레드가 필요하다.

또한 병렬성은 사용 방법에 따라 데이터 병렬성과 작업 병렬성으로 나눌 수 있다. 데이터 병렬성은 단일 작업을 여러 개로 쪼개서 연산하는 것을 말하며, 작업 병렬성은 독립적인 작업을 각 스레드에서 담당하여 연산하는 것을 말한다. 즉, 데이터 병렬성을 사용하면 하나의 작업에 대한 빠른 처리 결과를 받을 수 있지만 작업 병렬성이라면 단일 스레드에 단일 작업을 처리하는 것과 동일한 결과를 얻게 될 것이다.

대량의 데이터를 동시에 처리하여 빠르게 결과를 얻고자 할 때 유용하다. 예를 들어 배치로 수백만, 수천만 건의 데이터를 마이그레이션migration해야 할 경우 병렬로 CPU 코어를 최대한 활용하여 처리 시간을 단축할 수 있다. 연산이나 대량의 처리에 적합하므로 SQL의 처리, 이미지 프로세싱 등에 유용할 것이다.

- 수행 속도: 자바에서 병렬성은 포크-조인fork-join 프레임워크를 사용하여 작업을 병렬로 분할하여 CPU 코어를 최대한 활용하는 상황에 적합하다. 아마 다른 언어도 병렬 처리를 위한 기법이 제공될 것이므로 개념적으로 다른 부분은 없다. 병렬 처리를 위해 여러 스레드 또는 프로세스를 사용하므로, 코어의 수에 따라 선형적으로 수행 속도가 증가한다.

- 처리 자원: 병렬성은 여러 개의 스레드 또는 프로세스를 동시에 실행하므로 동시성에 비해 더 많은 CPU 자원을 요구한다. CPU 코어의 수에 맞게 스레드나 프로세스를 관리해야 하므로, 자원 할당과 관리에 주의해야 한다.

어떤 방법이 더 효율적인지는 상황에 따라 다르다. 만약 작업의 수가 매우 많고 병렬적으로 처리할 수 있다면, 병렬성이 더 빠르고 효율적일 수 있다. 하지만 작업의 수가 적거나 스레드나 프로세스 생성에 부가적인 오버헤드가 발생하는 상황에서는 동시성을 고려할 수 있다.

동시성과 병렬성 동작의 특징을 그림으로 표현하면 다음과 같다.

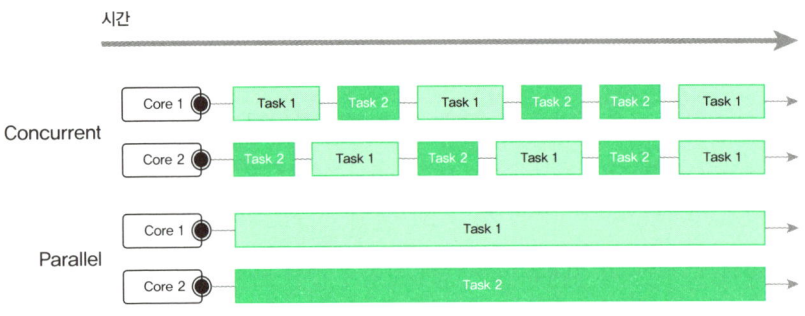

그림 7-2 동시성과 병렬성

데이터가 쌓일 때 고려해야 할 것

대량의 데이터를 효율적으로 분할하고 저장하기 위해서는 테이블 파티셔닝을 적용해야 한다. 이 개념과 관련해 어떤 효율적인 해법을 제시할 수 있는지 보려 할 것이다. 다음 질문 예시를 보자.

> Q. 애초에 예상했던 양보다 훨씬 많은 데이터가 테이블에 쌓이면 어떤 문제가 발생할까요? 그리고 어떻게 해결할 수 있을까요?

7.2절의 서두에서 질문한 것과 동일한 맥락임을 알 수 있을 것이다. 테이블 파티셔닝을 통해 대량의 데이터를 물리적으로 분할해 파티션 키로 원하는 데이터에 빠르게 액세스하고, 관리 용이성과 성능 최적화를 추가하는 것이 핵심이다. 하지만 그 안에 **파티셔닝 전략과 테이블의 구조 변경, 키 전략, 데이터의 이전, 인덱스의 재생성으로 인한 효율적인 데이터 처리가 고려되어야 한다.** 막연한 범위의 질문에는 막연한 대답을 할 수밖에 없다고 생각하겠지만 문제를 스스로 세분화하여 답변한다면 보다 좋은 점수를 얻게 될 것이다.

더불어 테이블 파티셔닝으로 전환할 때 테스트 방안에 대한 구체적인 고민이 같이 묻어난다면 굉장히 좋은 답변이다. 파티셔닝을 통한 속도 개선은 목표한 조회 시간에 도달하기 위해 단순 파티셔닝 구조 변화만 설명하는 게 아니라 추가적으로 필요한 조치 등을 같이 설명한다면 수월해질 것이다. 이때 고려해야 할 사항들은 다음과 같다.

- 인덱스 설계
- 파티셔닝 전략
- 정규화와 비정규화(역정규화)

- 쿼리 최적화
- 캐싱
- 백업과 복구
- 데이터 마이그레이션과 테스트
- 기타 스케일 아웃scale-out(수직, 수평)에 대한 아키텍처의 이해

다시 말하지만 이런 질문은 데이터가 많이 쌓이는 레거시 시스템들의 문제점과 그 해결책, 어떤 솔루션을 적용할 수 있는지 경험이나 지식을 묻는 것이다. 단편적으로 '파티셔닝 테이블을 검토해서 적용하겠습니다'는 면접관이 원하는 답이 아니다. 하나의 정답이 아닌 여러 가지 해법이 존재한다. 튜닝, 조회, 구조의 관점에서 여러 가지 개선 사항을 적용할 수 있다. 주니어 레벨에서 모든 것을 알아야 하는 건 아니지만 최소한 데이터가 쌓일 때의 문제점과 해결책 정도는 고민해봐야 한다는 뜻이다.

7.2절의 서두에서 전제한 바와 같이 회원의 주문 이력과 같은 업무라면 연도별, 월별, 회원 ID별로 파티셔닝 전략을 세워 테이블 구조를 변경할 수 있다. 파티셔닝 기준은 업무 성격에 맞게 결정하면 된다. 기간 조회라면 월별 혹은 연도별 파티션 전략을 세우는 게 적절할 것이다.

그런 뒤에 데이터를 이전하고 인덱스를 구조에 맞게 재생성한 뒤 쿼리 튜닝을 거쳐 테스트 단계에서 정상 동작하는지 판단한다. 그리고 업무 특성에 맞게 기존 테이블과 병행 운영하다가 페이드아웃fade-out하는 전략을 설명할 수 있다. 하지만 이것만으로 페이지 로딩 속도가 해소되지 않는다면 API와 로직 튜닝을 통해 효율적인 호출 방식을 고민하고 테이블 액세스의 횟수를 감소시키는 방식도 같이 고민해주어야 한다.

즉 API의 응답 속도와 데이터 조회 속도 등을 테스트한 뒤 속도를 개선하기 위

한 방법, 운영 시 점진적으로 데이터 구조를 변경하거나 적재된 데이터의 이관 등을 고려한 마이그레이션과 운영 플랜에 관한 적절한 답을 요구하는 것이다. 비교적 변화가 적은 성격의 데이터라면 캐시도 좋은 전략이 될 것이다. 이와 관련된 내용은 7.5절에서 좀 더 자세히 설명할 예정이다.

면접은 초반 10분이 결정한다

만약 3년 차 이내의 주니어나 신입이라면 CS 기본 지식을 묻는 비중이 굉장히 높을 수도 있다. 문제 해결을 위한 간단한 의사코드를 묻거나 칠판에 코드를 적어보라고 하는 경우도 있다. 시스템 아키텍처를 그리거나 데이터 흐름 다이어그램을 그려야 할 수도 있다.

면접은 '서류의 내용이 실제 사실이 맞는가?'를 검증하는 자리이다. 자기소개서에 '대용량 데이터 처리를 위한 아키텍처를 설계해봤다'라거나 '대용량 트래픽을 받기 위한 서비스 도메인 설계를 해봤다'라고 적었다면, 실제 설계할 때 어떤 고민을 갖고 문제를 해결하려 했는지 검증하고 싶어 한다. 이때 '이력서를 탈탈 턴다'라는 표현을 쓰기도 한다. 직접 겪지 않았으니 면접관들이 모를 수도 있을 거라 생각하고 서류를 과대 포장한 지원자들이 꽤 많은데 대면 면접에서 10분 이내에 밑천이 드러나곤 한다. 기술 면접은 사실 초반 10분 내에 거의 결론이 난다.

보통은 연차 중심으로 이력서의 특이사항을 포착하여 비교적 높은 수준으로 질문을 하여 기준점을 잡을 텐데, 여기서부터 답변이 대부분은 꼬이기 시작한다. 단답형의 예상 질문지와는 전혀 다른 수준의 질문들이 오가고, 답변을 못할 경우 또 한 단계 낮은 질문, 또 한 단계 낮은 질문을 하게 된다. 답변이 기대 이상이라면 당연히 한 단계씩 더 수준 높은 질문들을 하거나 폭넓은 유관 지식을 물어보기도 할 것이다. 5년 차 미만의 주니어에게 아키텍처 설계나 도메인 설계를 깊게 물어보는 경우는 본인이 서류에 적어놓지 않은 이상 거의 없다고 봐도 무방하다.

다음은 자바 백엔드 기준으로 숙지해야 할 항목들을 표로 정리한 것이다. 이 표에 미처 담지 못한 지식도 당연히 많지만, 최소한 표의 내용은 무리 없이 설명할 수 있도록 공부해두길 당부한다.

표 7-1 기술 면접에서 체크해야 할 각 영역별 개념 Cheat Sheet

OS	데이터베이스	자바	스프링 프레임워크
• 프로세스와 스레드 • 메모리 관리 • 스케줄링 • 동기화와 통신 • 네트워킹 • 파일 시스템 • I/O(논블로킹, 블로킹, 동기, 비동기) **네트워크** • OSI 7 Layer • TCP/IP • UDP • HTTP, HTTPS • 3 Way Handshake • Socket • 인증, 보안, 방화벽 • Load Balancer • CDN • DNS	• RDBMS 특징 • NoSQL 특징 • 옵티마이저 동작의 이해 • 백업 및 복구 전략 • 고가용성 및 확장성 • 실행 계획 분석 • 인덱스 설계와 최적화 • 쿼리 튜닝 • SQL(DML, DDL, DCL, TCL) • 조인 메서드 • 서브쿼리 • 트랜잭션 격리 수준 • 정규화, 비정규화 • 엔터티와 모델링 • 기본 키, 외래 키, 복합 키	• 메모리 구조(JVM) • 가비지 컬렉션 • OOP • 객체 지향 설계 원칙 • 자료형, 참조형, 객체형 • 상속, 다형성 • 예외처리 • 람다 표현식 • 스트림 API • 동시성, 멀티 스레드 • 콜렉션 • 제네릭스 • 추상클래스, 인터페이스 • Executor 프레임워크 • 리플렉션 • 디자인 패턴 • 모델링 • 파일 I/O	• IoC와 DI • 빈의 생명주기와 Scope • AOP • MVC • JDBC • Hibernate & JPA • Spring Security • Configuration • Actuator • 테스트 프레임워크 • 빌드 도구(Gradle, Maven) • 로깅 • 어노테이션 • 트랜잭션 전파와 격리 레벨 • 스프링 배치 • 이벤트 • 캐싱

7.3 기본적인 웹 환경의 아키텍처 설명하기

> Q. 1) 다양한 클라이언트 디바이스(웹, 모바일, 태블릿)에서 서버를 호출할 때 일반적인 3 tier 환경에서 동작하는 전반적인 프로세스에 대해서 설명해주세요. 2) 그중 특정한 디바이스 혹은 특정한 메뉴의 트래픽이 월등히 높아 서버에 부하가 많이 걸린다면 어떤 방식으로 아키텍처를 구성, 변경해야 할까요?

일반적인 3 Tier 환경이라면 브라우저 혹은 클라이언트가 HTTP를 호출한 뒤 애플리케이션 서버를 거쳐 DB에 액세스하는 과정만 이해하면 된다. 여기에 DNS나 L7의 역할, LB 등의 역할만 추가 설명하면 된다. 그 밖에 방화벽이나 CDN, DB의 리플리케이션 정도를 설명한다면 아주 만족스러운 답변이 될 것이다. 여기까지는 3년 정도의 경력이 있다면 다 겪어보지는 않았어도 충분히 숙지하고 있을 것이다. 그러나 두 번째 질문은 성격이 조금 다른데 부하 분산에 대해서 고민을 해보았는지, 비슷한 문제를 경험해보았는지, 해결책을 제시할 수 있는지 묻는 것이다. 따라서 평상시에 공부나 고민을 하지 않았다면 할 수 있는 답변은 '병목 지점을 파악해서 서버를 늘리거나 DB의 수행 속도를 개선해야 한다' 정도일 수밖에 없다.

질문의 의도는 점진적인 구조적 개선을 고민해보았는지, 데이터 및 트래픽의 부하 분산에 대해서 알고 있는지 물어보기 위함이다. 이를 위해 지금부터 '**트래픽이 많아지거나 서비스가 성장하는 상황에서 점진적인 고도화와 대량 트래픽 처리 방법과 개념**'을 설명할 것이다.

과거에는 웹 페이지와 서버 프로그램의 개발이 한 영역에 가까웠다. 그러나 REST API가 대두되고 나서는 프런트엔드와 백엔드로 분리되었다. 정확히 말하면 모바일 앱 시장이 형성되면서 애플리케이션의 복잡도가 한 명이 감당하기에는 너무 방대해졌고, 트래픽의 차원이 PC의 일시적 트래픽에서 모바일 환경의 상시 트래픽으로 전환되면서 개발 직군의 역할이 세분화되었다. 그전에도 웹 서비스라는 개념이 있었지만 REST 활성화 이후에는 ESB[1]나 SOAP[2]와 같은 복잡한 웹 서비스들을 대체할 수 있게 되었다. 기술 적용이나 역할에는 차이가 있겠지만 대체할 수 있는 솔루션이 이미 존재하기 때문에 REST 기반 스킬셋으로도 복잡한 웹 환경 지원, Server to Server 환경의 통신을 커버할 수 있게 되었다. 물론 여기에는 앞서 언급했듯이 모바일의 등장이 많은 영향을 미쳤다. 디바이스가 다양해져 트래픽이 훨씬 많아질 수밖에 없었고 서버 프로그램과 화면 개발이 분리되지 않으면 애플리케이션 복잡도가 매우 증가했다. 따라서 REST라는 훌륭한 아키텍처 스타일을 통해 역할을 나누고 적절한 자원에 집중함으로써 결합도를 낮추고 응집도를 높이는 아키텍처 스타일을 추구할 수 있게 되었다.

REST API는 익히 알듯이 URL을 통해 HTTP 요청을 전송하고, 서버에서 처리한 결과를 HTTP 응답으로 받는 형태의 인터페이스이다. Client to Server와 Server to Server 둘 다 가능하다.

---

[1] 참고: https://ko.wikipedia.org/wiki/엔터프라이즈_서비스_버스
[2] 참고: https://ko.wikipedia.org/wiki/SOAP

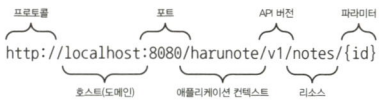

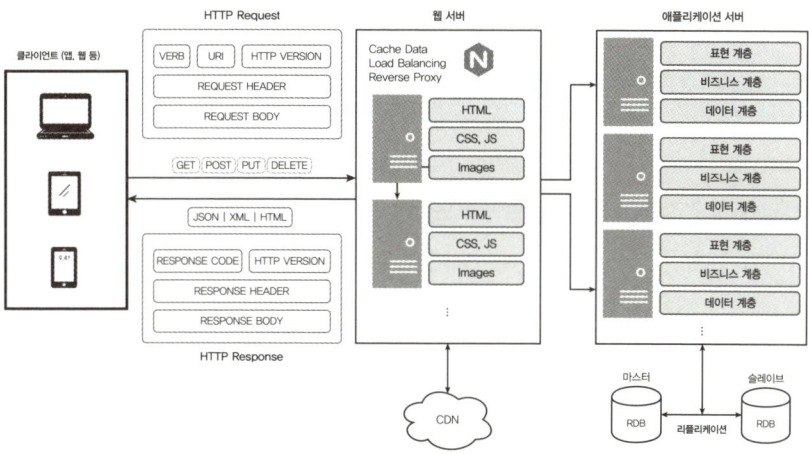

그림 7-3 REST API 호출 방식의 서버 구성도

클라이언트 측은 웹, 모바일 웹, 모바일 앱이 있다. 이런 다양한 디바이스를 지원하기 위해 한 서버에서 view를 렌더링할 수도 있겠지만 화면과 서버 프로그램이 분리되는 것이 훨씬 더 효율적이다. 그래서 REST나 SOAP 같은 아키텍처나 웹 서비스를 이용한 통신 방식으로 클라이언트와 서버의 분리가 이뤄졌다고 본다. [그림 7-3]은 일반적인 REST API 아키텍처 호출 과정을 도식화한 것이다. view 페이지가 존재한다면 별도의 프런트엔드 서버를 통해 렌더링을 할 수도 있고, 서버 측에 URL을 호출하여 데이터를 응답 개체에 담아 받을 수도 있다.

모던 아키텍처들이 MSA나 클라우드 환경으로 이식되면서 웹 서버와 애플리케이션 서버들은 스케일 아웃이 용이한 구조로 설계되도록 변경되었다. 또한 프런트단에는 라우팅이나 방화벽 같은 네트워크 요소들이 존재할 것이다.

그 밖에 I/O 처리를 줄이기 위해 애플리케이션에서 메모리 캐시를 쓴다거나 별도의 부하 분산을 위해 레디스나 메시지 큐message queue 등을 활용하여 캐싱, 처리 성능 향상과 비동기 처리를 지향하는 구조로도 확장시킬 수 있다. 최근에는 서버의 디스크 성능이 좋아져서 I/O 비용의 획기적인 절감을 기대하기는 어렵지만 그래도 코드 개선이나 아키텍처 개선에 중점을 두고 접근해야 한다.

과거에는 모놀리식monolithic 방식의 구조가 대부분이었다. 모놀리식은 하나의 애플리케이션 혹은 서비스에 여러 모듈module이 통으로 적재되어 있는 모델이다. API를 통해 업무에 적합한 데이터에 접근하여 조합한다는 개념보다는 데이터를 쿼리 조합으로 가져오거나 클라이언트에게 보여줘야 할 뷰를 가져오는 개념이다.

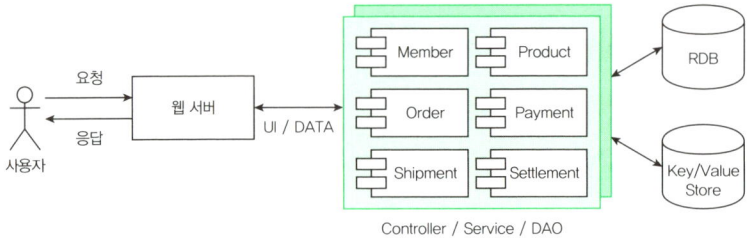

그림 7-4 모놀리식 형태의 서버 구성도

그러나 이 방식은 서비스의 스케일이 커지면서 장점보다는 단점이 많이 부각되고 있다. 일단 애플리케이션이 커질수록 배포와 서버 재기동에 시간이 오래 걸린다. 덩어리가 커지면서 재사용 가능 모듈이 쉽게 파악되지 않고 중복 코드도 많아지기 때문이다. 그래서 기술 부채로 인한 사이드 이펙트가 심화되고 개발 멤버들이 특정 소스에 손을 대기 싫어하는 소스포비아가 시작된다. 인원이 많아질수록 소스에 손대기 점점 어려워질뿐더러 빌드 시간도 길어서 형상 관리, 소스 관리에 행hang이 걸리기 마련이다. 또 다른 단점 중 하나는 성능인데 하나의 장애로 인해 서비스 불가능한 케이스가 많고 부하가 몰리는 특정 부분에 대한 스케일 아웃이 어렵다. 이런 이유로 분산과 스케일링에 대한 고민이 생겨난 것이고 그중 상당 부분은 REST API로 인하여 특정 성격의 서버 단위로 트래픽을 분산시킬 수 있게 된 것이다.

즉, 이 같은 구조로는 J 커브를 그리면서 급격하게 성장 중인 대규모 서비스의 트래픽을 처리하기 어렵고 그에 따른 개발 인력의 효율화도 꾀하기 어렵다. 다음 그림을 보자.

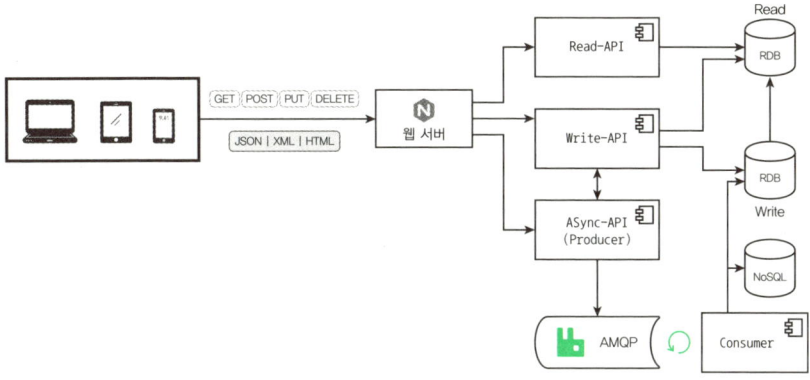

그림 7-5 역할에 따른 모듈 구성 예시

실제로 이런 구조로 서비스를 설계해보지는 않았지만 만약 트래픽이 많이 몰리는 상황에서도 업무를 도메인별로 쪼개기 어려운 조직 구조라면(마이크로서비스 아키텍처는 업무를 나눠서 구성하면 모놀리식 방식보다 인원이 훨씬 더 많이 필요하다. 추가 개념은 콘웨이의 법칙[3]을 참고해보자) 적절한 모듈 단위로 서버들을 나누고 해당 모듈에 종속된 적합한 데이터셋을 구성해주면 훨씬 쉽게 트래픽에 따른 부하를 분산시킬 수 있으리라 생각한다. 하루걸러 한 번씩 장애가 발

---

3 소프트웨어 구조는 해당 소프트웨어를 개발한 조직의 커뮤니케이션 구조를 닮게 된다.

생한다거나 트래픽이 계속 상승하는데 기존 방식으로 감당이 안 될 것 같다는 판단이 선다면 모듈 단위의 서버 분산과 데이터 분산을 고려해 이와 같은 구조도 가능할 것이다.

[그림 7-5]의 경우 읽기 전용 API와 업무에 따라서 특정 메뉴에서 조회해오는 클릭 수가 너무 많다면 해당 API만 별도의 장비로 빼서 서비스할 수도 있다. 즉, 부분적인 스케일 아웃이나 스케일 업이 가능하다. 하지만 이런 구조로 가면 로그인이나 인증, 인가 같은 권한 문제도 발생할 수 있고 애플리케이션 구조도 복잡해지는 건 어쩔 수 없는 일이다. 이런 상황에서는 개발팀이 어떤 트레이드 오프trade-off를 감수할 것이냐를 판단하면 된다.

웹 서버는 리버스 프록시 기능으로 엔드포인트를 통일하고 라우팅routing하는 역할을 한다. 앱 푸시나 메일 전송 등 비동기로 호출해도 될 만한 성격의 API라면 MQ에 연결된 별도의 장비로 서비스가 가능해질 것이다. 데이터베이스는 insert, update, delete를 할 경우 Master(Primary)에 커넥션을 맺고, Read를 실시간 복제하는 Slave(Secondary)에 연결함으로써 부하를 줄일 수도 있다.

그러나 한꺼번에 데이터 처리량이 많아지다 보면 서버도 터지지만 DB 자체도 리플리케이션replication이 밀리는 상황도 마주할 수 있다. 그래서 비동기 처리를 적용하기도 하고 NoSQL과 같은 솔루션을 적용하여 데이터 성격에 맞는 처리 방식을 적용하기도 한다. 데이터 처리가 많아져서 실시간 복제가 느려질 때, 애플리케이션에서 삽입(Master Connection) 후 바로 데이터를 조회하여 Slave에서 데이터 복제 시간이 1~5초 정도 밀리기 시작한다. 이때 슬레이브 노드에서 SELECT 쿼리를 날리는 시점에 데이터가 존재하지 않아(복제가 아직 안 되었으므로) 에러가 발생하는 경우도 더러 경험할 수 있다. 이러한 점이 서비스 운영 경험이 없을 경우 알기 어려운 부분이며, **대용량 트래픽을 받는 서비스를 운영하면서 겪을 수 있는 트러블 슈팅**이다.

개발만 해와서 운영 경험이 없다면 이런 장벽을 만날 수 있다. 반대의 경우도 개발에서 생기는 문제를 잘 모르는 것은 마찬가지다. 또한 이 점이 **"DB 리플리케이션을 하는 이유는 무엇입니까?"** 같은 단답형 질문의 답만 외워서는 면접에 통과하기 어려운 이유이다. 비동기를 위한 전용 장비까지 필요 없다면 DB에 update, select 등의 데이터 처리까지 끝난 뒤에는 다시 비즈니스 레이어까지 내려와 비동기로 메시지 큐를 발행할 수도 있다. 아니면 다시 서드 파티에 연동하여 데이터를 넘겨주거나 내부의 아키텍처가 MSA처럼 분산 서비스일 경우 별도의 서비스에 넘겨주고 또 다른 처리(별도의 통계나 로그 데이터를 쌓기)를 요청할 수도 있다.

이는 프로젝트 성격이나 사내 업무 구조 등에 영향을 받기 때문에 정확히 어떤 설계 방식이 맞다고 주장하긴 어렵다. 하지만 설명한 개선 포인트를 이해한다면 면접관의 질문 의도를 파악하고 연결되는 후속 질문에 맞서 '기술적인 대화'를 해낼 수 있을 것이다. DB 구조나 비동기 처리 등을 위한 부하 분산은 7.5절에서 더욱 자세하게 설명하겠다.

7.4 커리어를 위한 로드맵과 공부해야 할 분야

서버 개발이냐 프론트엔드 영역이냐에 따라 알아야 할 개념과 기술은 당연히 다르다. 지금부터 기술별 로드맵 소개와 학습 분야에 대해서 설명하겠다. 각 분야에서 습득해야 할 기술에 대해 이미 알고 있는 영역과 지원하는 회사에서 쓰는 기술을 분석한 뒤 효과적인 공부를 위해 기술 영역을 미리 정리하자. 앞으로 설명할 로드맵은 다음 사이트를 참고하면 된다.

- https://roadmap.sh/

살펴보면 알겠지만 각 영역별은 물론 프로그램 언어나 프레임워크, 심지어 AWS나 코드 리뷰에 관해서도 정리되어 있으니 자주 살펴보길 권한다.

7.4.1 백엔드 기술 로드맵

먼저 백엔드 개발자의 기술 로드맵부터 살펴보자.

- https://roadmap.sh/backend

7.2절을 통해 큰 카테고리의 항목은 이미 정리했다. 이번 절에서는 좀 더 세부적인 내용과 그 뒤로 이어져야 할 커리어에 대한 내용을 알아보겠다. 로드맵 작성자의 설명에 따르면 가이드에서 체크 표시(✓)한 것 중 보라색은 개인적인 추천이나 의견, 초록색은 보라색의 대체 가능한 옵션, 회색은 순서가 중요하지 않은 로드맵이라는 뜻이다. 체크 없는 회색은 비추천이다. 여기에 간단하게 주요 항목을 나열해보았다. 괄호 안 항목은 대체 가능한 기술이다.

1. **인터넷**
   - 인터넷의 작동 원리
   - HTTP란 무엇인가?
   - 브라우저의 작동 원리
   - DNS의 작동 원리
   - 도메인 네임이란?
   - 호스팅이란?

2. **언어**
   - 자바, 자바스크립트 등

3. **깃**
   - DVCS의 기본적인 사용 방법과 관련 솔루션(깃랩 정도면 된다.)
   - 저장소 호스팅 서비스의 사용법

4. OS
- 터미널 사용법(grep, awk, sed, lsof, curl, wget, tail, find, ssh, kill 등)
- OS의 일반적인 작동 원리
- 메모리 관리
- 프로세스 간 통신
- 입출력(I/O) 관리
- POSIX 기초(stdin, stdout, stderr, pipes)
- 네트워크의 기본 개념
- 프로세스 관리
- 스레드와 동시성

5. 데이터베이스(RDBMS)
- PostgreSQL
- MySQL
- 기타 MSSQL이나 Oracle 등 회사 업무에 맞춘 프로그램

6. NoSQL 및 데이터베이스에 대한 자세한 정보
- 몽고DB
- 레디스
- InfluxDB
- 더 깊은 데이터베이스 관련 기술
  - ORM
  - ACID
  - 트랜잭션
  - N+1 문제
  - 데이터베이스 정규화/비정규화

7. Scaling Databases
- 인덱스
- 데이터베이스 복제
- 샤딩 전략
- 분산 서비스에서의 데이터베이스 설계 원칙

8. APIs
    - REST
    - JSON APIs
    - SOAP, gRPC 등
    - 인증
    - OAuth
    - JWT 등

9. Caching
    - CDN
    - 서버 사이드
        – 레디스
        – 멤캐시드
    - 클라이언트 사이드

10. 웹 보안
    - MD5와 이를 사용하지 않는 이유
    - SHA 함수들
    - 해싱 알고리즘
    - HTTPS
    - SSL/TLS
    - OWASP Risks(인젝션, 인증 취약, 접근 제어, 민감 데이터 노출 등)
    - CORS
    - 서버 보안 등

11. 테스트
    - 통합 테스트
    - 단위 테스트
    - 기능 테스트

12. CI / CD
    - ArgoCD

- 깃허브 액션Github Action
- 젠킨스Jenkins

13. 소프트웨어 디자인&아키텍처

14. 설계 및 개발 원칙
- GoF 디자인 패턴
- 도메인 주도 설계
- OOP의 사상과 설계 원칙
- 테스트 주도 개발
- CQRS
- 이벤트 소싱

15. 아키텍처 패턴
- 모놀리식
- 마이크로서비스
- SOA
- 서버리스
- 서비스 메시
- 클라우드 네이티브 애플리케이션 개발

16. 메시지 브로커Message Brokers
- 래빗MQ
- 카프카

17. 컨테이너화 vs 가상화
- 쿠버네티스&도커

18. 웹 소켓

19. SSE(Server Sent Events)

20. 웹 서버

- 엔진엑스 Nginx
- 아파치 Apache

21. **Building for Scale** (각각의 차이에 대한 이해)
    - Graceful Degradation
    - Throttling
    - Backpressure
    - Circuit Breaker와 같은 완화 전략
    - 마이그레이션 전략
    - Horizontal/Vertical Scaling (수평/수직 확장)
    - Metric, Log 수집 및 추적 관찰
    - Instrumentation
    - Monitoring
    - Telemetry

좀 더 구체적인 항목들이 나오기는 하지만 큰 틀에서는 7.2절과 크게 다르지는 않다. 여기에서 10번 보안의 경우 전문적으로 업무를 수행하는 전담 조직이 있는 회사도 많다. 따라서 별도의 커리어 패스를 고려할 수 있겠다. 일반 개발자 입장에서는 애플리케이션에 대한 기본적인 보안, 암호화 알고리즘을 통해 key나 접근 관리, API 보안에 대한 이해는 기본적으로 있어야 한다.

12번 항목인 CI/CD부터는 13번과 상호 연결된다. 주니어 개발자 혹은 시니어로 넘어가는 시기에는 12번까지의 공부만 되어 있어도 문제없지만 아키텍트로 성장하거나 시스템 설계를 전문적으로 이끌어야 하는 기술 리더로 성장하려면 12번, 13번 트랙의 스킬셋에 대한 많은 경험이 필요하다.

그러나 시니어가 되고 혼자 팀을 꾸려 프로젝트를 리딩할 정도의 경력이 쌓였다면 12번부터 그 이상의(21번까지) 지식은 자연스레 계속 쌓이기 마련이다. 물론 자연스럽게 경험이 쌓이는 것과 전문적인 지식의 담당자로 역할을 부여받은 것은 다를 수 있다. 따라서 소위 아키텍트 역할을 수행하고자 한다면 12번부터

21번까지 전문적인 스킬 보유에 힘써야 한다.

주니어와 시니어를 나누는 기준은 연차보단 '혼자 중/소규모 프로젝트팀을 꾸려 수행 가능한 지식과 능력을 갖추었는가?'를 기준으로 삼는 게 더 옳다고 생각한다. 회사마다 프로젝트 시스템의 크기가 다르기 때문에 연차 기준으로 판단하기엔 애매한 측면이 있다. 굳이 연차에 기준을 두자면 누구나 알 만한 서비스가 있는 중대형급 회사에서 만 5년 이상 혹은 중소형급 회사에서 7년 차 이상이라고 생각한다. 그러나 연차는 사실 큰 의미가 없다.

우리가 흔히 아키텍트의 역할을 기대한다면 애플리케이션 아키텍트(AA), 소프트웨어 아키텍트(SA)로 방향을 정할 테고, 그렇다면 12번 이후의 지식들은 반드시 필요하다.

AA로 성장하고 싶다면 회사의 공통 플랫폼을 구축하고 관련 솔루션들을 도입, 운영, 전파하는 역할로 자리매김해야 한다. SA가 되고 싶다면 시스템 전체를 설계/디자인하고 확장 가능성과 모니터링 수집, 장애 감지, 장애 발생 시의 리커버리와 같은 인프라적인 측면부터 애플리케이션 전반에 걸친 기술적 지식과 거버넌스를 수립할 수 있을 정도로 충분히 경험해야 한다. 그러니 대부분의 IT 서비스 회사들은 별도로 AA나 SA 역할을 두지는 않을 것이다. 보통은 공통 플랫폼 팀으로 존재하던지 프로젝트마다 프레임워크나 공통 업무를 담당하는 형태로 두고 아키텍처를 설계하는 인력들이 존재할 것이다.

스킬셋과는 별도로 도메인 관련 설계를 전문적으로 하는 시니어 개발자도 존재한다. 나의 경우 SI에서 AA 역할을 경험한 뒤 이직한 회사들에선 도메인 개발에 가까운 업무를 했다. 전부 공통 플랫폼이나 인프라, DB 담당을 통해 내가 설계한 엔터티나 아키텍처를 리뷰하고 놓치거나 부족한 부분이 있으면 부서 전문가들에게 도움을 받으며 업무를 처리하는 편이다.

7.4.2 그 외의 로드맵에 대해서

소개한 링크를 참고하면 DBA라든가 데브옵스, 프런트엔드, QA, 언어별 로드맵도 있고 최근 인기 있는 챗GPT와 관련된 프롬프트 엔지니어링이나 AI에 대한 내용도 있으니 관심 분야를 찾아 읽어보길 바란다. 언어는 도구라고들 하지만 필요에 따라 다른 언어로 전환할 순 있어도 가급적 한 언어로 5년 이상의 전문적인 역량을 쌓는 것이 더 낫다고 생각한다. 또한 경력을 쌓다가 기회가 된다면 도메인 엔터티의 설계, 시스템 아키텍처 설계 등의 영역처럼 업무나 시스템 설계에 대한 경험치를 쌓길 추천한다.

시니어 혹은 리드 개발자가 되기 위해서는 개발만 잘해서는 한계가 있다. 제품이나 서비스를 설계하고 스케일링하기 위해서는 기술 도메인의 전반적인 이해가 필수다. 기술 연구 부서가 아니라면 대부분의 개발자는 시니어로 가는 길목에서 도메인과 설계 지식의 이해와 노하우 여부로 채용 여부가 결정되기도 한다.

7.4.3 경력이 쌓이면서 알아둬야 할 사항

경력이 쌓이면서 단순 업무 경험치나 개발 능력이 향상되는 것은 당연하며, 주니어에서 시니어로 가는 길목에서는 다음 사항들도 고민해봐야 한다.

- 프로젝트 전반의 소스 코드 품질 관리
- 업무 자동화와 효율화
- 결함 관리, 버그 추적 관리
- 업무 히스토리 관리
- 테스트와 자동화
- 지속적인 아키텍처 개선
- 코딩 가이드와 코드 리뷰 가이드

이런 활동을 보통 NFR이라고 부르는데, NFR^{Non-Functional Requirements}은 소프트웨어 개발에서 비기능적 요구사항, 즉 시스템의 품질 속성을 정의하는 제약 조건이다. 기능적 요구사항은 시스템이 '무엇을 해야 하는지' 명시한다면, NFR은 시스템이 '어떻게 수행해야 하는지'를 정의한다. 기술 부채나 성능, 보안, 유지보수성, 모니터링, 확장성, 안정성, 가용성과 같이 실제 비즈니스적인 임팩트도 없고 매출에 직접적으로 연관된 것은 아니지만 꾸준히 수행해야 하는 업무 요건을 가리킨다. 그리고 이는 측정 가능해야 한다. 이 용어는 ISO/IEC 9126(1991년)이나 IEEE 830-1998 - Software Requirements Specification(SRS)에서 가이드 라인으로 정의되어 왔던 개념이다.

큰 개념에서 보면 아키텍처 레벨에서의 설계나 지속적인 확장, 스케일링 같은 부분까지도 전반적으로 관리해야 한다. 작게 보면 기술 부채 관리, 테스트 케이스 작성, 문서 작성 등도 포함된다. 이 때문에 주니어 레벨에서는 주로 비즈니스 도메인이나 기능 구현에 집중하지만, 미들급에서 시니어로 성장할수록 이런 NFR 역량이 더욱 요구된다. 단순히 관리자 역할을 해야 한다는 것이 아니라 리드급으로 성장하기 위해 개발 코드의 전체 구조를 잡는다거나 모듈화, 레이어드 아키텍처 설계, 엔터티의 설계 같은 것들이 주요 업무로 부각된다는 것을 의미한다.

이 관점에서 보면 면접에서 기술 부채 관리와 버그, 장애 대응 등의 해결 과정을 요구하는 것이 자연스럽기 때문에 시니어로 거듭나기 위해선 NFR 관련 지식을 미리 챙겨야 한다.

기술 면접에서 흔히 물어보는 기술 부채 관리에 관한 이슈에는 어떤 대답을 할 수 있을까? 기술 부채가 쌓일수록 업무 속도의 저하, 소스포비아(코드를 어디서부터 건드려야 할지 몰라 손도 대기 어려운 상황)로 인한 부작용을 야기해 개발 조직에는 번아웃이 오기 마련이다. 따라서 조직 내에서 미들급~시니어들은 다음의 항목들을 주의해야 면접에서도 깊이 있는 대화가 가능할 것이다.

- 조직의 리드, 업무 관리, 일정 관리, 주니어 성장
- 코드의 품질, 장애의 개선과 방지
- 아키텍처에 대한 이해와 스케일링
- 비즈니스 도메인에 대한 설계 능력
- 대량의 트래픽, 대용량 데이터 분산 처리에 대한 학습
- 기술 부채 관리
- 소규모 프로젝트를 리드할 수 있는 역량

기술 면접에 들어가서 이에 관한 질문의 답변이나 대응으로 적합한 이론들은 8.5절에서 더 깊이 있게 다룰 예정이며, 이는 주니어 개발자도 알아야 하는 내용이므로 면접 전에 숙지하길 당부한다.

7.5 애플리케이션 성능 관리와 대용량 데이터 처리

> Q. 새 프로젝트 오픈을 앞두고 성능 테스트를 하려고 합니다. 왜 성능 테스트를 하는지, 해야 한다면 어떤 화면을 대상으로 해야 하는지, 테스트를 통해 확인해야 할 서비스의 성능 지표는 어떤 것들이 있을까요?

성능 테스트는 웹 애플리케이션의 응답 시간, 안정성, 서버의 처리량 등을 확인하기 위한 절차이다. 절차라고는 했지만 필수라는 의미는 아니다. 다만 견고한 고객 서비스를 위해 하는 것이 더 좋고 고객 지향 서비스를 우선시하는 곳은 일정 수준 이상의 테스트를 통과해야 서비스를 오픈할 수 있기도 하다.

성능 테스트를 하는 이유는 크게 두 가지다. 하나는 웹 애플리케이션의 병목 지점과 비즈니스 로직상의 무거운 로드를 식별하여 **사용자 응답 시간을 단축시키고 서버 자원을 최적화하는 것**이고 다른 하나는 **장애 감지를 위한 임계치를 설정**하는 것이다.

부하 테스트, 스트레스 테스트를 포함한 애플리케이션의 성능 테스트는 서비스 오픈 전에 장애 요인과 병목 지점을 미리 파악할 수 있는 주요 지표를 확보한다. 따라서 서버와 애플리케이션의 한계치를 명확히 하여 서버 추가 확장에 대한 정량적인 수치를 예측할 수 있다. 또한 병목 지점의 튜닝이나 로직 개선을 통해 비용 절감 효과가 있다. 안정적인 성능 테스트를 하기 위해 다음과 같은 환경 준비가 필요하다.

- 성능 테스트 툴: 특정 스크립트 언어로 동작을 정의하며 주어진 조건에 따라 서버를 호출한다. [예시] 초당 사용자 100명씩 증가 등
- 모니터링 툴: 애플리케이션 서버와 DB 서버의 CPU, 메모리와 같은 리소스와 트래픽, 응답 시간 측정, 로그 수집 등을 통해 서버 성능 지표를 제공한다.
- 테스트 장비: 프로덕션 환경과 동일한 스펙의 전용 서버가 준비되어야 한다. 외부 트래픽은 차단된 상태로 진행해야 하기 때문에 성능 테스트만을 위한 별도의 장비 세트를 마련하는 것이 좋다. 만약 동일 사양의 서버를 준비하기 어렵다면 서비스의 병목 지점 튜닝, 슬로우 쿼리^{slow query} 등을 확인하고 개선하는 정도로 쓸 수 있겠다.

세 가지 항목은 필수적인 것들이며 분산 환경과 같은 다른 솔루션과 결합된 애플리케이션의 경우 사내 환경에 맞게 구성해야 한다.

많은 서비스가 성능 테스트를 간과하고 아키텍처상으로 각 서버의 역할을 잘 분리하였다고 자부한다. 하지만 운영 중 의도치 않게 API 한두 개나 슬로우 쿼리 하나 때문에 어이없이 서버가 터지는 경우도 발생한다. 이 때문에 약식으로라도 성능 테스트를 해보는 것이 중요하다. 이를 통해 트래픽 과부하가 어느 정도 이

르러야 장애가 발생하는지(임계점 확인), 장애 발생 시에는 어떤 동작을 하는지 확인하는 것이 중요하다.

이 책에서 성능 테스트를 간단하게나마 언급하려는 건 면접에 자주 나와서가 아니라 성능 테스트가 장애 처리를 하는 것과 관련이 깊기 때문이다. 장애 처리가 문제 해결 경험으로 연결되기 때문에 둘의 상관관계는 매우 깊다. 결국 장애 처리의 경험이 개발자의 지식으로 쌓이고, 이러한 **문제 해결 능력(장애를 추적, 분석, 해결하는 일련의 경험치)은 개발자의 주요 역량으로 평가받는 요소**가 된다.

장애도 대부분 성능 처리의 문제에서 기인하는 비율이 높다. 그래서 성능 처리를 통해 미리 장애를 예방하는 것이 성능 테스트의 목적이다. 따라서 **성능 테스트는 사용자가 로그인하고 난 뒤에 첫 번째로 진입하는 페이지 혹은 여러 API를 묶어 결과물을 표현해줘야 하는 페이지, 주요 기능을 수행하는 API들을 대상**으로 하는 것이 적합하다고 본다. 이를 통해 수행 시간을 파악하고 병목이 되는 지점을 식별한 뒤 대상 항목들의 최적화 튜닝과 시스템 임계치를 확인하여야 한다. 이 임계치를 통해 최대 요청 범위나 시스템 리소스의 한계점을 알아내고 이상 징후 등을 미리 파악하여 장애에 유연하게 대응할 수 있는 것이다. 여기서 알아야 할 지표에 대해서는 이번 절 전반에 걸쳐 정리해두었다. 전문적인 성능 테스트 방식을 소개하기보다는 개발하면서 어떤 항목을 신경 써야 하는지 소개한다.

성능 테스트 툴

성능 테스트 툴은 서버에 일정 수치로 부하를 주거나 일정 조건을 수행하게 함으로써 성능을 분석할 수 있게 각종 지표를 수집해주는 역할을 한다. 자바 진영의 오픈소스로는 JMeter가 가장 오래되었고 유명하며 국내에는 네이버가 만든 오픈소스인 nGrinder가 부하 테스트 툴로 많이 쓰이고 있다. 모니터링 툴과 함께 애플리케이션의 성능을 측정하고 모니터링, 결과 보고서 등을 생성하여 한눈에 보기 쉽게 지표를 제공해 문제점을 파악하고 개선할 수 있도록 도와준다.

성능 테스트와 모니터링

성능 테스트를 위해 모니터링 툴을 서버에 설치해야 한다. 대부분은 서버 설치용 에이전트와 클라이언트를 제공한다. 서버의 CPU나 메모리 같은 리소스의 임계치를 확인할 수 있으며 API의 응답 시간, 슬로우 쿼리, 활성 스레드 분석, 로그 수집 등을 통해 서버 진입부터 응답까지 전체 과정을 견고하게 모니터링해주는 툴이 많이 있다. 국내에서는 제니퍼[JENNIFER](제니퍼소프트의 제품으로 가장 오래되었으며 현재 국내 점유율 1위)와 와탭[WhaTap] 같은 APM[Application Performance Management](애플리케이션 성능 관리) 툴이 유명하고 해외에서는 데이터독[Datadog] 등이 유명하다. 성능 테스트를 위해 유료 버전의 솔루션을 도입하기 어렵다면 깃에 오픈되어 있는 핀포인트[Pinpoint]나 스카우터[Scouter] 등의 적용을 고려해볼 수 있다.

- **핀포인트**: https://github.com/pinpoint-apm/pinpoint
- **스카우터**: https://github.com/scouter-project/scouter

이밖에 JConsole이나 비주얼VM[VisualVM]과 같은 프로파일링 도구도 존재하지만 시각적인 부분이나 기능적인 이점은 전문 APM 툴을 따라가기 어렵다. 그래서 API의 호출 스택이나 서버 가용 리소스, 트래픽 측정, DB 쿼리 모니터링 등의 모든 기능이 차트 형태로 보기 쉽게 제공되는 제품을 사용하길 권한다. 참고로 핀포인트는 네이버에서 만든 제품이다. 성능 테스트 툴인 nGrinder와 핀포인트의 조합을 추천한다.

7.5.1 성능 테스트를 통해 알 수 있는 것

주요 서비스 성능 테스트 진행에 앞서 모든 페이지나 기능을 테스트하긴 어렵다. 따라서 주요 트래픽이 몰리는 피크 뷰peak view 페이지를 상정하여 최대 유저 증가 수를 도출하기까지 시스템이 버티는지, 확장이나 개선이 필요한 부분을 측정하는 용도로 환경을 구축해야 한다.

보통 Performance Test Zone 구성은 프로덕션 장비와 동일한 수준의 Performance Zone을 구성해야 한다. 서버의 성능이 다르면 병목 지점과 튜닝 포인트를 식별하기 어려워진다. 테스트에 들어가면 Performance Zone에서 사용하는 장비의 스펙 정리부터 환경 설정 정보 등도 동일하게 설정하고 기록해야 한다. 가급적 성능 개선 포인트가 많이 모이는 곳을 유추하여 진행한다.

사용자가 많이 몰리거나 API 호출의 개수가 많은 것으로 유추되는 대시 보드 화면 등 주로 페이지 로드가 많은 테스트 화면을 선정하는 것이 좋다. 이를 잘 판단하기 어렵다면 로그인 이후 첫 화면을 가장 많은 사용자가 거쳐가므로 해당 페이지부터 측정하는 것이 바람직하다. 이외에도 별로 무거워 보이지는 않지만 대시보드로 여러 데이터를 끌어와서 보여주는 화면을 성능 테스트 대상 페이지로 선정하는 것을 추천한다.

자체적으로 처리하는 API나 DB 연동 등은 부하를 주며 테스트하는 데 무리가 없지만 회사 외부 연동의 경우 성능 테스트의 트래픽을 감당하기 어려울 수 있고, 실제 외부 연동 애플리케이션 전용으로 Perf Zone을 구축하기는 어려운 일이다. 이런 경우는 호출 시 슬립을 주고 모의mocking 데이터를 반환하도록 변경하는 형태로 테스트해야 한다.

테스트 페이지가 선정되고 어떤 식으로 진행할지 시나리오를 정리한 후에는 테스트 스크립트를 작성한다. 테스트 툴에서 테스트 방식에 대한 여러 옵션 중에 점진적 부하 증가, 버추얼 유저 증가 형태로 해야 애플리케이션의 튜닝과 개선이 가능할 것이다. 성능 테스트 시에는 서비스 로그 분석을 병행하고 모니터링을 해야 한다. 모니터링 및 분석을 통해 알아내야 할 항목은 다음과 같다.

- 요청에 대한 응답 시간 추이 분석
- 최대 요청 임계치 분석
- 개선 포인트 식별

기본 설정(튜닝 전)으로 기준점을 잡고 성능 테스트를 돌린 후, N차수까지 반복하면서 테스트 초기의 수치(개선 전)와 테스트 후의 수치(개선 후) 리포트를 관련 부서에 공유하면 1차 성능 테스트의 목적은 이루어진 것이다. 이 시점에는 최대 TPS[4] 산정과 평균 응답 시간, 최대 응답 시간 등의 응답 분포도, 자원 사용량 등이 들어가야 한다.

성능 테스트를 통해 병목 지점과 튜닝 포인트를 개선하고 이를 통해 목표한 수치까지 도달하지 못했다면 시스템 사양을 조정하거나 캐싱, 아키텍처 개선 등 다소 무거운 수준의 개선 작업들을 수행해야 한다. 다음은 7.5절의 서두에 나온 질문의 답변으로 참고가 될 것이라고 생각해서 임의로 작성한 성능 테스트 시나리오이다. 이 책을 위해 작성한 샘플이니 참고만 하길 바란다.

[샘플] 성능 테스트 시나리오

1. Overview

프로덕션 장비와 동일 수준의 Performance Test Zone을 구축하여 홈 인덱스 및 각 메뉴의 첫 대시보드, 즉 가장 많은 사용자가 보는 화면의 성능을 테스트하여 임계치를 식별하고 개선한다.

---

4 Transaction per Second. 1초당 처리할 수 있는 트랜잭션의 개수를 의미한다.

성능 개선 포인트를 찾기 위해 주요 API가 동작하는 페이지를 선정하여 테스트를 진행한다. 외부 연동은 동일 스테이지에서 테스트하기 어려우므로 임의의 Sleep time을 부여하고 데이터는 mock으로 반환한다. 물론 Perf Zone이 준비되어 있는 연동 모듈은 실제 호출하여 테스트해본다.

2. Objective

서비스 로그 분석과 성능 테스트 모니터링을 통하여 다음 항목을 도출한다.

- 응답 시간의 분포도
- 최대 TPS 산정
- 커넥션 풀 connection pool 산정
- 최대 요청 임계치 분석/산정
- 개선 포인트 식별
- 외부 호출 API 전체 목록 도출

개선 포인트는 다음과 같은 항목을 도출한다.

- 슬로우 쿼리
- 응답 대기 시간 증가가 의심되는 구간 식별
- 쿼리 튜닝
- 테이블 관계 구조 개선 / 인덱스 변경
- 중복 쿼리 제거, 불필요한 로직 제거, 로직 튜닝
- 커넥션 풀 사이즈 조정
- 평균 응답 시간 / 최대 응답 시간
- 시스템 사양 조정이 필요한 항목

3. Scenario

1. 실 서비스 장비와 동일한 스펙의 서버에 애플리케이션을 배포하고 로그인 후 첫 진입점인 홈 인덱스 화면과 메뉴별 대시보드 화면의 QPS, TPS를 정확하게 측정한다.

2. Virtual User를 100 단위로 증가시키며 응답 시간과 지연 시간을 식별하여 개선이 필요한 부분을 찾는다.

3. 최대 접속자의 MAX TPS를 산정한다.

4. 시스템 리소스를 측정한다.

5. 임계치 초과 시점의 에러와 예외exception를 식별한다.

6. API 레벨에서 튜닝 포인트, 쿼리 레벨에서 튜닝 포인트를 식별한다.

7. 관련 API 담당자를 통해 튜닝 포인트 개선을 처리한다.

8. 쿼리 튜닝, 인덱스 튜닝은 DBA 부서의 도움을 받고 애플리케이션 튜닝 이외에 아키텍처 개선과 병렬 처리 혹은 비동기 처리, 캐싱 전략 등을 마련하여 전체 최적화를 진행한다.

9. 1~8까지 반복하여 MAX TPS 증가 목표 수치를 달성, 시스템 임계치를 산정하여 장애 알람 시스템에 등록한다. 에러와 예외 케이스가 알람으로 오는지 확인한다.

추가적으로 부하 분산이나 확장이 필요한 경우 인프라 부서를 통해 리소스를 추가 요청한다.

대략 이와 같은 목적과 시나리오를 가지고 개선 항목을 식별한다. 개선 항목은 튜닝 대상이 되는 API를 식별하거나 슬로우 쿼리를 식별하는 것이 주목적이고 회사마다 이를 모니터링하는 기준이나 튜닝 대상에 대한 전담 업무를 하는 DBA 같은 인력이 존재하므로 식별 이후 각 담당자를 통해 개선점을 적용하는 것이 주요 목표라고 할 수 있다.

여러 번 반복하며 원하는 수준의 튜닝이 이루어져야 한다. 튜닝 후에도 내부 기준에 미달한다면 캐싱이나 테이블 연관 관계(구조) 개선, 비동기 적용, 부하 분산을 위한 아키텍처 등을 검토해야 하고 그 결과도 만족스럽지 않다면 서버 스케일을 조정한다. 따라서 이런 결론을 얻기 위해서 결과 리포트로 수치화해야 하며 도출 필수 항목은 다음과 같다.

- 서버 스펙: 서버의 기본 사양과 환경 정보를 기록한다.
    - OS 및 DB 버전
    - 테스트 도구 및 방법
    - 네트워크 정보
    - 하드웨어 정보
- VUser 증가 추이: 분당 혹은 조건당 순증 유저(가상 유저) 기록
- 응답 시간: 평균 응답, 최소 응답, 최대 응답 기록
- QPS[5]와 TPS
- 예외 건수와 오류 건수
- 자원의 사용량: 모니터링 평균치와 최대치에 대한 수치 기록
- 최대 응답 API 목록 도출
- 슬로우 쿼리 목록 도출
- 커넥션 풀 사이즈 도출
- 네트워크 지연 측정
- 개선 활동의 상세 기록
    - 기본 사양 테스트 이후 어느 정도 개선이 되었는지, 병목 구간은 어디인지, 응답 시간의 분포는 어떤 수준인지 비율과 수치를 통해 어느 정도까지 개선이 되었는지 알아볼 수 있어야 한다.

7.5.2 장애 처리

> Q. 지원자가 지금까지 해온 업무 중에 가장 해결하기 어려웠던 상황이나 가장 큰 성장을 했던 상황은 무엇이었는지 설명해주세요.

---

[5] Queries per second. 초당 쿼리 수

7.5절 서두에 "장애 처리 경험이 지식으로 쌓여 생기는 문제 해결 능력은 개발자의 주요 역량이다"라고 했었다. 개발자는 장애 처리를 할 때 집중력과 분석력, 해결 능력이 크게 향상된다. 또한 가장 큰 성장을 하는 기회가 아닐까 한다. 가장 경험하고 싶지 않기도 하지만 말이다.

오류를 접하다 보면 '내가 짠 코드는 이상이 없는데 라이브러리에 문제가 있는 게 아닌가?' 하는 의심이 들기도 한다. 검색으로 자료를 찾아보고 문제를 나만 겪은 게 아니라면 라이브러리를 열어보기도 하고, 라이브러리 교체나 다른 방식의 해법을 찾아보기도 한다(아직 경험하지 못했다면 경력이 쌓이며 자연스레 겪어볼 가능성이 크다).

장애를 처리하는 일은 개발자에게 성장의 밑거름이자 매우 귀중한 자산이 된다. 지금부터는 장애 발생을 감지하고 어떤 개선책을 찾아야 하는지 알아보고 구체적인 해법을 찾아볼 것이다.

성능 저하의 이유

애플리케이션 성능이 낮아지는 가장 일반적인 이유는 헤비한 로직이나 슬로우 쿼리로 인한 CPU 사용량 폭증이나 메모리의 오버헤드가 대부분이다. 다양한 이유가 있겠지만 대부분은 API의 과도한 호출(트래픽 증가)과 슬로우 쿼리로 인한 응답 시간 및 커넥션의 증가로 인한 서버 리소스 문제, 스레드 안정성이나 스레드 풀 사이즈 문제가 존재한다.

장애가 났을 때 웹 서버, 애플리케이션 서버, DB 서버에 이르는 로그 트래킹과 시스템 리소스의 모니터링, 애플리케이션이나 쿼리의 튜닝, 아키텍처의 개선과 부하 분산 등의 실질적 대응 지식은 실전을 통해서 쌓을 수 있다.

장애 상황은 다르겠지만 과도한 트래픽 혹은 잘못된 애플리케이션 설계로 인해 장애가 발생할 경우 일반적인 조치 방법에 대해서는 알고 있어야 한다. 먼저 장애 대응을 위해서는 CPU, 메모리, 네트워크에 대한 모니터링 툴이 도입되어 있어야 한다. 이를 통해 시스템 리소스를 모니터링하고 병목 구간이나 응답 시간을 살펴볼 수 있다. 시스템의 리퀘스트 증가, 슬로우 쿼리의 증가로 인한 일반적인 장애 케이스라면 모니터링을 통해 시스템 자원을 확인한 뒤 애플리케이션 튜닝을 통해 1차 개선을 할 수 있다.

개선 방법

슬로우 쿼리나 API의 응답 데이터 사이즈가 큰 경우 커넥션을 얻기 위한 대기 시간 증가로 이어질 수 있다. 불필요한 로직 제거, 테이블 관계 개선, 인덱스 개선, 중복 쿼리 제거 등의 개선이 필요하다.

API 응답 구간에 불필요한 로직이 있지는 않은지, 쓸데없는 응답 객체가 담겨 있는 건 아닌지 살펴봐야 한다. 결괏값의 양이 많다면 필요한 만큼만 응답하도록 페이징 처리를 하거나 테이블 구조를 개선하여 불필요한 조인 등을 하지 않게 해야 한다. 또한 적절한 커넥션 값을 설정하기 위해 사용량을 로그로 기록하고 커넥션 등의 설정 변경을 통해 최적화해야 한다. 커넥션 사이즈에 대해서는 바로 다음 7.5.3절에서 알아보고 대량 데이터 처리는 7.5.4절에서 알아보도록 한다.

1차 개선책이 애플리케이션 레벨에서 가능한 조치들이라면 2차 레벨에서는 아키텍처의 개선으로 1차에서 해결하지 못한 성능 문제를 해결해야 한다. 캐싱과 비동기 처리, 부하 분산 등을 통해 CPU나 메모리, 스레드 처리에 대한 효과적인 성능 개선이 필요하며 이에 대해서는 7.5.5절부터 설명하도록 한다.

7.5.3 DB 개선

인덱스

DB의 인덱스 튜닝은 애플리케이션에서 실행되는 쿼리 실행 속도를 향상하기 위한 방법이다. 인덱스가 제대로 최적화되어 있지 않으면 쿼리 실행 속도가 느려지고 애플리케이션 로드에 지연이 발생할 수밖에 없다. 트래픽이 몰릴수록 CPU와 메모리 오버헤드가 발생하고 이는 전체 서버의 성능 저하를 유발한다. 보통은 테이블의 특정 칼럼 조건이 조회가 자주 되는지 확인하여 인덱스를 추가해주고, 쿼리 실행 계획을 통해 비효율적인 인덱스 설정을 모니터링함으로써 올바르게 인덱스가 수행되는지 확인할 수 있다. 또한 SQL 실행 속도를 최적화해주어야 한다. 쿼리 튜닝 후 해당 인덱스에 접근하여 필요한 데이터만 가져온다면 데이터를 스캔해서 조건에 만족하는 행을 찾는 등 추가적인 I/O가 발생하지 않는다. 따라서 CPU와 메모리 사용량이 감소하고 쿼리 성능이 개선된다.

즉, 테이블 스캔은 데이터베이스가 테이블의 모든 블록과 페이지를 읽어야 하므로 많은 디스크 I/O가 발생하며 이는 많은 시간과 리소스를 소비하는 작업이다. 반면에 인덱스를 사용하면 인덱스가 저장된 데이터 구조를 이용하여 데이터를 검색하므로 디스크 I/O가 훨씬 적게 발생한다. 또한 데이터를 빠르게 찾아올 수 있기 때문에 시스템 리소스를 효율적으로 사용할 수 있다. 다만 테이블의 과도한 인덱스 설계는 insert, update, delete 작업에 영향을 주어 오버헤드가 증가할 수 있다. 과도하다는 건 인덱스를 생성할 칼럼이 자주 검색되어야 하며, 크기 또한 최소화해야 하고 카디널리티가 높아야 하는데 이를 고려하지 않고 무관하게 설계된 것을 뜻한다.

인덱스를 타지 않는 케이스들은 보통 조건 절에 들어오는 값의 범위가 많거나 특정 칼럼이 인덱스에 적합하지 않을 경우가 대부분이므로, 조회 조건에 걸린

칼럼이 제대로 된 인덱스를 태우는지 판단해야 한다. 또한 인덱스 역시 비용이므로 과도한 인덱스 생성이 꼭 좋은 것만은 아님을 인지해야 한다. 데이터 변경이 잦거나 조회 조건이 지나치게 많은 테이블에 대한 인덱스는 오히려 성능 감소를 유발한다. 인덱스를 설계할 때 되도록 분포도가 좋은(중복이 현저히 적은) 범위의 칼럼과 기본 키 혹은 다른 테이블의 조인 조건에 해당하는 칼럼을 필수로 구성해주는 것이 좋다.

또한 단일 칼럼 인덱스를 여러 개 생성하는 것보다는 다중 칼럼으로 좁은 인덱스를 구성하는 것이 더 낫다. 인덱스 튜닝으로 해결이 안 되면 테이블 구조를 바꿔야 하는 경우도 발생할 수 있다. 이런 경우는 인덱스 최적화라기 보다는 쿼리 최적화라고 볼 수 있다. 마이그레이션을 통해 운영 서비스 개선을 취하는 것도 방법일 수 있지만 서비스 오픈 전에 미리 성능 테스트를 함으로써 전반적인 테이블의 구성, 인덱스의 추가나 변경도 미리 검토하는 것이 유리할 것이다.

DB 서버의 경우 일반적으로 애플리케이션 서버보다 투입 비용이 훨씬 많이 들기 때문에 확장이 쉽지 않으므로 올바른 SQL 수행을 위한 튜닝이 최대한 이루어져야 한다. 인덱스 칼럼은 SELECT 시 함수를 적용하여 가공하면 안 되며, 정수형 자료형에 문자열로 비교를 한다던가 조건 검색의 조건이 not, 〈, 〉이면 인덱스를 제대로 타지 않을 가능성이 높다. 인덱스를 타지 않는 케이스를 정리해 보면 다음과 같다.

- 인덱스 칼럼을 변경하는 조건절(함수 적용이나 연산을 인덱스 칼럼에 적용한 경우)
    - **WHERE SUBSTRING**(column1) = value1;
    - **WHERE CONCAT**(column1, ' ', column2) = value2;
- 부정형 비교를 사용한 경우(NOT IN, 는, 〉, 〈) 대체로 인덱스를 타지 않으므로 반드시 실행계획을 분석해봐야 한다.

- 와일드카드 LIKE 문장의 전체 범위 지정
  - **WHERE column1 LIKE** '%2023'
- 인덱스 칼럼의 형변환

인덱스 생성과 삭제

MySQL 공식 레퍼런스 매뉴얼[6]에서 Chapter 15 SQL Statements의 Data Definition Statements 항목에서 인덱스 생성, 추가, 삭제 구문을 확인할 수 있다. 테이블 인덱스를 확인하기 위한 구문은 다음과 같다. 소문자 부분이 사용자가 수정해야 할 항목이다.

```
SHOW INDEX FROM tablename;
```

테이블의 인덱스를 추가하는 구문은 다음과 같다. 칼럼은 단일 인덱스, 복합 인덱스 다 가능하다.

```
ALTER TABLE tablename ADD INDEX indexname (column1, column2, ...);
```

다음은 테이블의 유니크 인덱스를 추가하는 구문이다.

```
ALTER TABLE tablename ADD UNIQUE INDEX indexname (column1, column2, ...);
```

---

6 https://dev.mysql.com/doc/refman/8.0/en/sql-statements.html

다음은 테이블의 인덱스를 삭제하기 위한 구문이다.

```
ALTER TABLE tablename DROP INDEX indexname;
```

특정 테이블의 인덱스를 조회해보면 다음과 같이 나올 것이다.

Table	Non_unique	Key_name	Seq_in_index	Column_name	Collation	Cardinality
business	0	PRIMARY	1	business_asset_profile_mapping_id	A	48
business	0	UK914ugqp730abpok7e1p6scyg8	1	business_asset_id	A	48
business	0	UK914ugqp730abpok7e1p6scyg8	2	business_profile_id	A	48
business	1	FKjnnr2rcqhsgdbm6ij046inyn9	1	business_profile_id	A	16

그림 7-6 인덱스 조회

여기서 알아야 할 것들은 다음과 같다. Table 칼럼에는 조회 대상 테이블 명이 나온다. Non_unique의 경우 0이면 중복 값을 저장할 수 없고, 1이면 인덱스가 중복된 값을 저장할 수 있다. 생성한 인덱스 이름이 Key_name 칼럼에서 출력된다. PRIMARY인 경우 해당 테이블의 기본 키일 것이고, 직접 인덱스 이름을 생성한 경우 해당 이름이 출력될 것이다.

Cardinality는 인덱스에 저장된 유니크한 값의 수를 표시한다. 이미지 크기 문제로 [그림 7-6]에는 나오지 않았으나 맨 뒤 열에는 index_type 칼럼이 나온다. 이 index_type은 인덱스에 사용되는 메서드인데 보통 MyISAM 스토리지 엔진을 쓰거나 InnoDB 엔진일 경우 B TREE로 나오게 된다.

실행 계획 분석

인덱스를 잘 설계하였다고 해도, 실제 실행되는 쿼리들이 인덱스를 제대로 태우는지는 EXPLAIN 구문을 통해 별도로 검증해보아야 한다. EXPLAIN 구문을 사용하려면 일반 SELECT 쿼리 앞에 EXPLAIN을 추가해주면 된다.

```
EXPLAIN SELECT col1, col2, ... FROM tablename WHERE ...
```

설계 시 충분히 조건절 칼럼에 대한 인덱스를 고려하였더라도 애플리케이션이 수행되는 동안 실제 쿼리는 예상과 다르게 동작할 때가 많다. 머릿속에서 '이 인덱스를 타게 될 거야'라고 상상한 건 추정에 불과하고, 실제 DB 동작은 인덱스 존재 유무와 EXPLAIN을 통해 실행이 제대로 되는지 확인해야 한다. 빈번하게 수행되는 쿼리의 실행 속도와 인덱스 실행 여부를 EXPLAIN 구문으로 확인해보자. EXPLAIN 실행 시 결괏값에서 눈여겨봐야 할 부분은 **EXPLAIN Join Types**[7]이다.

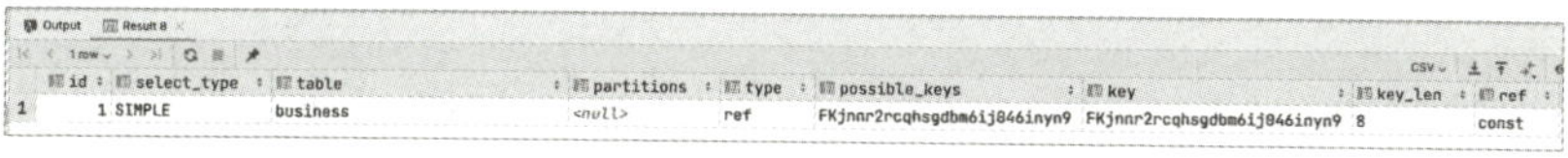

그림 7-7 실행 계획 조회

여기서 봐야 할 영역은 select type 부분과 type 부분이다. select type은 쿼리에서 사용된 SELECT 문의 종류를 알려준다.

표 7-2 실행 계획의 주요 select type

select type 명	설명
SIMPLE	가장 일반적인 SELECT 문이며 복잡한 UNION이나 서브쿼리가 없는 경우에 해당. 단순히 테이블에서 데이터를 가져와 결과를 반환하므로 가장 빠르다.
PRIMARY	복잡한 쿼리에서의 최상위 쿼리문인 경우
SUBQUERY	SELECT 문 안에서 서브쿼리를 사용한 경우

7 참고: https://dev.mysql.com/doc/refman/8.0/en/explain-output.html#explain-join-types

DEPENDENT SUBQUERY	서브쿼리가 외부 쿼리로부터 값을 참조하여 실행하는 경우
DERIVED	FROM 절에서 쓰인 서브쿼리 (인라인 뷰)
UNION	UNION 또는 UNION ALL을 사용한 경우
DEPENDENT UNION	UNION의 서브쿼리가 외부 쿼리로부터의 값을 참조하여 실행하는 경우
UNION RESULT	UNION의 결과로 생성된 임시 테이블에 대한 SELECT문을 실행하는 경우

UNION은 둘 이상의 SELECT 문 결과를 결합하는 데 사용된다. DEPENDENT UNION과 UNION RESULT는 쿼리가 독립적으로 실행되지 못하고 메인 테이블로부터 매번 값을 하나씩 공급받는 구조이기 때문에(앞에 실행된 SELECT 문의 결과가 다음에 영향을 미치기 때문에) 성능적으로 좋지 않아 튜닝 대상으로 식별해야 한다.

최적화는 쿼리마다 다르겠지만 UNION ALL을 사용하거나 인덱스 사용을 확인하고 서브쿼리 최적화를 통해 대상 집합의 크기를 줄여야 한다. 또한 JOIN을 사용할 수 있다면 JOIN을 고려해야 한다. type은 테이블에서 행을 조회하는 방식을 표현한 것으로 테이블에 접근 방식이 효율적인지 판단하는 근거가 된다. 여기에 표시된 타입 중 ALL과 INDEX는 성능상으로 문제가 될 가능성이 높은 항목이다. EXPLAIN join type을 최상부터 최악의 유형까지 순서대로 정리해 봤다.

표 7-3 실행 계획의 join type

Type 명	설명
system	테이블에 단 한 개의 행(row)만 있는 경우
const	테이블의 Unique Key 혹은 Primary Key를 상수로 조회하는 경우(한 건만 존재)
eq_ref	다른 테이블과 조인 시 Primary Key를 이용(한 건 조회)
ref	다른 테이블과 조인 시 인덱스에 설정된 모든 칼럼을 조회 조건으로 사용 (사용되는 키 조건이 몇 개의 행에 일치하는 경우, 최소 두 개 이상)
fulltext	풀텍스트full-text 인덱스를 사용하여 수행
ref_or_null	ref와 동일하지만 null 값이 포함 MySQL의 경우 NULL에 대해서도 인덱스를 활용할 수 있고 이때 NULL은 가장 앞쪽에 정렬된다.
index_merge	단일 테이블의 여러 범위의 행을 스캔한 결과를 하나로 병합
unique_subquery	IN 절의 서브쿼리에 eq_req 적용
index_subquery	IN 절의 서브쿼리에 PK가 아닌 인덱스 적용
range	인덱스의 지정 범위 안의 행을 검색(BETWEEN, LIKE, IN, 〈, 〉, 〈=, 〉=…등)
index	단일 인덱스의 일부만 충족할 경우(테이블 풀 스캔보다는 유리하지만) 적용된다. 물리적인 인덱스 블록을 처음부터 끝까지 탐색한다.
all	테이블 풀스캔. 테이블의 처음부터 끝까지 탐색한다. 전체 테이블 중 10~20퍼센트 정도를 조회할 때는 오히려 유리할 때도 있다.

[그림 7-7]을 다시 살펴보면, possible_keys의 경우 옵티마이저가 SQL을 튜닝하기 위한 후보 인덱스를 보여준다(실제 사용한 인덱스 키 아님).

possible_keys 다음으로 나오는 key 부분은 SQL문에 사용한 인덱스 키를 의미한다. 어떤 인덱스를 사용했는지 확인하고 다른 인덱스를 유도하거나, 사용되지 않았다면 인덱스를 선택하도록 튜닝할 수 있다.

- key_len은 인덱스의 바이트byte를 의미한다. int의 경우 4바이트, varchar의 경우 단위당 3바이트이다.
- ref는 테이블 조인을 수행할 때 어떤 조건으로 해당 테이블에 조인한 건지 알려준다.
- rows는 SQL문이 접근한 모든 데이터 행수를 예측해서 나타내는 정보이다(수치가 완벽히 정확한 것은 아니다).
- filtered는 SQL을 통해 가져온 대상 데이터가 필터 조건에 의해 어느 정도 제거된 것인지를 퍼센티지로 알려준다.
- extra의 경우는 SQL문을 어떻게 수행할 것인지에 대한 정보를 나타낸다. 보통 Using temporary, Using filesort 정도가 튜닝의 대상으로 알려져 있다.

각 extra 항목을 살펴보면 다음과 같다. 아래로 갈수록 성능이 더 좋지 않다고 보면 된다.

표 7-4 extra 타입 종류

Extra 명	설명
Using index	인덱스를 사용하여 쿼리를 처리하는 것. 일반적으로 인덱스를 사용하는 게 좋지만, 일부는 사용하지 않는 것이 더 효율적일 수 있다. 예를 들어 인덱스를 사용하는데도 대량의 데이터를 검색해야 할 때는 테이블 스캔을 피하기 위해 인덱스를 조정할 필요가 있다. 물리적으로 인덱스의 사이즈가 작고 정렬이 되어 있다면 성능상으로 효율적이라고 판단할 수 있다.
Using index for group-by	Group By나 Distinct 구문으로 그룹화 작업이 수행될 때 인덱스를 사용하는 것. 그룹화 작업을 최적화하거나 인덱스를 활용하여 성능을 개선할 수 있는지 확인해야 한다.

Using where Using index condition	쿼리에서 WHERE 절을 처리하는 방식을 나타내며, 필요한 경우 WHERE 절 조건 항목들을 최적화하여 인덱스를 효과적으로 사용하도록 변경하거나, 불필요한 조건을 줄이는 등의 작업을 고려해야 한다.
Using sort_union()	병합 작업에서 정렬을 수행하는 것을 나타낸다. 성능상 문제가 될 여지가 있다면 정렬을 최적화하여 성능을 향상시켜야 한다.
Using join buffer (Block Nested Loop, Batched Key Access)	조인 수행 중 중간 데이터 결과를 저장하는 조인 버퍼를 사용한다는 의미이다. 성능을 개선하기 위해 조인 버퍼 크기를 조정하거나 인덱스를 사용하여 조인 작업을 최적화해야 할 수도 있다.
Using join buffer (Block Nested Loop)	조인 수행 중 중간 데이터 결과를 저장하는 조인 버퍼를 사용한다는 의미이다. 성능을 향상시키기 위해 조인 버퍼의 크기나 조인 방식을 조정할 필요가 생길 수 있다.
Using temporary	데이터 중간 결과를 저장하고자 임시 테이블을 사용하는 것. 임시 테이블은 메모리나 디스크에 생성되어 쿼리 결과를 저장하는 용도로 사용된다. 임시 테이블을 사용하는 것은 성능에 영향을 줄 수 있으므로, 쿼리를 재작성하거나 인덱스를 추가하여 임시 테이블의 필요성을 줄일 수 있다. 보통 Distinct, Group By, Order By 구문 등이 포함된 경우 출력된다.
Using filesort	정렬 작업을 위해 파일 정렬을 수행하는 것. 이미 정렬된 인덱스를 사용하면 추가적인 정렬 작업이 필요 없지만, 인덱스를 사용하지 못할 경우 정렬을 위해 메모리에 올리므로 성능에 부담을 줄 수 있는 작업이다. 정렬이 필요한 쿼리의 경우 인덱스를 올바르게 사용(이미 정렬된 인덱스를 생성)하거나 정렬을 애플리케이션에서 최적화하는 등의 방법을 고려해야 한다.

정리하자면 select_type 기준으로는 SIMPLE, PRIMARY, DERIVED가 성능이 좋고 type 기준으로는 system, const, eq_ref가, extra의 경우는 Using index가 성능이 좋으므로 나머지 사항에 대한 실행 계획들을 튜닝 대상 후보로 넣고 속도를 측정해보아야 한다.

성능 테스트를 할 경우 애플리케이션 서버는 DB 서버와 다르게 비슷한 사양으로 준비하는 게 비용 부담이 크지는 않다. 하지만 DB 서버는 애초에 성능이 좋은 서버를 구비하기 때문에 성능 테스트 전용 장비를 하나 더 구성하기엔 비용 부담이 클 것이다.

당연히 프로덕션 장비에서 성능 테스트를 하기 어렵고, 대신 사양이 비슷하게 맞춰진 스테이지 장비에 데이터 덤프 등을 활용하여 성능 테스트 전용 DB를 만드는 것을 추천한다. 그것도 힘들다면 개발용 장비에서 더미 데이터를 생성한 후 인덱스 실행 계획과 쿼리 수행 속도를 꼭 점검해보아야 한다.

SQL 튜닝은 실제 데이터셋과 성능이 안 좋게 나오는 쿼리의 식별, 쿼리 튜닝 포인트 등을 자세히 알아야 가능한 영역이다. 이론만으로는 면접에서 개념 정도만 설명 가능할 것이고, 실제 데이터를 가지고 실습을 해야 얻어지는 것들이 있으므로 가급적 SQL 전문 서적으로 공부해보기 바란다. 실습을 해보고 싶다면 다양한 예제 데이터가 담겨 있는 도서 『업무에 바로 쓰는 SQL 튜닝』(한빛미디어, 2021)을 추천한다.

커넥션 사이즈 조절

시스템의 요청 작업 증가 또는 슬로우 쿼리 발생은 커넥션을 얻기 위한 대기 시간 증가로 이어질 수 있다. 따라서 쿼리 튜닝과 함께 성능 테스트를 반복하면서 커넥션의 적정한 사이즈를 확보해야 한다. 초당 요청 쿼리 수$^{\text{Queries per Second}}$(QPS)를 산정하고 애플리케이션의 최대 피크 시간을 감안한 사이즈를 설정한다. 이는 성능 테스트를 통해서 가늠할 수 있다.

당연히 DB 서버의 성능을 바탕으로 피크 시간의 수용 가능 커넥션의 최대치를 측정해야 한다. 즉, 커넥션 수를 설정할 때는 시스템의 부하를 고려하여 최적의 값을 찾는 것이 중요하다. 모니터링과 성능 테스트를 통해 실제 사용 사이즈에 맞게, 즉 초당 처리할 수 있는 쿼리의 최대 수를 바탕으로 조정하는 것이 좋다.

트래픽이 많다고 커넥션 풀 사이즈를 더 크게 만드는 게 정답이라고 생각하면 안 된다. 실제 HikariCP의 개발자인 Brett Wooldridge가 작성한 HikariCP Wiki의 'About Pool Sizing' 페이지[8]를 보면 커넥션 풀 사이즈를 2048개에서 96개로 줄였을 때 응답 시간이 100ms에서 2ms 로 50배 향상되었다는 리포트[9]가 있다.

커넥션 풀의 사이즈가 너무 작다면 부족한 연결로 인해 대기 시간이 증가할 수 있고, 너무 큰 풀은 과부하를 일으켜 오히려 성능이 저하될 수 있다. HikariCP의 자료에 의하면 적절한 풀 사이즈를 구하는 공식은 다음과 같다.

```
Optimal Pool Size = ((Core Count * 2) + Effective Spindle Count)
```

- **Core Count**: 애플리케이션 서버의 CPU 코어 수
- **Effective Spindle Count**: 데이터베이스 스토리지의 디스크(또는 SSD) 개수

이 공식은 CPU 코어 개수와 디스크 I/O 성능을 고려하여 적정한 커넥션 풀 사이즈를 산정하는 방식이다. 만약, **서버 CPU 코어가 8개이고 스토리지 디스크가 2개**라면 Optimal Pool Size = ((8 * 2) + 2) = 18이라는 결과가 나온다. 즉, 최적의 커넥션 사이즈는 18이 된다는 뜻이다. TPS를 고려한 계산 방식은 다음과 같다.

---

[8] https://github.com/brettwooldridge/HikariCP/wiki/About-Pool-Sizing
[9] https://www.youtube.com/watch?v=_C77sBcAtSQ

$$\text{Optimal Pool Size} = \frac{\text{Target TPS} \times \text{Average DB Response Time (s)}}{1 - \text{DB Server Utilization}}$$

그림 7-8 TPS를 고려한 커넥션 풀 사이즈

- **Target TPS**: 목표하는 초당 트랜잭션 수
- **Average DB Response Time**: 데이터베이스 응답 시간(초 단위)
- **DB Server Utilization**: 현재 DB 서버의 활용률(0~1 사이의 값, 예: 0.7 → 70% 활용 중)

목표 TPS가 500이고, DB 응답 시간이 0.05초, DB 서버 활용률이 70%일 때를 가정해서 산정해보면 다음과 같다.

$$\text{Optimal Pool Size} = \frac{500 \times 0.05}{1 - 0.7} = \frac{25}{0.3} = 83.3$$

그림 7-9 TPS를 고려한 커넥션 풀 사이즈 예제 산정 값

즉, 최적의 커넥션 풀 사이즈는 약 83개인 것이다. 물론 이는 서버의 사양(CPU 코어와 디스크)과 예상되는 동시 접속자를 통해 예상 TPS를 산정해야 적정한 풀 사이즈를 구할 수 있으므로, 산정 후 모니터링을 통해 적절한 튜닝을 해줘야 한다. 여기에 DB의 최대 연결 수(max_connections)를 고려해야 하고, 불필요한 커넥션이 유지되는 걸 방지하기 위해 idleTimeout과 maxLifetime 설정도 산정해둬야 최적의 커넥션 풀 사이즈를 설정하여 성능을 최대로 끌어올릴 수 있다.

중복 쿼리 제거

애플리케이션 성능에서 가장 간단하면서 가장 큰 효과를 볼 수 있는 방법은 DB 접근 횟수를 줄이고 인덱스 Hit 등을 통해 응답 시간을 개선하는 것이다. 결국 **DB 쿼리 동작이 병목을 일으키는 가장 큰 요인이므로, 해결책은 DB 액세스 횟수 자체를 줄이는 것**이다.

그러기 위해서 중복 쿼리 제거는 필수적인 튜닝이며 이와 함께 캐싱을 도입한다면 성능을 끌어올릴 수 있다. 쓸데없는 쿼리가 중복으로 실행된다던가 로직에서 과하게 DB를 액세스하는 부분들이 있다면 이를 더 줄여야 한다. 읽어온 쿼리를 바탕으로 로직 레벨에서 처리할 수 있는 것들은 최대한 로직으로 풀어내야 한다. 또 조회해야 할 대상 테이블이 많아 조인join 구문이 복잡하고 depth가 깊다면, 애플리케이션에서 이 조인 관계를 풀어주고 따로 호출해준다. 그 후 각 데이터를 머지merge하거나 로직 레벨에서 대상 테이블을 추린 뒤, 2차로 타겟 테이블을 호출하여 건수를 좁히는 방식으로 실행 속도를 개선할 수 있다. 조인된 테이블 간 Primary Key를 통해 먼저 가져와야 할 데이터를 애플리케이션에서 구하고, 다시 그 키를 통해 Foreign Key나 필터링 조건으로 두 번째 타겟을 구해와서 머지 혹은 필터 등을 수행하여 결과물을 리턴하는 형태이다.

조인 관계를 풀어내는 것은 MSA 설계 시 레거시 테이블을 분리하는 전략으로 유용하게 사용되는 기법 중 하나이므로 반드시 기억해두기 바란다.

캐싱

데이터 사이즈는 크지만 잘 변하지 않는 경우나 코드성 테이블은 캐싱 솔루션을 도입하여 성능 향상을 꾀할 수 있다. 가장 널리 쓰이는 것은 별도로 레디스[10]를 구축하여 사용하거나 Ehcache나 멤캐시드Memcached[11]와 같은 인-메모리 캐싱을 통해 API 콜이나 DB의 데이터 검색 횟수를 줄이는 방식이 있다. 레디스는 DB 접근보다는 빠르고 애플리케이션과 분리하여 구축하기에 서버 측의 부담이 덜 하다는 장점이 있다. 하지만 별도의 장비로 구축해야 하는 단점이 있고 커넥션을 맺는 과정과 네트워크 비용도 고려해야 한다. 또 조회 프로그램이나 모니터링 툴을 추가하는 등 운영 비용이 추가로 생기는 단점이 있다.

일반적으로 Ehcache는 멤캐시드에 비해 고급 기능이 많고, 멤캐시드는 단순하고 가벼워서 분산 환경에서 더 많이 쓰인다. 신입사원은 당연히 서비스 운영 경험이 거의 없기 때문에 대용량 데이터를 처리하는 경험을 기대하기는 현실적으로 어려운 일이다. 다만 **큰 사이즈의 데이터를 처리하는 원론적인 방법은 존재하기에 관련 공부를 했는지** 한 번은 물어볼 수도 있다. 그래서 일반적으로 많이 쓰이는 방법을 짚어봤다.

사용자가 수십만 수준일 때와 수백만, 수천만을 대상으로 하는 서비스는 아키텍처가 다르다. 분산 처리할 대상 서비스도 늘어나고 서버를 용도에 맞게 분리하기도 하고 DB도 복제 기능을 필수로 마련해야 한다. RDBMS가 아닌 다른 용도의 DB형 솔루션을 추가하거나 비동기로 처리해야 하는 포인트도 늘어난다. 7.3절의 [그림 7-5]에서 나타난 바와 같이 특정 성격의 API에 트래픽이 집중된다면, 서버 관점에서도 대용량 데이터 처리를 해소할 수 있게 개선해야 하지만 DB 관점에서 더 급격하게 쌓이는 데이터들을 처리하기 위한 기법을 통해 일정 수준까지는 개선할 수 있다. 다음 내용을 통해 기본적인 조치들을 알아보자.

---

10 Remote Dictionary Server. 오픈소스 기반의 고성능 키-값 데이터베이스로 캐싱이나 Pub/Sub 메시징 서비스로 쓰인다.

11 참고: https://memcached.org

7.5.4 대용량 테이블의 처리 기법

Write, Read 분리와 복제

가장 많이 적용하는 기법이다. 대부분의 데이터베이스는 리플리케이션(복제)을 자체적으로 지원하기 때문에, 몇 가지 설정만으로 쉽게 적용이 가능하다. 리플리케이션은 보통 원본 데이터를 복사하여 리얼 타임에 근접하게 다른 물리 DB에 자동으로 적재해 가용성과 안정성을 확보하기 위해 쓰인다. 주 용도는 백업 및 복구인데 대량 데이터 처리를 위해서도 사용할 수 있다.

보통 리플리케이션은 Read/Write를 수행하는 마스터 DB와 이 데이터들을 복제하는 역할인 읽기 전용 슬레이브 DB 장비들로 구성한다. 대용량 테이블을 조인해서 수행하는 데이터 분석이나 사이즈가 큰 데이터들을 조회하여 큐와 같은 별도의 애플리케이션에서 전송해야 할 때 트랜잭션이 일어나고 있는 마스터 DB에 접근하면 DB의 성능 저하가 우려되고, 실제 서비스는 마스터 DB를 바라보고 있으므로 장애 부담이 있을 수 있다.

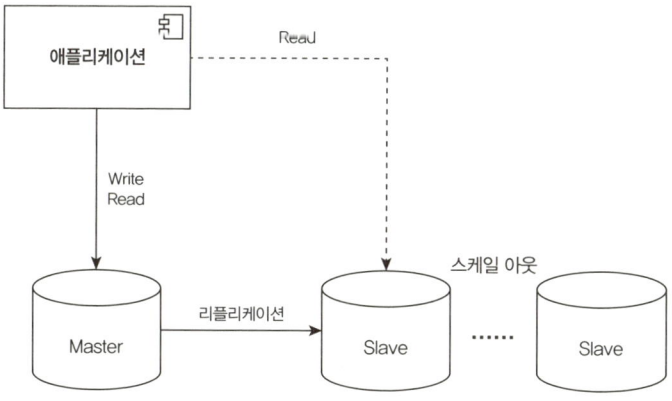

그림 7-10 DB 리플리케이션

이럴 때 읽기 전용으로 구축한 슬레이브 DB에서 조회 위주의 작업을 수행하게 함으로써 마스터의 사용 리소스를 분담할 수 있게 된다.

DB는 애플리케이션 서버와 다르게 운영 중에 스케일 업이 어렵다. 따라서 리플리케이션을 확장하여 가상 IP(virtual IP)로 묶어 HA(High Availability)로 구축하는 것이 일반적이다. 슬레이브 장비들을 스케일 아웃으로 구성하여 운영하는 것도 하나의 확장 방식이다. 단, 슬레이브 사양이 낮으면 실시간 복제 시 복제 지연이 발생할 가능성이 높고 대량 데이터 처리 시 버퍼 오버플로가 발생할 수 있다. HA는 새로 네트워크가 변경되어 슬레이브가 마스터 역할을 하기까지 시간 차로 발생하는 네트워크 단절(순단)이 발생하고, 이 순단 시점에는 데이터 소실이 있을 수 있다. 따라서 마스터와 슬레이브의 사양 차이를 최소화할 필요가 있다.

파티셔닝

테이블 파티셔닝은 하나의 테이블을 여러 개의 작은 단위로 분할하여 테이블 제약 조건에 따라 저장, 보관하는 방식을 말한다. 물리적으로 여러 개의 테이블을 생성하는 게 아닌 논리적인 측면에서 테이블 분할 설계를 의미한다. 다만 실제 데이터 파일들은 여러 개의 물리 파일로 분리되어 보관될 것이다. 이는 성능 및 관리 효율을 향상하고 쿼리 조건(예를 들어 고객의 구매 이력을 연도별로 조회)을 기반으로 데이터를 분리하면 슬로우 쿼리를 해소하는 데 도움이 될 것이다.

설계 시 데이터 사이즈가 시간에 비례해서 늘어난다거나 데이터가 큰 테이블에서 select, insert, update가 빈번하게 일어나서 인덱스 역시 영향을 받을 거라고 예상된다면 파티셔닝을 통해 인덱스를 분할하는 효과를 기대할 수 있다.

보통은 기간이나 값의 범위 같은 것으로 분할하거나 특정 칼럼의 값을 해싱(hashing)하여 저장할 파티션을 선택하는 방식으로 진행한다. 파티셔닝 전략은 수직 분할(vertical partitioning)과 수평 분할(horizontal partitioning)로 구분 지을 수 있다.

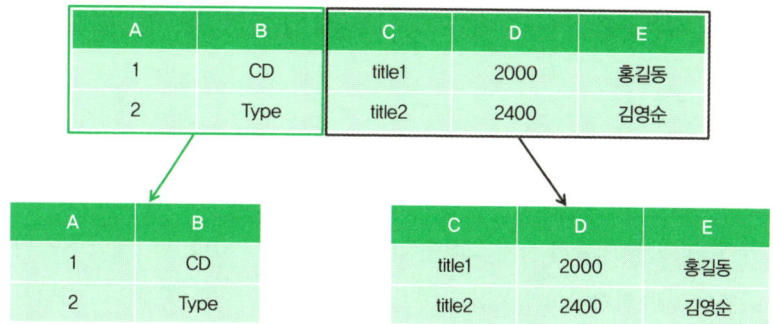

그림 7-11 수직 분할

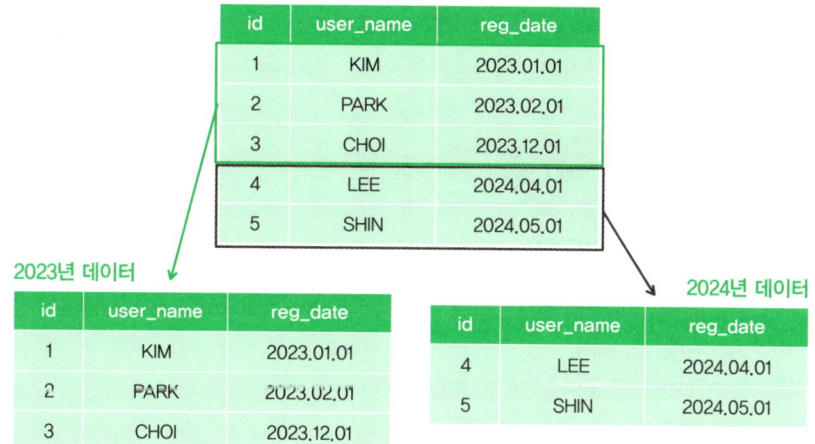

그림 7-12 수평 분할

수직 분할은 테이블 칼럼을 기준으로 나누는 기법이다. 자주 사용하는 칼럼 등을 분리시켜 성능 향상을 꾀한다. 같은 PK를 유지하면서 특정 칼럼을 테이블로 분할하는 기법이기도 하다. 자주 사용하는 칼럼의 테이블 사이즈를 줄여 캐싱 효율이 증가하고, 테이블 락의 발생 빈도가 줄어든다. 대신 테이블 엔터티가 복잡해지기 때문에 join 연산이 좀 더 많아진다. user 테이블을 필수 조회 조건인 userId, userEmail, userName 등을 포함하는 user 테이블과 주소, 생년월일 등 부수적인 정보를 가진 user_detail 테이블로 나누는 방식은 수직 분할의 한 예시이다.

수평 분할은 데이터 개수를 기준으로 나누고 이를 통해 인덱스 성능 향상을 기대하는 방법이다. 행 단위로 범위를 나누어 테이블을 분할하기 때문에 조회 성능을 끌어올리고 테이블의 사이즈를 분할하여 저장할 수 있다. 단, 테이블 간의 비용 증가나 애플리케이션의 복잡도 증가가 수반되므로 어떤 전략으로 파티셔닝해야 할지 분석을 꼼꼼히 한 후 파티셔닝 범위를 정해야 한다. 예를 들어 주문 내역을 월별, 연도별로 쪼개 저장하는 방식이 이에 해당한다. 테이블 파티셔닝을 위한 구문은 다음과 같다.

```
CREATE TABLE tablename (
    table_id INT NOT NULL AUTO_INCREMENT,
    table_date DATE NOT NULL,
    table_value INT NOT NULL,
    PRIMARY KEY (table_id)
) PARTITION BY RANGE (table_value) (
    PARTITION t0 VALUES LESS THAN (10000),
    PARTITION t1 VALUES LESS THAN (50000),
    PARTITION t2 VALUES LESS THAN (100000),
    PARTITION t3 VALUES LESS THAN MAXVALUE
);
```

샤딩

회원이 몇천만 명인 쇼핑몰을 예로 들어보자. 회원의 아이디와 패스워드, 쿠폰, 배송 주소 등의 정보를 사용하므로 사용자가 로그인해서 물건을 구매하기까지 수십 번 회원 테이블에 액세스할 것이다. 마찬가지로 내 구매 내역에서 몇 년에 걸친 구매 히스토리를 조회할 수도 있다. 구매 내역은 활성 사용자가 많은 쇼핑몰일수록 기하급수적으로 쌓이기 마련이다. 흔히 J 커브를 그리며 급성장하는 회사는 몇천만~몇억 row는 우습기 때문에 대용량 데이터 처리 지식이 필수다. 아무리 조회 조건을 잘 설계하고 인덱스를 잘 태운다 하더라도 물리적인 사이즈 자체가 크므로 성능 문제가 발생할 수밖에 없다. 이때 파티셔닝으로도 해결이 안 되는 시점이 올 수 있다.

회원처럼 비교적 증가량이 많지 않은 큰 사이즈의 테이블(몇천만 명 단위가 사용하는 상용 쇼핑몰은 일정 시점부터는 회원이 많이 늘지 않는다.)은 쿼리 실행 속도가 늦을 경우 쿼리 튜닝 정도로 해소할 수 있다. 하지만 빈번하게 트랜잭션이 일어나는 주문/반품/환불 데이터나 주문에 비례해서 쌓이는 배송 정보, 내 구매 내역 등은 데이터 사이즈만큼이나 지속적으로 select, insert, update가 발생해 시간이 지날수록 슬로우 현상이나 장애를 유발할 수 있다. 조회 속도 저하, DB 밀림 등의 문제가 발생할 것이고 이 시점에 조치하기에는 늦은 감이 있다. 이럴 때 DB 증설이나 샤딩sharding을 고려할 수 있다.

샤딩은 데이터를 분할하여 저장하는 방식이다. 동일 DB에서 테이블을 논리적으로 분리하는 게 파티셔닝이라면 샤딩은 서로 다른 물리 DB에 분산하여 저장하는 것이다. 큰 사이즈의 테이블을 여러 개의 DB로 분할함으로써 각각의 데이터베이스에서 처리할 수 있는 양의 효율화를 추구하고 성능 및 확장성의 향상을 목표로 한다.

① **범위 샤딩**

범위 샤딩Range Sharding은 샤딩 키의 값에 따라 데이터 범위를 정의하고, 해당 범위에 따라 데이터를 특정 샤드에 저장하는 방법이다.

- **특징**
  - **데이터 분포의 효율성**: 특정 범위의 데이터를 한 샤드에 저장하므로, 데이터의 논리적 그룹이 잘 유지된다. 예를 들어 날짜나 알파벳 순서와 같이 연속적인 키값이 많은 경우, 연관 데이터가 같은 샤드에 저장된다.
  - **범위 쿼리에 최적화**: 샤딩 키의 범위로 샤드를 구분하므로 특정 범위 내의 데이터를 조회할 때 한두 개의 샤드에만 접근하면 되기 때문에 성능이 좋다. 주로 날짜 범위나 연속된 키값을 조회할 때 유리하다.
  - **비균등한 데이터 분포 가능성**: 특정 범위에 데이터가 몰려 있을 때, 그 범위에 해당하는 샤드에 부하가 집중될 수 있다. 데이터가 불균등하게 분포된 경우 샤드 간의 부하가 매우 불균형해질 수 있다.
  - **확장 용이성**: 새로운 샤드를 추가하거나 기존 샤드를 제거할 때, 특정 범위의 데이터만 이동시키면 되므로 리밸런싱이 비교적 쉽다.

범위 기반 접근이 많은 경우, 예를 들어 날짜별 로그 데이터나 ID가 연속적인 데이터를 조회하여 범위 쿼리가 주로 발생할 때 사용하면 효율적이다.

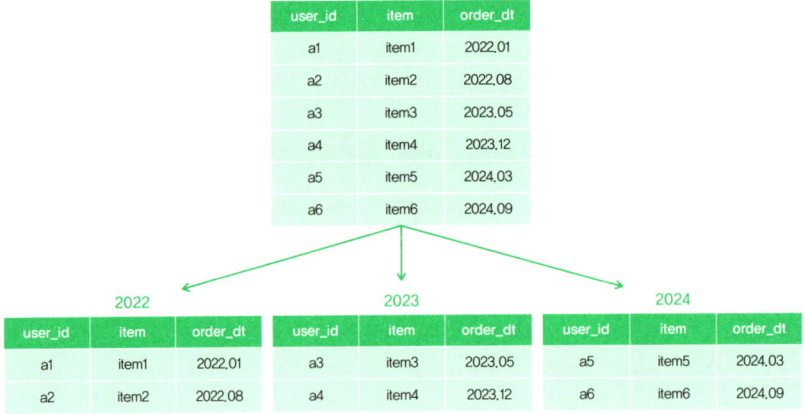

그림 7-13 Range Sharding

② 해시 기반 샤딩

해시 기반 샤딩Key-based Sharding은 데이터베이스에서 데이터를 분산 저장할 때, 특정 샤딩 키(Sharding Key)를 해시 함수에 입력하여 해시 값을 생성하고, 그 값을 기반으로 데이터를 저장할 샤드(Shard)를 결정하는 방법이다.

- **특징**
  - **균등한 분산**: 해시 함수는 데이터를 고르게 분산시키는 데 최적화되어 있어, 데이터가 모든 샤드에 균등하게 저장된다. 이는 데이터의 분포가 균등하지 않더라도 모든 샤드에 거의 동일한 양의 데이터가 저장되도록 할 수 있다.
  - **데이터 접근 속도**: 특정 데이터를 조회할 때 해시 함수의 결과로 샤드를 결정하므로, 데이터를 찾는 과정이 매우 빠르다. 이는 시간 복잡도 $O(1)$에 가까운 검색 성능을 제공한다.
  - **확장성 문제**: 새로운 샤드를 추가하거나 기존 샤드를 제거할 때 대부분의 데이터를 재분산해야 할 수 있다. 해시 함수가 변경되면 기존 데이터의 해시 값도 모두 재계산해야 하기 때문에, 시스템 전체의 큰 리밸런싱이 필요할 수 있다.
  - **단순한 데이터 접근 패턴**: 주로 키를 기반으로 데이터를 조회하거나 업데이트하는 단순한 패턴에 적합하다. 범위 쿼리가 많은 경우 비효율적일 수 있다.

균등한 데이터 분포가 필요한 경우 데이터가 고르게 분산되지 않거나, 데이터 키가 특정 범위에 집중되는 경우에도 모든 샤드에 데이터를 균등하게 분배할 수 있다. 또한 데이터 조회 및 수정 작업이 특정 키에 대한 접근으로 이루어지는 경우 성능이 뛰어나다. 예를 들어 사용자 ID 기반으로 데이터를 조회하거나 업데이트하는 경우에 적합하다고 할 수 있다.

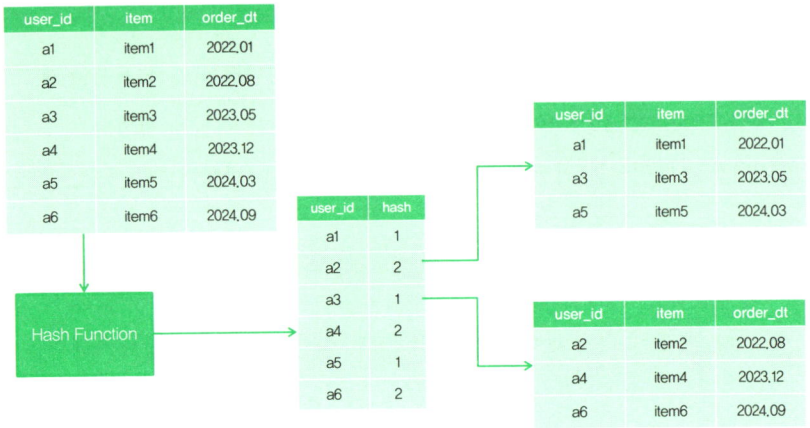

그림 7-14 Key-Based Sharding

보통은 대상 테이블을 분석해서 샤딩 키를 기준으로 범위를 나누어 테이블 PK와 같은 키값 베이스로 데이터를 저장하거나 해시로 변환하여 균등하게 분산 저장하는 방식으로 개발을 진행한다. 진행 시에 기존 데이터는 대상 데이터에 맞게 마이그레이션을 진행해야 한다.

마이그레이션이 끝나고 샤딩 데이터를 사용할 수 있는 시점이 되면 원본 DB와 샤딩이 적용된 새 DB 양쪽에 저장하는 단계를 거친다. 애플리케이션에서 분할 저장이 안정화되면 양쪽에 저장하던 부분을 제거하는 방식으로 마무리된다.

7.5.5 분산 처리를 위한 서버 확장 전략과 아키텍처 개선

> Q. 로드 밸런싱load balancing의 역할과 로드 밸런싱에 쓰이는 알고리즘에 대해서 설명해주세요. 이 알고리즘 중에서 라운드 로빈round-robin 형태의 동작 방식을 자바(혹은 본인의 주 언어) 코드로 설명해볼 수 있을까요?

다음의 그림부터 살펴보자.

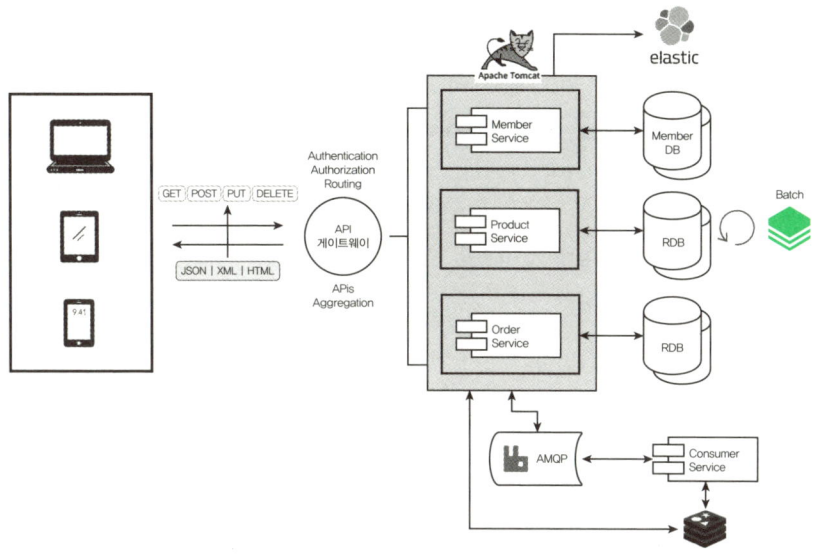

그림 7-15 MSA 구성도 예시

MSA(마이크로서비스 아키텍처)로 서비스하는 일반적인 자바/스프링 기반의 애플리케이션을 구성해보았다. MSA로 서비스를 구성한다는 것은 트래픽과 부하 분산을 하기 위한 조치이기 때문에 MSA로 가기 직전까지는 서버의 앞단에 로드 밸런서load balancer를 두고, 뒷단에는 캐시cache를 두어 서버 자원을 스케일링하는 것을 염두에 두고 아키텍처를 구성할 것이다. Nginx, HAProxy, 클라우드 기반 ELB(AWS, GCP 등) 등을 통해 가용한 애플리케이션 서버에 전달할 것이다. 애플리케이션 서버는 수평 확장scale-out이 용이하도록 구성하며 이때 캐시나 MQ 등을 통한 비동기 처리 등을 동반하거나 캐시 레이어를 별도로 구성하는 등의 확장을 구성하게 될 것이다. DB는 스케일 업scale-up으로 한계가 있기 때문에 읽기 전용 복제를 구성하거나 NoSQL을 도입할 수도 있고, 기존 RDB의 파티셔닝 혹은 샤딩을 고려해볼 수 있다.

이 시점부터 비즈니스 모듈의 분리를 통한 도메인 전용 DB를 구성하고 별도의 서버를 구성하기 시작할 텐데, 이 시점이 MSA의 초기 모델이 될 것이다. 다 살펴본 것은 아니지만 일일 수천만 단위의 트랜잭션이 쌓이는 곳은 대부분 MSA로 구성되어 있을 것이다. 회사마다 구성하는 방법론은 다를 수 있으나 보통 앞서 설명한 **비즈니스 도메인별 구성**을 많이 채택할 것이다.

그러나 애초부터 MSA 환경으로 구축하는 회사는 네카라쿠배 혹은 금융 회사 등 대형 서비스나 글로벌 서비스를 오픈해야 하는 경우, J 커브를 그리며 급성장 국면에 진입한 회사 등으로 제한된다. 이를 제외하면 대부분 7.3 '기본적인 웹 환경의 아키텍처 설명하기'에서 언급한 [그림 7-3]이나, [그림 7-4] 정도의 아키텍처 구성을 채택할 것이라 생각한다.

이런 상황에서 모바일 앱을 서비스하며 트래픽이 100~300퍼센트 이상 증가하게 된다면 [그림 7-5]와 같은 기능별 모듈 단위로 뜯어서 확장하는 형태를 띠기도 할 것이다. 이 시점부터는 역할에 따른 모듈을 별도로 구성하고, 스케일링을 염두에 둔 설계를 통해 확장성을 확보해야 한다. 동시에 캐싱과 비동기 아키텍처를 적용하여 트래픽을 분산 처리하고, 역할에 맞는 DB 구성을 구조화해야 더 많은 트래픽을 감당할 수 있는 확장 가능한 아키텍처의 기초 단계를 만들 수 있다. 그러다 모듈간 강결합된 탓에 장애가 퍼진다거나, 주 서비스와 관계없는 모듈들을 별도의 API 서버들로 분리하는 작업을 시작하는 단계에 이르면 MSA와 비슷한 구조의 아키텍처를 구성하게 된다.

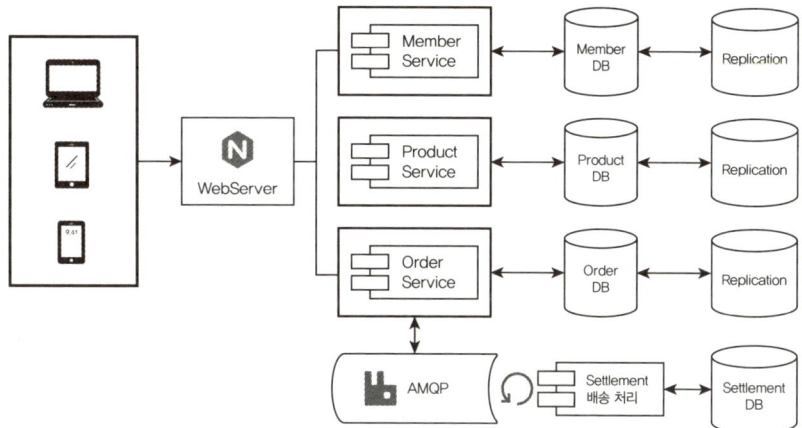

그림 7-16 도메인 분리를 통한 초기 MSA 아키텍처

규모에 따라서 API 게이트웨이API gateway를 앞단에 두고 인증(Authentication), 인가(Authorization)나 Rate Limiting, Quata 제한, 엔드포인트 호출 후 요청한 메디에이션mediation을 지정한 대로 연결해주기도 한다.

주로 RESTful 아키텍처에서 동작하는 것이 주류이기 때문에 API(JSON)을 통해 독립적인 데이터에 접근하며 필요한 데이터들은 aggregation하여 Client 레벨에 제공하므로 각 도메인과 영역을 분리할 수 있다. 이 상황이 [그림 7-15]와 같은 형태로 발전된 아키텍처라고 볼 수 있다. 이처럼 초기 모델부터 트래픽이 증가하기 시작하는 시점의 아키텍처 구성과 도메인별 구성, 큐나 캐싱, DB 리플리케이션, 비즈니스 모듈별 분리 단계를 거치는 서버 확장 전략을 올바르게 이해하고 있다면 기술 면접에서 각 단계에서 어떤 문제가 발생하고 어떤 조치들을 통해 해소할 수 있는지 설명할 수 있을 것이다.

특히나 [그림 7-15]에 이르면 API 게이트 웨이를 도입해야 하고, API 게이트웨이에서 처리해줘야 하는 범위도 초기와 중기, 후기에 따라 지속적으로 기능이 확대되기도 한다.

정리하자면 API 게이트웨이는 여러 개별적인 마이크로서비스로부터 클라이언트 요청을 받아 적절한 서비스로 라우팅하고 요청과 응답을 처리하는 역할을 한다. 그리고 다음과 같은 상세한 기능을 제공하기도 한다.

- 단일 진입점(Single Entry Point) 제공
- 라우팅과 로드 밸런싱
- 인증(authentication), 인가(authorization), 보안(security)
- API 버전 매칭 및 통합 애그리게이션
- 모니터링과 로깅

API 게이트웨이가 필요 없는 규모라면(모놀리식보다는 큰 방식이지만 API 게이트웨이까지는 필요 없는 규모) 웹 서버에서 간소한 기능을 맡고 뒷단에 도메인별 마이크로서비스를 제공하는 것도 방법이다.

그러나 부하 분산이 꼭 아키텍처를 다 들어내서 다시 구성하는 방식으로만 처리할 수 있는 것은 아니다. 분산 처리를 위한 솔루션으로 비동기 메시지 시스템도 있고 소프트웨어적인 조치로 LB를 앞에 추가해주어 트래픽을 분산시키는 방법도 있다. 기존 서버 구조에서 별도의 서버를 추가하는 형태로도 얼마든지 부하 분산이 가능하다. 지금부터 부하 분산을 위한 기본적인 추가 방법에 대해서 알아본다.

로드 밸런싱

특정 시점이 지나면 웹 애플리케이션은 복잡해지며 거대해진다. 당연히 데이터에 쌓이는 건수의 크기도 늘어나며 사용자가 늘어나 요청 또한 기하급수적으로 늘어나기 마련이다. 단순히 서버의 스케일 아웃이나 애플리케이션 튜닝만으로는 비용을 최적화하지 못한다.

소프트웨어의 기능이나 성능도 중요하지만 결국 회사는 비용을 최적화하여 유휴 자원의 낭비를 없애야 이익에 기여하게 된다. 따라서 당연히 모든 애플리케이션은 가용성, 확장성을 고민하지 않을 수 없다. 로드 밸런싱은 서버의 트래픽을 적절히 분배하여 가용성을 높이는 가장 대표적인 방법이다. 소프트웨어 또는 하드웨어의 기술로 여러 대의 서버나 네트워크 디바이스에 분산된 트래픽을 균등하게 분배하여 시스템의 성능, 가용성, 안정성을 향상시킨다. 대표적으로는 L4/L7 스위치를 통해 트래픽을 분산한다.

L4 로드 밸런서는 IP 주소와 포트 번호를 사용하여 로드 밸런싱을 수행한다. 이는 서버에서 IP 주소와 포트 번호를 사용하여 서버로 들어오는 트래픽을 여러 대의 서버로 분산시킨다. TCP 및 UDP 기반 전송 계층 프로토콜을 사용하며 성능과 속도 측면에서 단순하고 안정적인 로드 밸런싱을 수행한다.

L7 로드 밸런서는 OSI 모델의 최상위 레이어인 애플리케이션 레이어에서 동작하는 로드 밸런서이다. 응용 계층에서는 트래픽을 HTTP 헤더, 요청 URL, 쿠키, 세션 등의 애플리케이션 레이어 특성을 기반으로 분산시킨다. L7 로드 밸런서는 더 고급 기능을 제공하기 때문에 L4보다는 더 복잡한 웹 애플리케이션에 사용된다. 요청 내용에 따라 분배하기 때문에, 세밀한 서버 요구사항에 부합하게 로드 밸런싱을 처리할 수 있다.

스위치나 라우터, 로드 밸런싱 전용 장비 등 하드웨어적인 처리도 가능하지만 장비 구매나 확장, 유지보수 비용 등의 문제로 개발 조직에서는 소프트웨어적인 형태의 부하 분산 처리를 좀 더 많이 알아두어야 한다. 소프트웨어적인 로드 밸런서는 더 저렴하고 쉽게 구현할 수 있다. 따라서 거대한 규모의 서비스에 적용할 수 있는 하드웨어 장비를 투입하기 전까지는 상당 부분 비용을 절감할 수 있다. 요청을 처리하는 서버에서 로드 밸런서가 정상 동작한다고 할 때 요청 트래픽(Request per second)이 두 배, 세 배가 되면 서버의 요청 처리 한계로 인해 일부 처리는 실패하게 된다. 이때 서버를 늘리고 로드 밸런서에 연결하면 부하가 분산이 되며 안정화가 될 것이다.

이렇게 서버를 늘리며 각 서버에 차례로 요청을 전송해 처리하는 방식을 라운드 로빈 방식이라고 한다. 제일 간편한 부하 분산 처리 방식이다. 당연히 서버의 성능이 동일할 경우, 동일한 요청 기반에서 가장 잘 동작한다. 그러나 서버 성능은 스펙상 동일해도 요청이 동일하게 호출되는 건 굉장히 단순한 애플리케이션에 국한된다. 따라서 다양한 사이즈의 요청을 처리할 수 있어야 하고 어떤 요청은 때에 따라 서버 처리 비용이 많이 들 수도 있다. 이러한 요청이 실패로 처리되면 서버의 사양을 올리든지 다른 형태의 해결책(튜닝이나 부하 분산 방식의 변경 등)을 찾아야 한다. 다시 말하면 서버 처리 시간이 증가하거나 요청의 크기에 따른 분산을 처리하기에는 라운드 로빈은 한계가 있다.

이때 가중 라운드 로빈weighted round robin 방식이 해결책이 될 수 있다. 이른바 가중치를 두고 트래픽을 분산하는 방식이다. 특정 서버에 더 많은 요청을 처리하게 비중을 조정하는 것이 적합한 애플리케이션에서는 적당한 분산 처리 방식이다. 개발자가 설정한 서버 가중치를 통해 요청을 처리하는 것 또한 한계가 있다. 애플리케이션의 기능이 다양해지고 데이터가 쌓일수록 요청의 편차는 애초에 기대한 것과 달리 많이 바뀌기 때문이다. 따라서 이 방식보다는 서버의 처리 시간이나 지연 시간 등을 수치화하여 동적으로 가중치를 두는 방식으로 처리하는 게 훨씬 안정적일 것이다. 이 방식을 다이나믹 가중 라운드 로빈Dynamic Weighted Round Robin이라고 한다.

리스트 커넥션least connections 방식의 로드 밸런서는 서버에 전달하는 요청과 처리 지연을 통해 가장 처리량이 적은 서버를 우선순위로 지정해서 전송할 수 있다. 현재 연결 수가 가장 적은 서버에 우선적으로 요청을 보내고, 가중치를 부여해서 서버별 부하 분산을 처리할 수 있다. 이밖에 IP Hash나 Least Response

Time 등의 로드 밸런싱 알고리즘이 있다.

로드 밸런싱 관련 기술은 다양한 오픈소스 라이브러리로 공개되어 있다. 대표적으로 넷플릭스에서 개발한 리본[12]이나 HAProxy[13]가 있다. 리본은 넷플릭스에서 자체적으로 사용하는 마이크로서비스 아키텍처의 로드 밸런싱 라이브러리 오픈소스이다. HAProxy는 아마도 제일 많은 사용처를 가진 고성능 로드 밸런서일 것이다. 소개 문구에 다음과 같이 쓰여져 있다.

> HAProxy는 매우 빠르고 안정적인 무료 리버스 프록시로 고가용성, 로드 밸런싱, TCP 및 HTTP 기반 애플리케이션에 대한 프록시를 제공합니다. 특히 트래픽이 매우 많은 웹사이트에 적합하며 전 세계에서 가장 많이 방문하는 웹사이트의 상당 부분을 지원합니다.
>
> ...중략...
>
> 스스로 광고하지 않기 때문에 관리자가 보고해야만 사용 중이라는 사실을 알 수 있습니다.

HAProxy의 주요 특징은 다음과 같은 것들이 있다.

- 리버스 프록시: HAProxy는 클라이언트 요청을 받아 백엔드 서버로 전달하는 리버스 프록시로 동작 가능하다. 클라이언트는 HAProxy 서버를 대상으로 요청을 보내며 HAProxy가 요청을 받아 적절한 백엔드 서버로 전달하여 응답을 받는다.

- 고가용성: HAProxy는 서버 그룹에 속한 서버들의 상태를 주기적으로 모니터링하여 정상적으로 동작하지 않는 서버를 자동으로 감지하고 제외시킨다.

- 세션 피너링: HAProxy는 클라이언트와 백엔드 서버 간의 세션을 연결하여 동일한 클라이언트 요청이 항상 같은 백엔드 서버로 전달되도록 할 수 있다.

- SSL 오프로딩: HAProxy는 SSL 암호화/복호화 처리를 대신 수행하여 백엔드 서버의 부하를 줄일 수 있다.

---

[12] 참고: https://github.com/Netflix/ribbon
[13] 참고: https://github.com/haproxy/haproxy

- ACL(Access Control List): HAProxy는 ACL을 사용하여 요청을 필터링하고 특정 규칙에 따라 트래픽을 다르게 처리할 수 있다.

HAProxy 로드 밸런서에 대해서 좀 더 자세히 알고 싶다면 공식 홈페이지[14]를 방문해보길 바란다.

Nginx에서도 리버스 프록시로 동작하여 로드 밸런싱을 할 수 있다. Nginx의 upstream 블록을 통해 기본적인 라운드 로빈 로드 밸런싱을 사용할 수 있으며 이 밖에도 Weighted Round Robin이나 리스트 커넥션, IP Hash 등의 설정을 지원한다. 간단하게 라운드 로빈 방식으로 처리하는 알고리즘 코드를 살펴보자.

코드 7-1 RoundRobinLoadBalancer.java

```java
import java.util.List;

public class RoundRobinLoadBalancer {
    private List<String> serverList;
    private int currentIndex = 0;

    public RoundRobinLoadBalancer(List<String> serverList) {
        this.serverList = serverList;
    }

    public String getNextServer() {
        int index = currentIndex % serverList.size();
        currentIndex++;
        return serverList.get(index);
    }
}
```

14 참고: https://www.haproxy.org

```java
    public static void main(String[] args) {
        // 서버 목록 설정
        List<String> serverList = List.of("1번 서버", "2번 서버", "3번 서버");
        RoundRobinLoadBalancer loadBalancer = new RoundRobinLoadBalancer(serverList);

        // 10개의 요청을 처리할 서버 선택
        for (int i = 0; i < 10; i++) {
            String server = loadBalancer.getNextServer();
            System.out.println("요청 " + (i + 1) + "번째 " + server + "로 진입");
        }
    }
}
```

단순하게 요청을 서버에 순차적으로 연결하는 방식으로 코드를 작성하였다. 여기에서 리스트 커넥션으로 변경해보자. 리스트 커넥션 방식은 서버 연결 시 서버가 받은 요청 개수를 가지고 있어야 하고, 서버의 연결 해제 상태도 알고 있어야 좀 더 간단한 테스트가 가능하다.

코드 7-2 LeastConnectionsLoadBalancer.java

```java
import java.util.ArrayList;
import java.util.HashMap;
import java.util.List;
import java.util.Map;

public class LeastConnectionsLoadBalancer {
    private List<String> serverList;
    // 서버 연결 수를 측정하기 위해 (서버, 연결 수)의 HashMap을 사용
    private Map<String, Integer> connectionsCountMap;
```

```java
    public LeastConnectionsLoadBalancer(List<String> serverList) {
        this.serverList = new ArrayList<>(serverList); // serverList 복사
        this.connectionsCountMap = new HashMap<>();
        // 서버 추가 후 연결 수는 초기화함
        for (String server : serverList) {
            connectionsCountMap.put(server, 0);
        }
    }

    public synchronized String getNextServer() {
        String nextServer = null;
        int minConnections = Integer.MAX_VALUE;

        for (String server : serverList) {
            int connections = connectionsCountMap.get(server);
            if (connections < minConnections) {
                minConnections = connections;
                nextServer = server;
            }
        }

        connectionsCountMap.put(nextServer, connectionsCountMap.get(nextServer) + 1);
        return nextServer;
    }

    // 서버 연결 수 감소
    public synchronized void releaseConnection(String server) {
        int connections = connectionsCountMap.get(server);
        if (connections > 0) {
            connectionsCountMap.put(server, connections - 1);
        }
    }

    public static void main(String[] args) {
```

```java
        List<String> serverList = List.of("1번 서버", "2번 서버", "3번 서
버");
        LeastConnectionsLoadBalancer loadBalancer = new LeastConnectionsL
oadBalancer(serverList);

        // 요청을 분산하여 처리
        for (int i = 0; i < 10; i++) {
            String server = loadBalancer.getNextServer();
            System.out.println("요청 " + (i + 1) + " 번째 " + server+ "로 진
입");
        }

        // 서버1의 연결 수를 2회 감소
        loadBalancer.releaseConnection("1번 서버");
        loadBalancer.releaseConnection("1번 서버");

        // 추가적인 요청
        for (int i = 0; i < 5; i++) {
            String server = loadBalancer.getNextServer();
            System.out.println("추가 요청 " + (i + 1) + " 이 연결된 서버 = "
+ server);
        }
    }
}
```

nextServer와 minConnection에 최초에는 서버에 요청 수를 기록하고 요청이 있을 때마다 HashMap에 커넥션을 통해 releaseConnection이 있으면 요청을 감소하여 최소 연결 서버 수를 알아낼 수 있다. 실행 결과를 살펴보자.

```
요청  1 번째 1번 서버로 진입
요청  2 번째 2번 서버로 진입
요청  3 번째 3번 서버로 진입
```

```
요청  4 번째 1번 서버로 진입
요청  5 번째 2번 서버로 진입
요청  6 번째 3번 서버로 진입
요청  7 번째 1번 서버로 진입
요청  8 번째 2번 서버로 진입
요청  9 번째 3번 서버로 진입
요청  10 번째 1번 서버로 진입
추가 요청 1 이 연결된 서버 = 1번 서버
추가 요청 2 이 연결된 서버 = 1번 서버
추가 요청 3 이 연결된 서버 = 2번 서버
추가 요청 4 이 연결된 서버 = 3번 서버
추가 요청 5 이 연결된 서버 = 1번 서버
```

추가 요청 전에 1번 서버의 `releaseConnection`을 통해 강제로 연결을 해제하였으므로 추가 요청이 1번 서버로 먼저 진입하는 것을 확인할 수 있다. 이와 같은 코드와 알고리즘을 좀 더 연구한다면 웹 서버나 오픈소스 솔루션들의 동작 방식도 이해할 수 있을 것이다.

아키텍처 개선

앞서 [그림 7-10]과 같이 MSA는 하나의 큰 애플리케이션을 여러 개의 작은 애플리케이션으로 쪼개어 서비스들을 연결하는 개념의 분산 아키텍처이다. 이름도 마이크로서비스microservices 아키텍처이다. 통신 방법은 HTTP를 이용한 RESTful 아키텍처를 베이스로 하기 때문에 과거에 나온 Event Bus나 SOA(서비스 지향 아키텍처)에 비해서 진입 장벽 자체는 낮은 편이다.

주로 업무별, 비즈니스의 기능 단위로 분리하고 서비스 결합도를 낮추어 연관 서비스 간의 통신을 통해 클라이언트의 요청을 처리한다. 이 방식의 형태는 [그림 7-5]로 예시를 들은 바 있다. API 성격에 맞는 구조화를 추구하거나 업무 단위별로 모듈을 설계한다면 가벼운 모듈 단위로 빌드와 배포를 수시로 할 수 있다는 장점이 있다. 즉, MSA로 가기까지의 부담이 줄어들고 가급적 적은 인원으로 적은 프로젝트를 유지시킬 수 있는 장점이 있다. 한 애플리케이션이지만 배포 모듈을 성격별로 구조화하여 세 개의 모듈로 나눈다고 가정해보면 이해가 쉬울 것이다. 물론 모놀리식 형태보다는 API 간 서버 통신이 위주이기 때문에 인증이나 접근 키 관리 등을 해주어야 하는 번거로움이 있을 수 있고, 내부 통신(Internal 혹은 Server to Server 방식의 연동)과 외부 통신(External 혹은 Client to Server) 모듈도 각각 구분 지어줘야 해서 구조는 좀 더 복잡해질 수 있다. 하지만 기능 단위 배포와 서비스 결합도를 낮추는 분산 처리의 이점을 고려하면 충분히 시도해볼 만할 것이다.

만약 이 정도 규모로 처리가 안 될 것 같다면 부하 분산을 위한 중간 레벨의 작은 규모 API 게이트웨이 정도(로깅과 인증, 인가 정도만 구성한)로 분산을 시켜줄 수 있다. MSA 아키텍처 스타일의 정의는 다양하다. 정해진 방법이나 정답이 있다기보다 회사의 스케일이나 업무 방식에 따라 조금씩 상이하다. 그래도 정형화된 형태를 가진 편에 가까운데 규모나 클라우드 환경 여부에 따라 적용해야 할 기술의 범위가 방대해지고 연결 방법 또한 달라진다.

다만 조직의 비즈니스 상황에 맞게 역량이 받쳐준다면 기능 단위의 레이어로 본연의 기능들을 분리하고 배포를 용이하게 만드는 방향으로 준비하는 게 초기 설계로 바람직하다. 비즈니스의 스케일에 따라 업무나 비즈니스의 분리부터 시작하여 물리적인 서버 분리 형태로 갈 수 있고 클라우드 환경을 지향한다면 기능 단위의 세분화된 서버 아키텍처와 설정 환경 분리, 서비스 디스커버리service discovery와 같은 형태로 복잡하고 거대한 서비스가 가능해진다.

MSA로 전환할 경우 장단점은 다음과 같다.

장점

- 도메인 서비스별 독립적인 구조로 개발할 수 있다.
- 독립적인 구조로 스케일이 작다 보니 변경이 용이하고 빌드/테스트 단위가 작아진다.
- 특정 서비스만 스케일 아웃을 할 수 있다.
- 생산성을 높이고 빠르게 변화하는 환경에 효과적이다.
- 서비스별로 특성에 맞는 언어/리소스를 구성할 수 있다.
- 트래픽이 급증하는 서비스에 적합하다.

단점

- 데이터 비정규화를 통해 API 호출 횟수를 줄이려는 경향이 있기 때문에 좀 더 많은 데이터/디스크/중복 코드 등이 발생한다.
- 통합 테스트를 하기가 어렵다.
- 데이터를 조립하여 뷰를 제공하는 방식이 모놀리스보다 훨씬 복잡하다.
- 기본적으로 메서드 호출 방식의 모놀리식에 비해 HTTP 통신을 통해 서비스를 제공하다 보니 Network I/O 비용이 발생할 수밖에 없다. 그러나 성능이 좋은 하드웨어와 트래픽이 몰릴 때 유연한 확장성, 캐싱 등 속도 문제를 해결할 수 있는 다양한 옵션이 존재한다.
- 모놀리스에 비해 더 많은 부가 기술과 리소스가 필요하다.
- 트랜잭션이 불편하다.
- 관리 포인트가 늘어난다.
- 개발 인력이 더 필요하다.

MSA를 구축할 때 가장 경계해야 할 지점은 인력과 기술의 오버 엔지니어링이라고 생각한다. 적정 수준의 구조화를 통해 MSA로 전환할 시에 기술 도입에 치중하면 회사가 감당 가능한 인력보다 더 많은 인력이 필요할지도 모른다. 이는 기술 도입 검토 단계에서 기술의 적합성, 도입 가능성을 보수적으로 판단하지 않으면 기술도 인력도 오버하는 상황이 벌어질 수 있다는 말이기도 하다. 굳이 더 잘게 쪼 개지 않아도 될 서비스(비즈니스 도메인 경계에 대한 명확한 정리), API 게이트 웨이가 필요하지 않은데 도입하는 서비스(이상적 기술 계층의 선택) 등을 잘 판단해야 할 것이다.

그런 의미에서 [그림 7-3]의 경우 MSA로 전환하기 어려운 사이즈의 서비스라면 검토해볼 만한 규모의 아키텍처이다. 웹 서버 레벨에서 리버스 프록시를 통한 엔트리포인트를 일원화하고 업무 단위(Internal API와 External API 혹은 Public API와 Private API) 모듈로 API 서버군을 두고 비동기 아키텍처나 캐싱 정도의 별도 서버를 구동한다면 MSA로 가기 전까지 모놀리식의 문제를 대부분은 해소해줄 수 있다.

막상 MSA를 도입하다 보면 적용하거나 알아야 할 기술이 너무 많아 개발 인력이든 서비스 자체든 피로도가 급증한다. 서킷브레이커, 이벤트 드리븐, 스키마 변경, 분산 트랜잭션, 서비스 디스커버리 등 적용해야 할 것들이 많으므로 적정 수준의 경계를 긋고 이를 근거로 도메인이나 스킬셋을 적용해야 한다. 예를 들어 커머스라면 상품과 회원만 별도로 분리한다든지 주문과 배송, 회원, 상품 정도만 분리한다든지 하는 식으로 업무 경계만 명확해도 서비스 분산과 아키텍처의 개선을 이루어낼 수 있을 것이다.

콘웨이의 법칙을 떠올려보자. MSA 아키텍처 스타일에 대한 정확한 정의나 정답은 없다. 따라서 조직의 구조나 업무의 구성에 맞게 아키텍처의 방향을 정하는 것이 중요하다. 인터넷을 거쳐 모바일과 태블릿, 셋톱박스 등을 이용한 애플리케이션의 스케일이 커짐에 따라 클라이언트뿐만 아니라 서버 간의 통신까지 고려한다면 현재로서는 MSA 환경이 가장 이상적인 환경이다.

7.5.6 비동기 메시지 처리

> Q. 한 온라인 사이트에서 특정 상품의 구매 이력이 있는 회원에게 간단한 설문을 요청한 후 제출하면 자동으로 1만 원 상당의 스타벅스 기프티콘을 주는 이벤트를 한다고 가정합니다. 하루 동안 진행되고, 판매사와의 계약 관계 등을 고려해 정시에 오픈 후 목표한 기프티콘이 소진되면 이벤트를 종료한다고 할 때 어떤 방식의 아키텍처를 고려해야 할까요?

당일 이벤트이기 때문에 아마 몇 분 이내에 접속이 폭주할 것이고 트래픽 증가 여파로 애플리케이션 서버와 DB가 먹통이 될 가능성이 매우 높을 것이다. 늘 그렇듯 질문의 의도부터 고민해보자.

적어도 두 가지 관점에서 아키텍처를 고려해야 한다. 하나는 트래픽 처리이다. 시작 시간이 오전 9시라면 9시 이후부터 구매 페이지 트래픽 증가, 구매 이후 설문 페이지 트래픽 증가, 기프티콘 전송 프로세스 증가 등이 예상된다.

또 하나는 재고의 소진으로 인한 재고 관리이다. 상품 재고는 고객사가 감당한다고 해도 기프티콘을 다 줄 수는 없으니 대략 1만 명 정도로(1만 원씩 1만 명이면 1억 원이 소요된다. 1회성 마케팅에 1억 원을 집행한다면 꽤 중요한 이벤트라고 볼 수 있다) 제한을 두어야 하고 그 이상의 응모는 손실금이 발생할 것이다. 이 두 가지 문제의 해결책을 고민해보자. 한 문제만 해결하는 답변을 하면 반쪽짜리 대답이다. 이때 내부에서 응모 결과를 처리하는 로직을 간단히 상상해보면 다음과 같다.

> (1) 로그인 회원 중 구매 이력이 있는 회원에게 이벤트 페이지 클릭 유도(푸시 알림이든 구매 이후 보이는 이벤트 페이지든), 페이지 이동 후 설문 응모
> (2) 설문 응모 완료 시 로그인 정보를 통해 해당 ID로 회원 테이블에서 전화번호 조회

(3) 기프티콘 쿠폰 생성(혹은 생성된 풀에서 추출) 후 수량 차감

(4) 카카오 알림톡 등 기프티콘을 전송할 수 있는 솔루션을 이용하여 해당 전화번호로 기프티콘 전송

(5) 유저에게 정상 응답 출력

이 프로세스를 기프티콘 재고가 소진될 때까지 반복한다고 해보자. 핵심 로직인 응모의 전체 플로우가 2번부터 시작이라고 보면 응모 버튼 클릭 후 완료 메시지 출력까지 최소 2~3초는 걸릴 것이고 트래픽이 몰릴수록 더 느려질 것이다.

이때 클라이언트 측에 응모 완료 응답을 빠르게 내보내고 뒷단에서 별도의 프로세스로 응모 결과를 처리하게 하여 분산하는 것을 메시지 큐로 처리할 수 있다. 그렇게 로직을 작성할 리는 없겠지만 이 이벤트를 한 트랜잭션으로 묶게 된다면 트래픽이 몰릴수록 장애 유발 가능성은 상당히 높아진다.

이벤트 페이지를 위한 전용 서버는 개발 시점에 별도로 확보하여 트래픽에 대비할 수 있지만 DB는 즉시 확장하기도 쉽지 않다. 더군다나 2~5번이 반복되며 과부하가 발생하고, 2번외 회원 정보 조회 건수에 비례해시 회원 테이블은 조회가 현저히 느려지게 된다. 로그인이나 회원 가입과 상관없는 2번 로직의 부하 때문에 아예 사이트 로그인도 안 되는 전면 장애가 발생하게 되는 것이다.

이때 이벤트 페이지를 위한 로직으로 응모 즉시 응답 값을(HTTP Status 200 혹은 201) 비동기로 내려주고, 내부에서 DB 처리에 의존하지 않고 큐와 같은 중간 메시지 전송 단계를 둔다면 클라이언트는 응모 즉시 응모 완료 메시지를 받고 끝날 것이다.

이 단계에서 중요한 것은 두 번째로 고려해야 할 재고의 소진이다. DB에서 재고 수량을 차감한다고 하면 DB에도 update로 인한 병목이 발생한다. 이를 해

결하기 위해 앞단에서 인메모리 장비를 활용하여 재고를 차감할 수 있다. 레디스는 기본적으로 싱글 스레드 기반으로 동작하며, 하나의 명령어가 실행되는 동안 다른 명령어가 실행되지 않는다. 이는 모든 클라이언트 요청을 단일 프로세스가 처리한다는 의미로 한 번에 하나의 명령만 실행되며, 모든 요청은 순차적으로 처리된다. 하지만 I/O 멀티플렉싱을 활용하여 여러 클라이언트 요청을 동시에 처리할 수 있으며, 이를 통해 블로킹 없이 많은 수의 네트워크 요청을 처리할 수 있다.

레디스는 빠른 읽기/쓰기 성능을 제공하므로 **재고 관리 시스템의 캐싱 또는 실시간 재고 업데이트에 적합하다**. 이러한 특성은 Pub/Sub을 통해 상품 ID나 SKU[15]를 키로 사용하여 재고 수량을 저장하고 수량 변경 이벤트를 전파하는 데 유용하다. 하지만 메시지가 영구 저장되지 않는 레디스 특성상, **데이터 영속성 및 정합성이 중요한 경우 단독 사용은 위험할 수 있다**. 따라서 DB나 메시지 큐 등을 통한 정합성 체크나 데이터 손실 방지를 같이 병행하는 등의 아키텍처 보완이 필요하다.

이벤트 종료 시간이 정해져 있다면 데이터 만료 기능을 설정하여 재고가 특정 시간 이후 자동으로 만료되도록 처리할 수 있다. 따라서 시간 제약이 있는 이벤트를 지원하기에 적합한 솔루션이다. 물론 트래픽이 많아서 쓰기 처리에서 병목이 발생할 수 있고, 영속 데이터가 아니기 때문에 데이터 손실도 발생할 수 있다. 그래서 클러스터 구축이나 분산 처리를 위한 아키텍처 고려, 로그 등의 백업 정책 등이 필요하다. 또 총재고 수와 주문 건수는 RDB에 저장하여 양쪽의 데이터 정합성을 체크해두는 것도 좋은 방법이다. 비즈니스적으로는 10개 내외의 재고를 보상을 위한 안전 재고 형태로 가지고 있는 것도 좋은 방식이라고 할 수 있다. 애플리케이션 뒷단에서는 응모 버튼을 누른 사용자의 정보만(아이디와 설문 정보, 응모 시간 정도) 응모용으로 만든 별도의 테이블에 한 건 삽입하고,

---

[15] Stock Keeping Unit. 개별 상품에 대해 재고를 관리하기 위한 목적으로 사용되는 식별 코드

응답을 내려주면 별다른 로직이 없으므로 트래픽이 증가하더라도 굉장히 가볍게 대응할 수 있다.

나머지는 배치 같은 별도의 프로세스로 응모 완료 테이블을 조회하여 리플리케이션 장비에서 고객 전화번호 데이터를 추출한다. 그리고 응모 처리 큐에 적재하고 큐를 바라보고 있는 다른 Consumer 인스턴스가 수량을 차감한다. 그 후 기프티콘 처리를 맡아서 알림톡이나 SMS까지 보낸다면 유저가 응답까지 대기하는 시간이 길지 않다. 그래서 별다른 부하나 슬로우 쿼리의 병목 없이 이벤트를 처리하게 된다.

재고 관리와 트래픽에 대한 트랜잭션 분리의 관점에서 MQ도 좋은 대안이 될 수 있다. 결국 하나의 트랜잭션으로 묶어서 DB에 의존하기보다 MQ를 통해 비동기 처리가 가능해지고 트래픽이 몰릴 때 처리 방식을 분산할 수 있다. 또한 데이터를 메모리 대신에 디스크에 저장하여 데이터 유실을 방지할 수 있다. 이를 통해 알 수 있는 메시지 큐를 이용한 비동기 처리의 특성은 다음과 같다.

- 비동기 메시지를 사용하여 다른 응용프로그램 사이에 데이터를 송수신(Asynchronous, 비동기)
- 클라이언트에 대한 동기 처리는 병목의 요인이므로 비동기로 처리해도 될 영역에 대해서는 큐를 통해 분리해서 처리한다.(Interoperability, 상호운용성)
- 결국 분산 환경에서 애플리케이션들을 분리하고 독립적으로 확장하기 위해서 사용하며, 기능별로 모듈 구성이 용이하다.(Scalability, 확장성)
- 요청에 대한 응답을 기다릴 필요가 없기 때문에 각 영역의 역할만 신경 쓰면 된다. 애플리케이션 레벨에서 영역별로 분리할 수 있다.(Abstraction of concerned, 관심사의 추상화)
- 즉시 처리하지 않아도 나중에 다시 처리가 가능하다.(Reliability, 신뢰성)

AMQP

Advanced Message Queuing Protocol의 약자로, 흔히 알고 있는 MQ의 오픈소스에 기반한 표준 프로토콜을 의미한다.

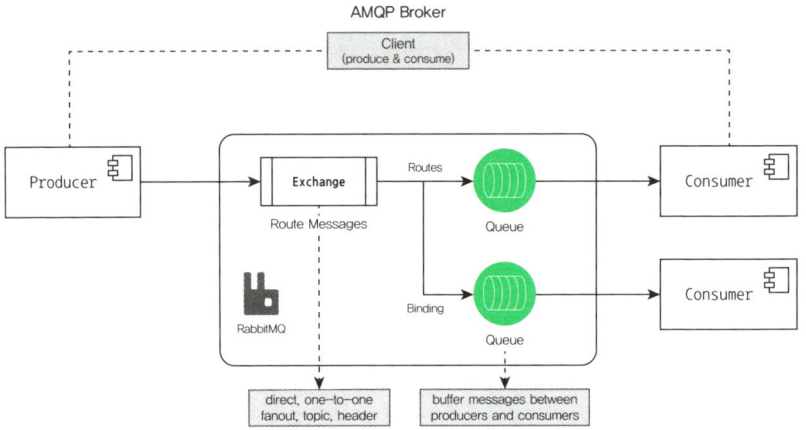

그림 7-17 AMQP

Request 데이터나 DB 처리를 한 데이터 메시지를 AMQP의 라우터인 Exchange에 담으면 이 메시지들이 큐에 의해 메모리나 데이터에 저장된다. Exchange 방식에 따라 바인딩되는 큐와 매칭되는 메커니즘이 달라지며 바인딩된 큐를 수신하는 Consumer 애플리케이션에 의해 소진되는 방식이다.

이전에도 상용화된 MQ 제품들은 많았다. 하지만 대부분 플랫폼 종속적인 제품들이었기 때문에 서로 다른 기종 간에 메시지를 교환하기 위해서는 메시지 포맷 컨버전을 위한 메시지 브릿지를 이용하거나(속도 저하 발생), 시스템 자체를 통일시켜야 하는 불편함과 비효율성이 있었다. 즉, AMQP는 서로 다른 시스템 간에 비용, 시간 측면에서 최대한 효율적으로 메시지를 교환하기 위한 MQ 프로토콜인 것이다. 이전 프로토콜과 비교하여 개선된 아키텍처로서 다음과 같이 동작한다.

- 모든 브로커와 클라이언트는 똑같은 방식으로 동작할 것
- 네트워크상으로 전송되는 명령어들의 표준화
- 프로그래밍 언어에서 중립적일 것

AMQP를 이용한 솔루션 중에는 래빗MQ가 가장 많이 사용되고 있다. 동작 방식은 간단하다. 애플리케이션은 Produce를 생성하여 지정된 Exchange에게 보내면 Exchange가 큐에게 분배한다. 이 큐는 라우팅 키$^{Routing\ Key}$로 식별할 수 있고 Consumer는 키를 가지고 큐에 들어온 메시지를 수신하여 처리한다. AMQP의 라우팅 모델은 다음과 같은 세 개의 중요한 컴포넌트들로 구성된다.

- Exchange: Publisher로부터 수신한 메시지를 적절한 큐 또는 다른 exchange로 분배하는 라우터의 기능을 한다.
- Queue: 일반적으로 알고 있는 큐이다. 메모리나 디스크에 메시지를 저장하고, 그것을 consumer에게 전달하는 역할을 한다.
- Binding: exchange와 큐의 관계를 정의한 일종의 라우팅 테이블. 같은 큐가 여러 개의 exchange에 바인딩될 수도 있고, 하나의 exchange에 여러 개의 큐가 바인딩될 수도 있다.

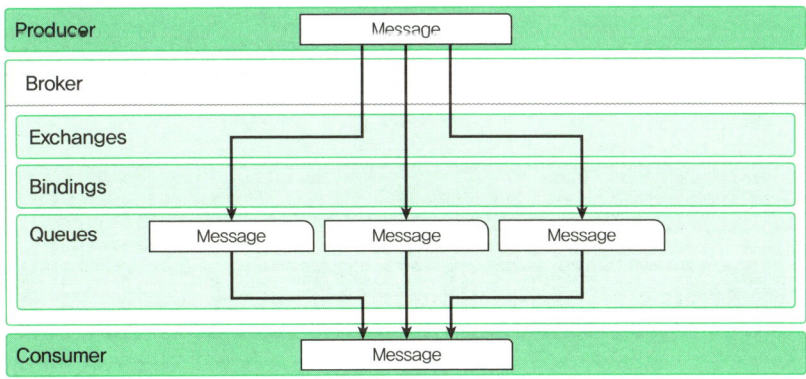

그림 7-18 Routing Model Components

그 외에 라우팅 키는 Publisher에서 송신한 메시지 헤더에 포함되는 것으로 일종의 가상 주소라고 간주하면 된다. Exchange의 종류로는 다음의 네 가지가 있다.

- Direct Exchange: Exchange에 바인딩된 큐 중에서 메시지의 라우팅 키와 매핑되어 있는 큐로 메시지를 전달한다(1:N). 하나의 라우팅 키를 이용해 여러 큐로 메시지를 라우팅할 수 있다. 가장 일반적인 방식으로는 큐의 이름을 바인딩하고자 하는 라우팅 키와 동일하게 작성하는 것이 있다.

- Topic Exchange: Exchange에 바인딩된 큐 중에서 키워드의 와일드카드를 이용해서 메시지를 큐에 매칭시키는 방법이다. 라우팅 키는 '.'으로 구분된 단어의 집합으로 작성하고, 와일드카드 문자들을 이용해서 매칭되는 특정 큐에 바인딩한다.
[예시] user.stock이라는 키라면 *.stock이나 user.* 로 바인딩할 수 있다.

- Fanout Exchange: Exchange에 바인딩된 모든 메시지를 모든 큐로 라우팅하는 유형이다. 1:N 관계의 메시지 브로드캐스트 용도로 사용한다.

- Header Exchange: 키-값으로 정의된 헤더에 의해 라우팅을 결정한다. 큐를 바인딩할 때 x-match라는 특별한 argument로 헤더를 어떤 식으로 해석하고 바인딩할지를 결정한다.

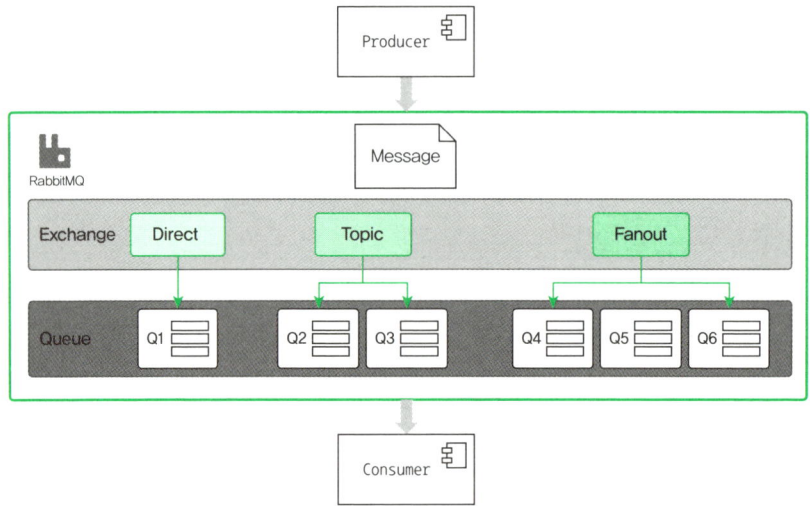

그림 7-19 Exchange 유형에 따른 처리 흐름

AMQP를 구현한 MQ들을 비교하면 다음과 같다. 래빗MQ 이외에는 잘 쓰이지 않으므로 참고만 하자.

- **래빗MQ**^{RabbitMQ}: 경량적인 오픈소스 메시지 브로커로써 라우팅, 로드 밸런싱 또는 지속적인 메시지 대기열과 고급 기능을 제공한다. 구현 스펙이 간단하므로 래빗MQ를 통해 비동기로 처리하는 방식을 쉽게 적용할 수 있다는 장점이 있다. 중앙 노드의 메시지 덩치가 커지면 레이턴시가 느려지거나 확장성이 떨어질 수 있다.
- **제로MQ**^{ZeroMQ}: 금융 시스템에서 볼 수 있는 것과 같이 높은 처리량, 낮은 대기 시간 시나리오를 위해 설계된 매우 가벼운 메시징 시스템이다. 다만 래빗MQ와 달리 구현해야 할 부분이 더 많아 실무에서는 래빗MQ를 좀 더 선호하는 편이다.
- **액티브MQ**^{ActiveMQ}: 제로MQ와 래빗MQ의 중간 포지션이다. 다양한 시나리오를 구현하기는 래빗MQ처럼 쉽지만 약간의 성능 손실이 있을 수 있다.

자바로 작성한 AMQP 예제를 확인하고 싶다면 다음 깃 링크를 참고하자. tutorial-step1부터 나머지 브랜치들을 통해 단계별 코드를 살펴봐도 좋고, 코드만 보고 이해하기 어렵다면 인프런의 '비동기 아키텍처 한방에 해결하기' 강의를 참고해도 좋다.

- **AMQP 예제**: https://github.com/villainscode/HelloMessageQueue

7.5.7 스케일 아웃과 스케일 업

> Q. 서버 증설 시 어떠한 기준을 가지고 수평 확장, 수직 확장을 고려해야 할까요?

서버 트래픽이 폭증하여 웹 애플리케이션 성능이 저하되면 확장을 고려하여야 한다. 단순히 서버 증설의 개념보다는 클라우드 환경으로 넘어가면서 필요에 따라 서버를 늘리거나 줄이는 형태이다. 또는 고성능 처리를 위한 서버를 별도의 아키텍처로 구성하는 방향으로 트래픽을 분산, 처리하는 형태로 확장하고 있는 추세이다. 이를 수평 확장과 수직 확장이라고 표현한다.

- **수평 확장(스케일 아웃)**: 서버의 대수를 늘려서 처리량을 향상시킨다. 보통 클라우드 환경에서 트래픽이 몰릴 경우를 대비해서 애플리케이션 서버들을 필요에 따라 늘리거나 줄일 수 있다. 트래픽을 분산함으로서 시스템의 처리량을 향상시킨다.

온라인 쇼핑몰의 특정 기간 한정 이벤트, 할인 쿠폰을 떠올려보면 이해가 쉽다. 보통 하루 10만 정도의 DAU[16]가 몰리는 쇼핑몰에서 고객을 유인하는 이벤트를 기획했다면 그 기간 동안 접속자 수가 평소보다 많길 기대할 것이다. 두 배가 됐든 세 배가 됐든 혹은 일시적으로 몇 배의 트래픽이 몰리든 서버의 수평 확장을 고려해야 한다. 이때 7.5.1절 내용을 통해 미리 트래픽에 따른 한계치 트래픽 규모를 산정하여 서버를 추가하고 로드 밸런서를 통해 트래픽을 분산함으로서 운영 안정성을 확보해야 한다.

이처럼 서버의 부하가 지속적으로 높은 경우, 혹은 일시적으로 트래픽이 늘어날 것이 분명할 경우 요청 대기시간 증가를 예측할 수 있기 때문에 스케일 아웃을 고려해야 한다. AWS는 서비스 운영 시점에 정의한 일정한 규칙(임계치 설정)에 따라 Amazon EC2 인스턴스 수를 자동으로 증가 또는 감소시킬 수 있다.

단점으로는 적은 규모의 서버 운영에 비해 세션 관리나 데이터 정합성 처리가 복잡할 수 있고, 단일 서버일 때보다 여러 대의 서버 운영으로 인한 비용(인적 자원, 시스템 자원 등의 비용)이 추가될 수 있다.

- **수직 확장(스케일 업)**: 서버의 사양을 높여 성능을 향상시킨다. 보통 DB의 경우 서버 증가에 따른 운영과 비용상의 문제로 스케일 아웃보다는 스케일 업으로 고사양 서버를 구축하여 운영하는 것이 보편적이다.

---

16 Daily Active Users. 일일 활성 사용자

기존 서버의 CPU나 메모리가 부족하여 트래픽을 처리하지 못해 응답 오류가 지속적으로 늘어난다면 더 높은 성능의 CPU나 추가적인 메모리를 장착, 혹은 더 강력한 고사양 서버로 교체하여 성능 향상을 도모할 수 있다. 단일 트랜잭션 비즈니스 로직이 매우 복잡하거나 대량의 데이터 처리가 필요하고 통계와 집계, 배치 등의 프로세스가 주 업무인 서버라면 스케일 업을 고려할 수 있다. 보통 CPU 사용량이 60퍼센트를 초과하고 메모리도 60퍼센트를 초과하여 지속적으로 증가할 때 스케일 업을 고려해야 한다.

서버 성능이 무한하지는 않기 때문에 리소스 한계가 있으나 스케일 아웃을 통한 서버의 분산 처리 비용보다는 관리가 용이하다는 장점이 있다. 단, 교체 시점에 다운 타임이 있으므로 이에 대한 대비책이 있어야 한다.

7.6 API 설계에서 고려해야 할 것들

> Q. API를 설계할 때 필요한 기본 원칙들과 시원사가 API를 작성할 때 가장 중요하게 생각하는 요소에 대해서 설명해주세요.

과거에는 비교적 다양한 형태의 Content Type을 지원하였으나 최근에는 RESTful 아키텍처를 적용한 API를 통해 JSON으로 데이터를 전송하는 형태가 제일 많이 이용되고 있다. 일단 HTTP 프로토콜을 통해 표준화된 리소스 접근 방법을 제공하고 데이터(메시지)를 교환할 수 있다. 따라서 몇 가지 API 설계 원칙만 지킨다면 '잘 만들어진 API 인터페이스'를 제공할 수 있다.

REST는 URI로 지정한 리소스에 대한 조작을 통일되고 한정적인 인터페이스로 수행하는 아키텍처 스타일이고 URI로 표현되는 리소스와 HTTP 메서드(POST, GET, DELETE, PUT)를 통해 자원에 대한 행위를 요청한다. 요청 뒤에는 자원에 대한 행위의 내용(Representation, 요청에 대한 Body 응답)을 대부분 JSON 타입으로 응답하는 형태이다.

API 디자인에 대한 원칙과 모범 사례best practice는 REST API Tutorial[17]과 애피지Apigee에서 2012년에 발표한 Web API Design – Crafting Interfaces that Developers Love[18](개발자에게 사랑받는 웹 API 인터페이스 만들기)에서 세부적인 내용을 살펴볼 수 있다.

API 디자인 시 지켜야 할 원칙을 10개의 항목으로 정리해보았다. REST는 비교적 자유로운 인터페이스이기 때문에 강제하지는 않지만 이 원칙들만큼은 지켜야 한다.

① URL 룰

계층 표현은 슬래시(/)로 표현하되 마지막에는 슬래시를 사용하지 않아야 한다.

Bad	Good
http://domain.com/orders/1/	http://domain.com/orders/1

② 언더바(_) 대신 대시(-)를 사용한다

대시는 단어의 결합으로 인한 정확한 표현이 불가피할 경우 사용한다.

---

[17] 참고: https://restfulapi.net/resource-naming
[18] 참고: https://pages.apigee.com/rs/apigee/images/api-design-ebook-2012-03.pdf

Bad	Good
POST http://domain.com/create-order	POST http://domain.com/orders

③ 소문자를 사용한다

일관된 URI를 사용해 가독성과 단순함을 지향한다. API 설계는 일관성이 핵심이다. 모호성을 최소화하고 유지보수성을 극대화하기 위해 일관된 리소스 명명 규칙과 URI 형식을 사용한다. 2번과 3번이 가장 기본적인 룰이다.

④ 단순하고 간단한 구조로 작성한다

웹 API를 디자인하는 데 있어서 한 리소스에 대해서는 단 두 개의 접근 URL(복수와 단수, Collection과 Document)을 제공해야 한다. 같은 주소를 호출하면 같은 데이터 출력을 보장해야 한다. 이를 멱등성idempotent 보장이라고 한다.

복수 (Collection)	단수 (Document or Element)
/v1/orders	/v1/orders/1

⑤ URL에 HTTP 메서드를 노출하지 않는다

파일 확장자를 URI에 사용하지 않는다. API의 URI를 표현하기 위해서 동사나 동사구를 사용하지 말고 명사를 사용하여 리소스를 표현해야 한다.

Bad	Good
POST http://domain.com/create-order	POST http://domain.com/orders

HTTP 메서드는 API 작업 요청의 의미 체계를 따라야 한다. 예를 들어 GET으로 INSERT 작업을 요청하지 않아야 한다. 고객(customer)과 관련된 API라면 HTTP 메서드는 다음 의미를 지닐 수 있다.

표 7-5 HTTP 메서드에 따른 역할

URI	POST (CREATE)	GET (SELECT)	PUT (UPDATE)	DELETE (DELETE)
/customers	고객 생성	고객 검색	고객 정보 수정 (대량)	고객 제거(대량)
/customers/1	–	고객 1에 대한 상세	고객 1에 대한 수정	고객 1 제거
/customers/1/orders	고객 1의 주문 생성	고객 1의 주문 검색	고객1의 주문 대량 수정	고객 1의 모든 주문 삭제

⑥ 리소스 URI에 항목/컬렉션보다 더 깊은 depth를 가져가지 않도록 한다

불가피한 경우 최대 4depth를 허용하되 직관적이고 단순한 형태의 URI를 추천한다. 간단해야 이름짓기도 사용하기도 편하다.

⑦ 의미에 맞는 HTTP 상태를 반환한다

예를 들어 응답은 200 OK인데, 내부의 사용자 정의 코드나 메시지가 에러를 뱉어내는 형태로 표현하면 안 된다. 성공한 응답은 200, 201 정도의 HTTP 상태status를 반환하고 실패한 응답의 경우 4XX로 응답한다. Server Error로 표시되는 5XX 에러는 사용자에게 전달되면 안 된다. 일반적인 오류 케이스들은 다음과 같다.

- 200 – OK
- 400 – Bad Request
- 500 – Internal Server Error
- 201 – Created

- 304 – Not Modified
- 404 – Not Found
- 401 – Unauthorized
- 403 – Forbidden

내부에서만 사용하는 것이라면 문제가 없지만 외부와 연동하거나 오픈된 형태로 제공해야 한다면 처리 방식이 일관되지 않아 혼란을 야기할 수 있다. 따라서 명확한 에러 타입을 제공하는 것이 중요하다.

Bad	Good

{
    "data": **null**,
    "status": 200,
    "message": **null**,
    "dateTime": "2023-03-04T14:24:08",
    "errorCode": 400,
    "errorMessage": "잘못된 형식입니다."
}
	{
	    "data": **null**,
	    "status": 401,
	    "message": "401 UNAUTHORIZED",
	    "dateTime": "2023-03-09T18:15:33",
	    "errorCode": 401,
	    "errorMessage": "다시 인증하세요."
	}

⑧ API 버전을 명시한다

가급적 상위 버전은 하위 버전의 하위 호환성을 유지해야 한다. API는 언제든 수정사항이 발생할 수 있으며 리소스의 관계가 바뀌거나 데이터 구조가 수정되는 일이 빈번하다. 따라서 해당 API가 변경됨에 따라 클라이언트 측에 미치는 영향을 고려해야 한다.

버전 관리 없음	버전 관리 표기
/orders	/v1/orders

⑨ 리소스에 대한 정렬, 필드에 대한 필터, 페이징은 쿼리 파라미터를 활용하여 담는다

별도의 API를 만들기보다 쿼리 파라미터를 활용하여 담는 게 좋다. 예를 들어 주문 내역에서 리턴해야 할 필드를 지정하려면 쉼표로 구분하여 부분 응답을 요청해야 한다.

부분 응답	페이징 처리
/orders?fields=item,price,qty	/orders?offset=0&limit=10

정렬sorting의 경우 파라미터를 통해 /orders?sort=price_desc와 같은 sort 키워드로 동작할 수 있게 해야 한다. 검색은 대부분 q 혹은 search와 같은 키워드를 파라미터로 사용한다. (ex. /orders?q=apple)

⑩ 문서로 자세히 정리되어 있어야 한다

개인적으로 가장 중요하다고 생각하는 항목이다. 단순 스펙에 대한 문서 제공뿐만이 아니라 실행 가능한 mock 데이터들을 API 실행 테스트 환경에서 확인할 수 있어야 한다. 자바에서는 스웨거Swagger나 Rest Docs와 같은 API 문서화 라이브러리를 주로 이용한다. 이를 통해 API를 연동하는 파트너나 고객, 개발 관련 부서와의 커뮤니케이션이 줄어들게 된다. 같은 프로젝트에 소속된 기획 부서나 현업 담당자들도 API 문서 코드를 보고 테스트해볼 수 있도록 환경을 쉽게 제공해야 한다.

이 내용들은 서로 다른 API 엔드포인트, 서로 다른 업무 환경에서도 지켜야 할 일관성, 간결성, 명확성에 대한 내용으로 크게 어려운 부분은 없을 것이다. 이 밖에도 에러 처리 원칙이나 보안 인증 메커니즘 적용 등이 필요하지만 업무별로 스펙이 다를 수 있으므로 여기선 생략했다.

7.7 기술 면접 마무리

지금까지 기술 면접에 관한 내용을 정리해봤다. 이 책에 모든 개념이나 기술을 다 담아내지는 못했지만, 면접관으로서 오랫동안 정리해놓은 자료 중 지원자가 면접 전 꼭 알아두면 좋을 필수 지식 위주로 정리하였다. 검색으로 쉽게 알아낼 수 있는 정보보다는 실제 서비스를 하면서 경험하는 영역을 자세히 소개하려 노력했다.

특히 면접에서 주로 하는 질문인 성능 테스트, 장애 처리, DB 개선, 부하 분산, 아키텍처 개선 등의 내용은 검색으로는 접하기 어려우니 이 책에서 도움을 많이 얻었으면 한다. 또한 부족한 부분을 메우기 위해 꾸준히 공부하고 있다는 사실을 면접관에게 보여줘야 한다.

커리어를 위해 보다 전문적 지식이 필요하다면 7.4절의 로드맵과 공부 분야 설명을 참고하여 면접 대비와 커리어 관리의 마일스톤을 세울 수 있을 것이다. 기술 면접 대비를 위해 인터뷰 모의 훈련도 필요하겠지만 칠판에 시스템 구조나 엔터티 관계도, 간단한 코드 설명을 해보는 훈련도 필요하다. **직접 아키텍처나 엔터티를 그리면서 어떤 일을 했으며 어떤 특성이 있는지 설명하고 추가 알고리즘 질문이 나오면 대략이라도 코드 핵심 부분을 쓰면서 잘 설명할 수 있어야 한다.**

7.8 [사례 연구 3] 기술 면접 탈락 사례

기술 면접 탈락 역시 다양한 이유가 있겠지만 보통 다음과 같은 사례가 보편적이다. 서류 절차를 어렵게 통과한 만큼 역량을 효과적으로 드러내야 한다. 지금까지 설명한 기술적인 내용과 다음 실패 사례를 참고하여 실수를 줄이도록 하자.

- **이력서에 적은 내용을 증명하지 못할 경우.** 자신을 '열정적인 개발자로서 항상 노력한다'고 소개했다면 반드시 그 노력의 결과물, 즉 팀이나 개인 결과물이 제대로 보여야 한다. 이력서에 오픈소스에 관심이 있다고 작성했지만 활동 내역이 굉장히 빈약하거나 프로젝트에 적용하여 발전시킨 경험이 없는 지원자는 오히려 마이너스로 작용한다. 단순 이력서 공간을 채워넣기 위해 과장했다면 반드시 검증 과정에서 들통이 난다.

- **연차가 높은데 그에 비해 전반적인 아키텍처, 인프라 지식이 떨어지는 경우.** 7~8년 차 정도 되는 지원자라면 시스템 디자인이나 엔터티 설계, 개발 리딩에서 역량을 보여줘야 하는데 개발만 한 경우 기술 면접에서 통과되기 어렵다. 주니어 개발자라도 AWS를 사용해봤다고 적었다면 해당 기술의 전반적인 이해를 바탕으로 한 질문에 답변이 가능해야 한다.

- **기술적인 답변이 매우 모호하고 장황하여 커뮤니케이션하기 쉽지 않은 경우.** 차라리 모르는 것은 모른다고 얘기하자. 분명히 해당 기술을 적용했다고 이력서에 적혀 있는데 개념조차 잘못 말하거나 더듬더듬 어디서 외운 설명만 하면 난감하다. 스스로 말이 자연스레 안 나온다면 그 개념이나 기술을 온전히 습득하지 못한 것이다. 진정으로 이해한 건지 다시 확인하자.

특히 주니어 개발자라면 CS 지식에 할애를 많이 해야 한다. 졸업한 지 오래됐으면 기억이 잘 나지 않겠지만 꼭 재점검하자. 뭘 공부해야 할지 모르겠다면 오프라인 스터디나 깃에서 최근 기술 키워드들을 찾아보고 개발 공부와 CS 기반 지식 사이의 연결점을 정리해보면 좋다. 이 책의 6장 코딩 테스트 부분도 참고하길 바라고, 기초부터 다시 해보고자 한다면 CS를 다루는 좋은 도서들이 시중에 많으므로 참고해보자. 또한 코딩 테스트는 경력이 쌓일수록 이론이 기억이 안 날 가능성이 높으므로 아예 기초 지식부터 새롭게 공부한다고 생각하고 온라인 강의를 듣는 게 낫다. 나도 경력이 쌓이며 이직 시기가 오면 차근차근 기초부터 다시 준비하는 것이 오히려 문제를 푸는 데 도움이 되었다.

CHAPTER 08

기술 면접 이후 만나게 될 난관

> Q. 일하면서 어떤 동료가 가장 인상 깊었나요? 그 이유는요? 지원자는 동료들에게 어떤 평가를 받고 싶은가요?

기술 면접에 통과했다면 대부분 2차 면접, 즉 인성 면접을 하게 된다. 업무 내용을 다시금 묻기도 하고 삶의 가치관이나 직업 윤리, 성품이나 태도, 업무를 처리하는 원칙, 문제를 해결하는 접근 방법을 물어보고 평가한다. IT 서비스 회사라면 장급 임원도 기술 인력이기 때문에 기술적인 것들을 더 깊게 물어보는 경우도 있다.

보통 2차 면접은 임원급의 기술 책임자와 유관 부서의 장들이 들어온다. 개인적으로 지원자 입장에서 면접을 보러 다닐 때 기술 면접보다 2차 면접이 더 까다로웠던 기억이 많다. 보통 기술 공부만 깊게 파는 개발자에게는 오히려 더 어렵게 느껴지는 부분이 많을 것이다.

서두의 질문에 정답이 있지는 않다. 구체적으로 어떤 롤 모델을 설정하고 그로부터 배웠는지, 업무를 마주하는 지원자의 진심이나 마음가짐, 지향하는 성장 방향을 듣고 싶어서 물어보곤 한다. 단순히 '일 잘하는 동료입니다'나 '개발 잘하는 동료가 되고 싶습니다' 식의 답변은 매력적인 답이 될 수 없다. **2차 면접 또한 대화이고 회사의 컬처 핏과 일치하는 인재임을 보여줘야 한다.** 회사의 서비스나 채용 사이트에 나온 정보들을 분석해 추구하는 방향이나 분위기를 파악하고, 자신의 장점과 연결시킨 대답을 해야 한다. 이럴 때 대화의 맥락을 잘 못잡고 자기 주장만 하는 지원자들은 기술적으로 엄청나게 뛰어나지 않은 이상 대부분 탈락한다.

8.1 2차 면접은 인성 면접일까? 기술 면접일까?

> Q. 프로젝트 일정은 이미 정해져 있는데 동료들이 새로운 프레임워크나 관련 기술들을 갑작스레 적용하려 합니다. 기술과 일정 사이에 트레이드 오프가 발생할 텐데 이럴 때는 어떤 걸 더 추구하는 편인가요?

만약 내가 이 질문을 받았다면 다음과 같이 대답할 것이다. '테스트 케이스와 인프라 설정, 배포 환경 등 프로덕션의 코어 로직과 관련 없는 부분은 팀원들이 원하는 새로운 언어와 환경으로 구축할 것입니다. 그리고 내부 프로덕트는 기존에 쓰던(개발 퍼포먼스가 보장된) 프레임워크를 활용하여 일정을 준수하고 신기술 적용도 조율해보는, 즉 일정부터 챙긴 뒤에 점진적 적용 범위를 늘려가는 형태로 프로젝트 개발을 진행하겠습니다.'

대부분의 회사는 원하는 인재상과 가치 판단을 위한 주요 척도가 존재한다. 그리고 면접이 끝나면 해당 척도마다 수치를 기입하고 합격 여부를 판가름한다.

2차 면접에서 이 같은 질문을 받았다면 어떤 접근법을 가지고 문제를 바라보는지 보여줘야 한다. 회사, 동료, 나의 입장을 두루 고려하면서 회사의 목적에 맞는 방식을 고민하는 것이다. 회사의 입장을 고려하지 않으면 개인 주장에 불과하다. 면접관의 의도는 **'어떤 솔루션을 제시할 줄 아는가?'의 관점에서 기술 능력을 보는 것일 수도 있고 솔루션을 찾아가는 의견 교류의 과정 자체를 보는 것일 수도 있다.**

내가 지원했던 회사의 면접들은 대부분 후자에 가깝다고 느꼈다. 지원자가 **어떤 과정을 거쳐 결과를 도출하는 사람인지**를 본다는 뜻이다. 개인마다 조금씩 다르겠지만 문제를 인식하고 정의한 뒤 자신만의 논리적인 과정을 거쳐서 해결책을 찾는 것을 중요하게 생각한다.

2차 면접 역시 '회사 입장'에서 질문한다는 것을 잊지 않아야 한다. 회사 입장의 우선순위와 조직 구성원으로서 지원자의 입장은 다소 다를 수 있다. 나를 포함한 조직 구성원들에게 어떻게 회사의 입장을 설득시키고 무엇에 좀 더 가치를 두어야 하는지 묻는 것이다. 일정 준수는 회사 측(관리자나 임원 입장)에서 가장 중요한 요소 중 하나이다. 그리고 신기술 적용의 욕심은 팀 내부에서 기술 트렌드에 뒤처진다는 위기감이나 너무 오래된 기술로 업무를 하다 보니 생기는 무기력함, 열정 감소 등이 원인이었을 수 있다.

이 상황에서는 우선순위가 높은 기능과 오픈에 큰 영향을 주지 않는 기능부터 정리하여 일정 내에 최소한의 필수 기능을 탑재하는 방향으로 한다. 신기술들은 메인 프로덕트에 영향이 없거나 빠르게 적용할 수 있는 영역 일부에만 적용한다면 양쪽 모두의 의견을 수용하는 안이 나올 수 있다.

주니어 레벨에서는 일정 준수를 더 강조하는 편이 좋은 대답이 될 것이다. 동시에 일부 독립된 영역의 경우 신기술 적용까지 한다면 팀원들의 요구도 일부는 충족하면서 회사의 이익에 우선한 합리적인 선택이라고 볼 수 있다.

직접 겪은 사례로 예를 들어 보겠다. 과거 스프링 고도화 프로젝트를 진행하며 코틀린 적용과 관련해 이와 비슷한 일을 경험해봤다. 코틀린은 현재 스프링과 함께 사용되는 추세이고 '코프링'이라는 합성어로 자바 개발 진영에서 꽤 인기 있는 조합이 되었다. 프로젝트 기한이 촉박했기 때문에 메인 프로덕션 코드는 스프링으로 유지하고 테스트 케이스와 빌드 관련 설정들, 어드민 측 API들만 코틀린으로 작성하게 하였다. 동시에 최우선 가치는 오픈 일정을 준수하는 것이라고 가이드해 큰 문제없이 오픈했던 경험이 있다. 더 다양한 사례는 8.5.4절에서 우선순위 선정과 기술 도입 가이드 등을 통해 더욱 깊게 살펴볼 것이다.

2차 면접의 면접관이 기술 관련 부서의 장이라면 1차보다 더 기술에 초점을 맞출 수도 있다. 예컨대 이력서에 쓰지 않은 내용인데도 현재 조직에서 적용하려는 기술에 대해서 물어본다거나, 대용량 처리 시스템에서의 시스템 디자인 요소들을(주니어인데도 불구하고) 물어볼 수도 있다. '나는 해당 기술을 이력서에 안 적었는데 왜 질문하지?'라는 의구심이 들 수도 있다. 단순 정답을 알고 있는지 판단하려는 게 아니라 평소에 그런 기술 분야에 관심이 있는지, 꾸준한 학습을 하고 있는지 알기 위함이다.

그러나 보통은 기술 질문보다는 회사와 팀의 구성원으로서 잘 어울리고 위치에 맞는 역할을 할 수 있는지 살펴보려 할 것이다. 기술 면접의 연장선이기도 하지만 전반적인 태도, 즉 그에 따른 직업 윤리나 회사 문화에 녹아들 수 있는 인재인지 보는 것이다. **정답이 없는 문제를 제시했을 때 어떤 방식으로 문제에 접근하고 해결해 나가는지 파악하는 자리**다. 단순 기술 스킬뿐만 아니라 어떤 다양한 역량을 가진 사람인지 아낌없이 보여주자. 더 구체적으로 말하자면 가치관이나 직업관,

리더십, 자기 관리, 사회성 등이 평가 대상이다. 타인의 예시만 참고해서는 준비가 어렵고 스스로 지켜왔던 원칙이나 업무를 대하는 태도, 주변에서 나를 어떻게 평가하는지 곰곰이 상기해야 한다.

2차 면접은 기술 면접처럼 단기간 집중력을 발휘하여 면접 스킬을 획득하는 것과는 다르다. 그래서 더 어려워하는 지원자가 많은 것이다. 8장에서는 이런 어려움을 극복하고자 다양한 예시 질문을 소개하고 IT 회사에서 중요시하는 기준을 바탕으로 준비 방법을 소개하고자 한다.

8.2 정답이 없는 질문과 최선의 답변

> Q. 매일 아침 출근 후 데일리 스크럼 미팅을 하는데 항상 5~10분씩 지각하는 동료가 있다고 가정해봅시다. 이 동료로 인해 중간에 자주 흐름이 끊기고 분위기가 어수선해진다면, 본인이 팀원일 때와 팀 리더일 때 어떤 방식으로 해결할 것인지 각각의 입장에서 설명해주세요.

관리를 하는 입장과 일원일 때의 입장은 다를 수밖에 없지만 위치가 달라도 비슷한 과정을 거쳐 해결책을 모색할 것이다. 단순히 '윗선에 보고해 해결', '차 한 잔하며 하지 말라고 충고' 같은 답변보다는 이 문제를 어떻게 인식하는지 자신만의 생각이 있어야 하고 해결책을 찾아가는 과정이 합리적인지 고민해야 한다. 좀 더 유연하게 접근했는지 여부에 따라 높은 점수를 부여할 수도 있고, 원칙을 더 추구하되 합리적인 방안을 찾아가는 것에 높은 점수를 부여할 수 있다.

나는 다소 직설적이고 문제 해결 지향적인 사람이라 되도록 빨리 해결하기 위해 한 번 정도 설득을 해보겠지만, 이는 답변으로는 좋지 않다고 생각한다. 좀 더 좋은 해법이 존재한다는 것을 조직의 리드 개발자가 되고 나서야 이해할 수 있게 되었다. **구성원들이 상호 협의한 조직에서 일하는 방식, 나아가 그라운드 룰을 통해 해결책을 모색해볼 것**이라고 답변하는 것이 '설득을 해보겠다'거나 '당장 페널티를 제도화하겠다' 같은 대답보다 훨씬 효과적이다.

따라서 모든 팀원이 정한 일하는 방식과 이를 추구하기 위해 기본적으로 지켜야 할 그라운드 룰을 다시 논의하는 자리를 가진다. 그 후 여기서 논의한 결론을 어겼을 때 페널티를 부여하는 등의 방식이 합리적인 해결책이다. 핵심은 페널티 여부보다 사소한 행동 하나로 조직의 건강성을 해치거나 비효율적인 상황이 발생할 수 있다는 걸 분명히 인지시키고 근본적인 합의를 도출해야 한다.

그라운드 룰을 설정하며 지각하는 직원 한 명으로 인해 동료들이 겪는 어려움과 방지책을 같이 고민하여 동등한 입장에서 조직을 들여다보는 인지와 인정의 과정이 진행되어야 한다. 이런 과정을 거치면 대부분 비슷한 행동을 하지 않을 것이다. 그럼에도 계속 같은 행위가 반복된다면 조직 이동이나 인사 평가 불이익이 발생할 수밖에 없다.

건강한 조직을 만들기 위한 팀 빌딩과 내부 커뮤니케이션은 모든 구성원이 발전시켜야 할 영역이다. 나아가 정답이 없는 질문에 합리적으로 대응할 수 있는 조직의 룰과 업무의 고효율 추구, 그리고 충돌 해소를 위해 팀원으로서의 입장과 팀을 리드하는 입장의 답변에 대해 지금부터 다음과 같은 다양한 사례를 분석할 것이다.

- 리더십과 그라운드 룰에 대한 이해
- 나의 역량은 무엇일까?
- 실수를 방지하기 위한 제도적인 장치
- 코드 가독성과 테스트
- 코드 리뷰를 더 잘하기 위한 방법
- 일정과 품질의 트레이드 오프
- 기술 부채 해소하기
- 회고와 성장

2차 면접에서는 다음 항목들을 주로 평가하게 된다.

- 커뮤니케이션 스킬이 무난한가?
- 우리 조직에 어울릴 만한 사람인가? 트러블 메이커는 아닌가?
- 주어진 역할(팀 리더나 업무 담당자로서의 자질)을 잘 수행할 수 있는가?
- 기술 역량이 어느 정도이며 앞으로 발전 가능성이 있는가?
- 자신의 직무나 업무에 대한 열정이 있는가?

특유의 조직 문화와 룰에 적합한 사람인지를 판단하는 자리가 최종 면접이다. 회사의 문화와 코드를 저해하는 이는 아닌지 판단하게 된다. 인성 면접에서 떨어지면 1차 기술 면접에서 떨어진 것보다 보통 재지원이 더 어렵다. 회사 업무 스타일과 개인의 가치관이 다른 건 기술 영역처럼 노력한다고 바꾸기 어렵기 때문이다. 이를 흔히 '컬처 핏'으로 표현한다. 일단 지금 몸담고 있는 회사의 문화에 자신이 잘 녹아들었는지부터 생각해보면 좋다.

불평불만은 어딜 가도 생길 수 있다. 만약 조직 문화나 룰이 비효율적이라면 개선점을 찾아보고 적용하려는 의지가 있었는지, 효율적으로 개선했던 경험이 있는지, 협업하는 동료들에게 좋은 평가를 얻었던 경험이 있는지가 중요한 검증 포인트가 될 것이다. 이직과는 별도로 현재 조직의 일하는 문화가 최선인지 의문이 든다면 더 좋은 방향을 제시해보고 이를 2차 면접에서 경험으로 소개할 수 있다. **실제 적용을 해본 것과 생각만 해본 것은 답변의 질이 다를 수밖에 없다.**

8.2.1 행동 양식 기반 면접과 STAR 기법을 통한 해법 모색하기

행동 양식 기반 면접이란 'Behavioral Interviewing Technique'을 번역한 것으로, 과거의 행동이 미래 행동을 예측하는 가장 좋은 지표라는 가정에 기반한 면접 방식이다. 예를 들어 "특정한 상황에서 어떻게 대처를 하셨나요?"와 같이 과거 경험에 대한 질문을 하며 그 과정을 해소한 방식을 평가하는 것이다.

지원자의 과거 경험을 바탕으로 판단하는 방식이지만, 직접 경험하지 못한 상황이라 해도 '나라면 이렇게 할 것이다'는 식의 답변을 유도하는 비교적 널리 적용되고 있는 기법이다. "지금까지 가장 어렵고 힘든 일은 무엇이었나요?" 혹은 "팀 내 갈등 상황을 어떤 방식으로 해소할 건가요?" 같은 질문도 행동 양식 기반 면접이라고 볼 수 있다. 보통 프로젝트에서 마주한 기술적인 문제, 요구사항 변경에 대한 대응, 일정이 지연된다거나 굉장히 민감한 요구사항이 들어온 상황에서의 대처, 리더십을 발휘한 경험 등과 같은 답변을 기대한다.

있을 법한 상황을 가정해서 질문을 던진 후 커뮤니케이션 능력, 상황 판단 능력, 대처 능력, 적응력 등을 평가하는 용도로도 많이 쓰인다. 경험해보지 못한 상황이나 정답이 없는 질문을 마주했을 때 추천하는 방식은 STAR 기법을 차용하여 설명하는 것이다.

STAR 기법

상황(Situation), 과제(Task), 행동(Action), 결과(Result) 네 단계로 나누어서 설명하는 방식인데, 각각의 의미는 다음과 같다.

- 상황(Situation): 과거의 상황을 설명하거나 달성해야 할 목표에 대해 가정
- 과제(Task): 수행했던 업무 혹은 해결해야 할 과제
- 행동(Action): 상황과 과제를 해소하기 위해 취한 나의 행동
- 결과(Result): 행동의 결과로 팀이나 회사에 기여한 부분, 효과

행동 양식에 기반한 몇 가지 질문을 나열해보고, 이 같은 단계별 접근을 반영한 답변을 연습해보는 것만으로도 2차 면접의 막연함을 조금이나마 해소할 수 있을 것이다. 8장의 전체 내용은 2차 면접에 대비하기 위한 지식들이므로 꼼꼼히 살펴보고 실제 면접에서 설명할 수 있도록 준비해 모의 훈련까지 꼭 해보는 것을 추천한다. 만약 STAR 기법을 통한 답변에 어려움이 있다면 9장의 'AI 도구를 활용한 학습과 면접 대비'에서 다루는 내용을 참고하길 바란다.

8.3 기업 문화 들여다보기

> Q. 개발 업무를 하면서 고객 경험 개선을 위해 노력했거나 고객에게 감동을 선사한 사례가 있나요?

조금 뜬금없어 보이는 질문일 수도 있지만 기업의 핵심 가치와 연결하여 어떤 노력을 하는지 평가하기 위한 질문이다. 각 기업마다 중요시하는 가치를 **'핵심 가**

치'나 '회사 문화', '일하는 방식' 등의 표현으로 소개한다. 예를 들어 쿠팡은 홈페이지에 회사 핵심 가치를 정의해놓았다.

- https://www.coupang.jobs/kr/why-coupang

각 기업에서 중요시하는 키워드를 미리 숙지한 뒤 면접에 임한다면 도움이 될 것이다. 내가 재직 중이던 약 9년 전쯤에는 다섯 개 항목이었을 텐데 현재는 더 많이 늘어났다(위 링크에 상세 설명이 있으므로 한글 번역은 생략한다).

- Wow the Customer
- Company-wide Perspective
- Ruthless Prioritization
- Dive Deep
- Think Systematically
- Disagree and Commit
- Simplify
- Hire and Develop the best
- Deliver Results with Grit
- Aim High and Find a Way
- Influence without Authority
- Learn Voraciously
- Demand Excellence
- Hate Waste
- Move with Urgency

만약 쿠팡에 지원한다면 참고 링크를 통해 상세 설명을 살펴보길 바란다. 회사가 무엇을 요구하고 어떤 인재상을 바라는지 확인해볼 수 있다. 급성장하고 있거나 이미 직원이 수백 명 이상인 회사의 입사를 준비한다면 핵심 가치와 매치되는 자신의 경험과 사례를 구체적으로 정리해보자. 서두의 질문처럼 질문 자체는 간단하지만 답변은 까다로울 수밖에 없다. 대부분의 개발 업무는 직접 고객을 대면하는 업무가 아니기에 경험할 수 있는 부분에 한계가 있기 때문이다.

만약 나라면 다음과 같은 답변을 준비할 것이다. "고객이 결제 페이지로 넘어가지 않는 문제가 발생해 CS가 들어왔을 때 업무 담당자로서 직접 고객의 PC에 원격으로 붙어 문제를 파악한 후, 연동 모듈들의 점검을 통해 고객의 불편을 해결해주었습니다." 이 정도면 완벽하진 않을지라도 제법 의도에 부합할 것이다. 각 핵심 가치에 부합하는 경험들이 분명 있을 것이다. 이를 잘 활용하기 위해서 주변에서 좋게 평가하는 본인의 장점과 경험들을 잘 기억해둘 필요가 있다.

최종 면접은 이러한 항목들을 수치로 평가하고 총합 점수로 합격 여부를 판단한다. 모든 회사는 핵심 가치와 핵심 역량에 대한 명확한 기준이 있다. 대충 좋아 보이는 답만 한다고 되는 것이 아니라는 뜻이다.

8.4 나는 이 회사와 어울리는 사람일까

> Q. 본인이 프로젝트 개발 과정에서 기여할 수 있는 역량과 동료들에게 바라는 역량을 설명해주세요. 스스로 어떤 역량이 부족하고 어떤 역량이 뛰어난지, 또 어떤 요소를 중요한 가치로 생각하는지 알려주시면 됩니다.

8.2절에서 언급한 바 있는 컬처 핏은 말 그대로 지원자가 기업의 조직 문화와 잘 맞는지 판단하는 것이다. 지원자의 평상시 생각이나 성격, 일하는 방식, 대화하는 자세 등이 조직 문화와 잘 맞는지 판단한다.

이 항목은 회사에 대한 이해 전에 나에 대한 이해, 성격의 장/단점, 업무를 하는 방법, 동료들과의 조화, 그라운드 룰을 접하는 자세 등 자신을 냉정하게 되돌아봐야 한다. 친한 동료들의 평가를 다시금 새기거나 도움을 받을 수도 있다. 이를 바탕으로 조직에 '긍정적인 변화를 가져올 사람'임을 강조해야 한다.

서두에 질문에 대한 답변 예시를 또 들어보자면 "개발 역량에 비해 인프라 운영 경험이 없기에 장애 발생 시 빠르게 트래킹하고자 팀 내 서비스에 장애 모니터링 툴을 도입하였고, 단순히 도입뿐 아니라 장애 감지를 빠르게 하는 것이 중요하다고 판단하여 일정 수치 이상의 임계치를 넘을 경우 알림을 보내는 시스템을 개발한 경험이 있다"라고 한 뒤 "팀이 사용 중이던 것을 전사로 확대하여 회사의 장애 대응을 기민하게 만들고 전사의 장애 프로세스 개선에 기여했다"는 등의 내용과 "팀과 회사에 좋은 영향을 미치는 영향력 있는 개발자로서의 역량을 중요시한다"고 답변한다면 8.3절에서도 언급한 바 있는 핵심 가치에도 부합하고 면접관들에게도 깊은 인상을 남길 수 있을 것이다.

일할 때 가장 중요한 요소는 **'일이 되게 만드는 것을 고민'**하는 자세라고 생각한다. 애자일 방법론에서 강조하는 내용 중 자기 조직화^{self-organization}라는 개념이 있다. 자율적으로 몰입하여 업무를 수행함으로서 팀에 기여하는 것을 의미한다. 누가 시키지 않아도 필요한 일을 찾아서 스스로 해결하고 조직을 점진적으로 더 건강하게 만드는 것을 지향점으로 삼는다. 프로세스나 툴에 의존하기보다는 자신의 역량을 바탕으로 업무 계획을 수립하고 진행함을 뜻한다. 물론 팀의 생산성에 기여하는 결과물을 만들어내는 것과 주어진 업무를 끝까지 완수하는 것을 목표로 한다. 이는 관리자가 이 직원의 업무 능력과 케파capacity를 예측 가능하게 함으로써 별다른 간섭 없이도 안정적인 결과물을 낼 수 있다고 믿게 된다. 그러므로 관리 리소스의 절감뿐 아니라 높은 퍼포먼스를 기대할 수 있게 한다.

일이 안 되는 이유는 많다. 하기 싫어서일 수도 있고 그 정도 노력을 기울일 가치가 없다고 느낄 수도 있다. 혹은 그 일을 같이하는 동료들이 마음에 안 들어서일 수도 있고, 일정이 너무 말도 안 돼서 의욕이 꺾여서일 수도 있다. 그럼에도 **일이 되게 하는 방향을 고민하는 것 자체로 이미 자기 조직화가 잘되어 있는 사람**이라는 뜻이고 조직과 업무에 잘 융화되었다는 증거이기도 하다.

8.4.1 리더십과 그라운드 룰

아마존의 창업자 제프 베이조스는 16가지 리더십[1] 원칙을 세운 바 있다. 존 로스만의 『아마존 웨이』라는 책에 소개된 내용을 살펴보자. 책에는 14가지만 나와 있지만 2021년도에 두 가지가 더 추가되었다.

- Customer Obsession (고객에 집착하라)
- Ownership (결과에 주인의식을 가져라)
- Invent and Simplify (발명하고 단순화하라)
- Leaders are Right, A Lot (리더는 대부분 옳다)
- Learn and Be Curious (항상 배우고 호기심을 가져라)
- Hire and Develop the Best (최고의 인재만을 채용하고 육성하라)

---

1 참고: https://www.amazon.jobs/content/en/our-workplace/leadership-principles

- Insist on the Highest Standards (최고의 기준만을 고집하라)
- Think Big (크게 생각하라)
- Bias for Action (신속하게 판단하고 행동하라)
- Frugality (근검절약을 실천하라)
- Earn Trust (다른 사람의 신뢰를 얻어라)
- Dive Deep (깊게 파고들어라)
- Have Backbone; Disagree and Commit (소신을 갖고 거절하거나 받아들여라)
- Deliver Results (구체적인 성과를 내라)
- Strive to be Earth's Best Employer (지구 최고의 고용주가 되기 위해 노력하라)
- Success and Scale Bring Broad Responsibility (성공과 큰 규모에는 광범위한 책임이 필요하다)

각 항목의 키워드와 책의 번역이 살짝 다른데, 굳이 소개하는 건 급성장하는 회사는 이 핵심 가치나 리더십 원칙이 채용의 기준점이 되기 때문이다. 신입이나 주니어 채용에서는 크게 작용하지 않더라도 몇 년 뒤 지원자의 모습을 기대할 때 리더십 요소는 필수 덕목일 것이고 실제 업무에서도 리더십을 발휘해야 할 경우가 많다. 지금 리더가 아니더라도 '나는 어떤 리더가 될 것인가'를 한 번쯤은 고민해보아야 한다.

서번트 리더십

서번트 리더십servant leadership이란 리더가 구성원을 섬기는 자세로 그들의 성장과 발전을 돕고 조직 목표 달성에 구성원 스스로 기여하도록 만드는 것을 의미한다. 리더는 구성원에게 목표를 공유하고 구성원들의 성장을 도모하면서 리더와 구성원 사이에 신뢰를 형성한다. 궁극적으로 조직 성과 달성을 목표로 움직이고 행동해야 한다는 의미이다.

하기 싫은 일은 누구나 선뜻 나서지 않는다. 하지만 누군가는 해야 하는 일이다. 자발적으로 다른 구성원을 위해 처리하겠다는 마음으로 솔선수범한다면 그 자체로 팀에 기여하는 것이고 건강한 조직 문화를 만드는 데 일조하는 것이다. 리더로서 팀의 목표를 위해 헌신하고 구성원들의 문제를 해결함으로써 일하기 좋은 환경으로 만들어주어야 목표 달성에 근접할 수 있다.

리더십이란 무엇인가?

다음 내용은 '리더십이란 무엇인가?[2]라는 제목으로 올라온 인디드Indeed라는 웹사이트의 아티클이다. 앞서 설명한 서번트 리더십과는 조금 다르다. 서번트 리더십이 조직의 목표를 이루기 위해 기여하는 가치와 헌신에 대해 설명했다면, 여기서 말하는 리더십은 조직을 주도적으로 이끈다는 의미에 가깝다. 관계에서의 역할이나 업무를 마주함에 있어서 자기 주도적인 리더십을 의미하는 것이다. 이는 동기부여와 성공적으로 조직을 관리하는 방법을 부연한 것이라고 봐도 된다.

리더십이 단순히 사람들을 이끄는 능력이라고 한정한다면 시니어나 팀장, 임원 등에게만 필수적인 덕목일 것이다. 그러나 **리더십은 동기부여와 목표 달성의 측면에서 주니어와 개발 리드 모두 보편적으로 추구해야 할 가치이다.** 개발 영역과 업무 영역, 사람들 사이에서 주도적인 역할과 기여 측면에서 중요한 요소이다. 조직에 긍정적인 영향을 미칠지 평가하는 항목 중 하나라고 생각한다. 다시 말하지만 주니어 개발자라고 리더십이 없어도 되는 것은 아니다. 본인 업무와 삶에서의 리더십도 필요한 법이다.

---

2 출처: https://www.indeed.com/career-advice/career-development/leadership-principles

인디드에 나열되어 있는 항목들을 추려보았다. 영어로 되어 있지만 어려운 내용은 아니므로 링크로 들어가서 더 깊이 들여다볼 것을 추천한다. 요약하자면 모범을 보이고, 사람과 변화에 집중하고, 실수를 인정하고, 경청을 통해 더 많은 것을 협력하여 이루자는 일반적으로 널리 알려진 내용이다. 관리자로만 한정하기에는 보편적으로 좋은 내용이고 면접에서 관련된 이야기를 하게 될 확률이 높으므로 꼭 읽어보길 바란다.

- Lead by example
- Leadership is about people
- Focus on change
- Admit mistakes
- Understand the value of listening
- Develop your skills
- Promote diversity
- Work together to achieve more
- Have solid values
- Use technology and innovation
- Help to develop future leaders

그라운드 룰

그라운드 룰은 회사의 업무 방식과 문제 해결 방식에 대한 기본적인 방침이다. 어떤 조직이든 업무에는 기본 프로세스가 존재한다. 두세 명이 한 가지 업무를 한다면 복잡하지 않겠지만 인원이나 유관 부서가 많다면 효율적 업무를 위해 프로세스를 정립하고 가이드에 따라야 한다.

8.2절의 서두에서 던진 질문의 해법으로 그라운드 룰을 설정하고 이를 지켜나가는 방향으로 팀의 평가 요소를 설정하는 것을 소개했었다. 직설적으로 이야기하는 것은 온건한 방식의 해결책을 시도한 뒤에 해야 하는 차선이 되어야 한다. 모두가 동의하는 룰을 꼭 정하고 그 틀을 벗어나지 않도록 조치가 필요하다. 이 기본 규칙이 성과 평가에도 반영이 된다면, 불이익을 감수하면서 회사를 다니는 팀원은 없을 것이다. 팀장이 아니어도 이 기준점을 잡고 룰 안에서 팀을 운영하는 것이 구성원으로서 기본적으로 지켜야 할 덕목이다. 이를 중시하는 답변을 통해 지원자의 문제 해결이 합리적이고 회사와 일치하는 방향성을 가진 사람이라고 인정받을 것이다. 적어도 문제를 인식하고 해결하는 과정에서 플러스 요인이 되는 것은 자명하다고 생각한다.

인원이 늘어날 때 기준을 잡는 것과 이미 늘어난 상태에서 문화를 이식하거나 룰을 다시 설정하는 것은 시간과 비용이 큰 차이가 날 수밖에 없다. 마찬가지로 채용 과정에서도 인원이 늘어나는 과도기에 놓인 회사에 적응을 잘할 수 있는 사람인지 판단하는 기준이 존재한다. 최종 면접에서 시키는 일은 잘한다가 아니라 스스로 문제를 해결하고 타인의 의견을 적극 수용할 줄 알며 주도적으로 조직에 참여하여 성과를 내는 사람이라는 것을 어필하는 것이 큰 도움이 될 것이다. 그런 의미에서 **리더십이 드러났던 경험을 소개한다거나 설득을 위해 그라운드 룰에 기반한 합리적인 선택지를 제시하는 방법을 소개해 역량을 어필**하는 것도 필요하다.

8.4.2 나의 역량은 무엇일까

개발자의 역량이란

사전적 의미의 역량은 '어떤 일을 해낼 수 있는 힘'을 의미한다. 일반적으로 쓰이는 의미는 성과를 내는 능력이나 기능을 향상시키는 능력인데 IT 업계에서 개발 직군에게 기대하는 역량은 **프로그래밍 능력과 문제 해결 능력, 일을 이끌어가는(일이 되게 하는) 능력**을 의미한다. 즉, 역량이란 업무를 하며 쌓인 경험치와 한 분야에서 갈고닦은 기술력, 흔히 태도나 자세로 통칭되는 인성적인 측면의 총합을 바탕으로 일을 처리하는 능력이라고 할 수 있다.

특히나 개발자의 역량은 업무 분석 능력, 도메인의 이해, 연차가 쌓일수록 큰 그림을 그리는 능력부터 디테일을 챙기는 영역이 경험적인 지식이라고 볼 수 있다. 프로그래밍 언어와 관련해 에코 시스템 구축 능력, 프로젝트 전반에 적용할 수 있는 스킬셋의 깊은 이해와 디자이너, 기획, 프런트엔드 영역과 협업할 수 있는 커뮤니케이션 능력, 즉 토론과 논의를 거쳐 합리적인 해결책을 지향하는 자세로 구분 짓는다. **이 세 가지(경험, 기술 지식, 커뮤니케이션 능력) 총합이 역량이라고 할 수 있다.**

스스로 어떤 역량을 보여줄 수 있을지 나열해보고 객관적인 역량을 자세히 측정해봐야 한다. 업무 기여도는 7.2절 '기술 영역별 공부해야 할 것들'에서 나열한 기술들의 숙련도를 정확히 측정하여 지원하는 회사에 어떤 기여를 할 수 있을지 고민해본 뒤에 면접에 임한다면 정확한 평가를 받을 수 있을 것이다. 역량의 장단점은 기술 영역을 포함해 훨씬 더 넓은 범위의 것들을 포함한다. 업무를 대하는 태도, 일 처리 스타일 등 나의 강점과 약점을 명확히 알아야 한다. 보통 잘 안다고 생각해도 그렇지 않은 경우가 더 많다. 정확하게 평가하기 어렵다면 주변에서 받은 평가나 피드백을 상기해보고 재차 물어봐도 좋다. 타인의 시선은 나보다 객관적이고 냉정하므로 스스로를 돌아보는 데 도움이 된다.

약점의 극복

마찬가지로 **약점은 어떠한 방향으로 극복할 건지 보여주어야 한다.** 그저 '저는 이런 면이 부족합니다'로 끝나서는 안 된다. 예를 들어 매년 평가에 높은 빈도로 '업무 능력은 출중하지만 업무 마무리가 부족합니다'라는 동료 평가를 받았다고 치자. 이를 극복하기 위해 주요 과제의 마일스톤마다 동료들과 함께 체크리스트를 작성하여 완료 여부를 점검하는 습관을 들여 동료 평가가 바뀌었다든가, 스터디 그룹을 이끌며 몇 회에 걸친 일정을 끝까지 완주하며 습관을 극복했다고 이야기한다면 높은 점수를 받을 것이다.

다른 예로 잦은 버그를 양산한다는 평가를 받았다고 가정해보자. 이를 극복하기 위해 페어^{pair} 프로그래밍이나 테스트 케이스를 꼼꼼하게 작성하는 노력, 주요 로직의 다이어그램 작성과 업무 정리 후 코드 리뷰에서 사이드 이펙트를 검출하기 위한 리뷰 등을 반드시 실행해 더욱 안정적인 업무 처리를 인정받았다는 사례는 분명 플러스 요인일 것이다.

이와는 별도로 지원하는 회사에 가기 위해 투자했던 기술적인 노력을 면접에서 보여줄 수 있으면 더욱 좋다. 지속적인 역량 개발과 학습 능력은 개발자의 덕목 중 가장 중요한 요소이다. 온라인 강의 수강이나 스터디했던 책, 과제나 코딩 테스트를 위해 도전했던 것들이 역량을 강조하는 요소가 된다. 마지막으로 '협업하기 좋은 동료'가 되는 것은 커뮤니케이션 능력을 완성시키는 중요한 평가 항목임을 잊지 말자. 같이 일하기 힘든 사람은 커뮤니케이션 능력으로 인해 발목이 잡힌다. 업무를 하며 느낀 바들을 이처럼 사례로 자세히 설명할 수 있다면 분명 좋은 결과가 있을 것이다.

8.5 소프트웨어 품질과 유지보수

> Q. 옆자리 동료가 개발한 코드를 배포할 때마다 매번 버그가 발생하고 장애를 자주 유발시킨다면 어떻게 문제를 개선하고 실수를 막을 수 있을까요?

예전 같지는 않지만 한때 제조 업계에서는 토요타의 기업 문화가 굉장히 혁신적이라는 평가가 많았다. 그 중심에는 카이젠Kaizen과 포카요케Poka-Yoke가 있었는데 나 역시 일하며 포카요케에 대해서 꽤나 자주 들어왔기에 그 내용을 소개한다.

8.5.1 실수를 방지하기 위한 제도적인 장치

카이젠

카이젠은 일본어로 '개선'을 의미하며 토요타의 핵심 가치 중 하나는 지속적인 개선 추구이다. 작은 개선을 통해 전체적인 품질을 향상시키는 철학적인 가치를 지닌 활동이다. 꾸준하게 개선 아이디어를 도출하고 구체적인 개선 활동에 전 직원이 일상적으로 참여하여 불규칙성이나 불안정성을 상쇄하고 불필요한 작업을 줄인다. 즉, 조직 전반의 효율성과 생산성을 향상하는 활동을 뜻한다. 주요 특징은 다음과 같다.

- 최소 수준의 단계적 개선: 작은 문제나 불완전한 부분을 식별하여 지속적으로 개선하고 향상시킨다.
- 참여와 협력: 조직의 모든 구성원이 개선 프로세스에 참여하고 의견 교환을 장려한다.
- 문제 해결과 고객 중심: 문제 해결의 중심은 항상 고객 만족(고객 경험)을 기반으로 한다. 제품이나 서비스의 품질을 향상시키는 것은 결국 고객의 요구와 기대를 충족시키는 방향으로의 개선을 의미한다.

- 지속적 개선 문화: 일회성의 개선이 아닌 지속적으로 개선하는 문화를 구축한다.
- 데이터 기반 의사결정: 개선을 위한 결정은 데이터와 사실에 기반해 이루어져야 한다.
- 장애 해소와 불필요한 프로세스 제거: 불필요한 작업이나 낭비를 최소화하며 제품 제조나 프로세스 과정에서의 장애 요소를 해소하여 최대의 효율성을 추구한다.

포카요케

포카요케는 실수 방지를 뜻한다. 제품의 생산 과정에서 결함이 발견되면 전체 공정을 멈추고 그 결함을 모두에게 공유하여 모두가 그 문제가 발생한 것을 알게 함으로서 근본 원인을 찾고 두 번 다시 같은 결함이 나오지 않게끔 하는 공정 개선 활동이다(비슷한 개념으로 5 Why 1 How가 있다).

예를 들어 서비스 개발 측면에서 본다면 휴먼 에러를 방지하기 위한 절차적 최소 검사 단계를 둔다던가, 데이터 입력 시 반드시 유효성 체크를 한 뒤 자동으로 잘못 입력된 값을 걸러낸다든지 하는 활동이 품질 결함을 낮출 수 있는 대책이 될 수 있겠다.

문제의 근본적 원인을 찾고 개선하여 같은 에러가 또 발생할 확률을 원천적으로 차단하는 활동과 지속적인 개선을 통한 효율적인 생산성을 추구하는 활동은 비단 제조업에만 해당하는 것은 아닐 것이다. 품질 개선 활동과 결함 방지 활동은 개발자에게도 반드시 필요한 덕목이다.

장애와 재발 방지

장애가 발생했다면 반드시 장애 전파와 복구, 재발 방지책에 대해 건설적으로 논의할 수 있도록 제도화해야 한다. 장애를 유발한 사람을 비난부터 하는 것은 팀의 성장과 장애 방지에 전혀 도움이 되지 않는다. 그렇다고 장애를 감추거나 속이려 하면 더 큰 문제가 생긴다.

개발을 하다 보면 필연적으로 예기치 못한 곳에서 장애가 발생한다. 장애가 발생하지 않는 곳은 없다. 만약 경영진이 장애 발생을 문제 삼는다면 그건 서비스에 손대지 말라는 말과 똑같다. 문제는 발생 이후의 대처와 수습이다. **'이 장애를 원천적으로 막을 수 있는 방법은 무엇인가'**를 고민하고 적용하는 것이다. 장애의 빠른 인지, 빠르게 정상화하기 위한 방법, 그리고 똑같은 장애를 피하기 위한 근본적인 해결책 적용이 포카요케에서 배울 점이다.

장애 대응 프로세스 마련하기

잦은 버그 양산이나 장애 발생은 서비스 품질 저하로 이어지고 이는 고객의 서비스 이탈 가속화로 이어진다. 장애가 잦다면 장애를 점검하고 개선해나가는 시스템적인 장치들이 전혀 동작하지 않음을 의미한다.

쿠팡은 집착이라고 표현해도 될 정도로 '고객 경험'에 최우선을 둔 의사결정을 하고 장애의 근본적인 해결책을 찾는 것을 리더들의 역량으로 본다. 단순한 버튼 하나, 화면 배치 하나도 고객 테스트와 인터뷰, A/B 테스트를 거쳐 최적의 UX 요소로 선택하고 프로세스 역시 수집한 데이터를 기준으로 의사 결정을 한다. 단순히 리더가 '이렇게 하는 게 맞지 않아?'라는 개인 의사로 결정하는 경우는 거의 보지 못했다. 이런 고객 만족을 위한 활동과 철학으로 모든 구성원이 집중하고 있으니 '뉴욕 증시에 상장한 시총 50조 이커머스 회사', '대한민국에서 가장 빠르게 성장하는 IT 회사'가 되지 않았을까 생각된다. 이런 **시스템을 고민하는 것부터가 실수 방지를 위한 대안 마련의 시작**이 되는 것이다.

시스템이라고 표현했지만 사실 자동화나 소프트웨어 구입 같은 솔루션보다는 훨씬 간단한 개념이다. 가장 쉬운 활동은 코딩 가이드 룰을 마련하여 모든 구성원이 평상시에 코드 가독성을 신경 쓰도록 하는 것이다. 코드 가독성이 좋다면 비즈니스 이해도 또한 올라갈 것이고, 이런 활동의 시발점은 공통적인 컨벤션을 만드는 것부터 촉발된다.

그다음 해야 할 액션은 배포 프로세스이다. 공통 코딩 컨벤션이 이루어지지 않은 코드는 배포될 수 없게끔 내부에서 프로세스로 동작할 수 있어야 한다. 배포 시에 반드시 3인 이상의 코드 리뷰 후 배포가 나간다거나, 서비스 코드의 75퍼센트는 테스트 코드가 있어야 배포가 가능하다거나, 정적 분석 툴을 도입하여 커버리지를 측정하거나, 배포 전후로 주기적으로 기술 부채를 해소하기 위한 시간을 갖는 것도 하나의 규칙으로 자리 잡으면 조직의 개발 문화이자 프로세스가 된다.

장애는 원래 완벽하게 예방할 수 없다. 그러나 동일한 장애가 계속 발생한다면 처리 방식에 문제가 있는 것이다. 어떤 식으로 대응을 해야 효과적인지 어떤 활동을 통해 감지하고 적절하게 재발을 방지할 수 있는지 고민해야 한다. 8.5절 전반에 걸쳐 이러한 실수를 체계적으로 방지하기 위한 제도적인 장치를 소개할 것이다. 비단 실수 방지나 장애 대응에 대한 답변뿐 아니라 업무의 효율화나 시스템화를 통한 개선점 도출과 같은 경험에도 적용하여 쓸 수 있는 이론이다. 이 이론을 답변의 근거로 사용할 수 있으면 더할나위 없이 좋을 것이다.

8.5.2 코드의 가독성과 테스트

> Q. 지원자가 생각하는 좋은 코드란 무엇인가요? 본인이 팀에 좋은 코드를 전파하기 위해 세워야 할 기본적인 원칙에는 무엇이 있을까요?

'좋은 코드의 정의'에는 여러 의견이 있을 수 있지만 '좋은 코드를 만드는 여건'을 위한 필수 활동들은 존재한다. 컨벤션 가이드 준수와 코드의 정적 분석을 통한 커버리지 측정, 작은 단위의 테스트 케이스 작성, 꼼꼼한 코드 리뷰, 개밥 먹기[3] 등이 그것이다.

개밥 먹기라는 용어는 "프로그래머는 자신이 만든 소프트웨어를 직접 사용하고 테스트해야 한다"고 주장한 데서 유래했다. 위키피디아의 설명에 따르면 유명 배우가 개 사료 CF에서 자신의 개에게도 이 사료를 먹인다고 한 데에서 처음 퍼지기 시작했다. 이후 마이크로소프트의 품질 관리 테스트 부서에서 '우리끼리 개밥 먹기'라는 제목의 이메일을 보내 우리가 만드는 제품의 사내 사용을 늘리자고 제안했다. 이 내용이 널리 퍼지면서 'Eating your own dog food'라는 용어가 널리 퍼지게 되었다고 한다. 어감이 좀 낯설 텐데 굳이 의미 있는 단어로 풀어보자면 출시 전 내부 테스트, 출시 전 개발 테스트라고 명명하면 적당할 것 같다. 출시 전 개발 테스트는 코드의 품질을 향상시키고, 잠재적 결함이나 버그를 사전에 발견하여 수정할 수 있는 장점이 있다. 물론 사전 QA 같은 프로세스로 결함이나 버그를 최소화할 수 있는 장치는 마련되어 있을지라도 QA로 넘어가기 전에 개밥 먹기를 선행해 결함을 최소화하는 것이 소프트웨어 품질 향상 과정에서 꼭 필요하다.

---

3 참고: https://en.wikipedia.org/wiki/Eating_your_own_dog_food

개밥 먹기가 당연한 과정으로 인식되는 조직이라면 테스트를 반복적으로 수행하며 개발이 진행되기 때문에 코드와 요구사항 사이의 일치를 보장할 수 있다. 빠른 피드백과 반복적인 개발을 통해 안정적이고 견고한 소프트웨어를 만들기 위한 방법론으로 많이 사용된다. 결국 이 용어의 의미는 프로그래머는 제품 이해도가 높아야 한다는 것이고, 사용자 입장(고객 경험)에서 제품을 생각하는 능력을 키워야 한다는 것이기도 하다.

그렇다면 좋은 코드는 무엇일까? 좋은 코드의 근간은 가독성과 유지보수성이다. 실제로 '읽기 좋은', '읽기 쉬운' 이런 식의 제목을 가진 코딩 도서도 많이 존재한다. 다음 소개하는 용어들은 반드시 지켜야 하는 항목이다. 이는 개발자들 사이의 코드 이해도를 향상시키고, 프로젝트의 일관성과 품질을 유지하는 데 도움을 준다. 용어는 업계에서 자주 쓰이므로 참고하기 바란다.

- Meaningful Names: 변수, 함수, 클래스 등에 의미 있는 이름을 사용하여 코드의 의도를 명확하게 전달
- SRP(Single Responsibility Principle): 함수와 메서드는 하나의 기능만 수행하고, 작고 간결하게 작성
- Code as documentation: 코드를 설명적이고 이해하기 쉬운 방향으로 작성
- DRY(Don't Repeat Yourself): 중복 코드는 피하고, 공통된 기능은 재사용 가능한 모듈로 추출하여 코드의 재사용성을 고려
- Consistent in Naming and Structure: 함수와 클래스의 이름, 인터페이스, 구조 등을 일관성 있게 유지하여 코드를 읽기 쉽게 표현(비슷한 표현으로 Convention over Configuration도 있다)
- Testability: 코드는 테스트 가능하게 작성되어야 한다.
- Loose Coupling: 느슨한 결합을 유지하여 유연하고 확장 가능한 코드 작성
- Explicit Error Handling: 오류에 대한 명확한 처리 방법을 제공

- Continuous Refactoring : 코드의 질을 유지하기 위해 주기적으로 리팩터링을 수행하여 코드를 개선(주기적인 기술 부채 해소)

좋은 코드에 대한 원칙이나 본인의 생각, 그리고 팀이 생산하는 코드의 품질 향상에 대해서는 한 번쯤 고민해봤을 것이다. 다만 그게 '코드를 잘 짜는 능력'이라기보다 '개발을 잘하는 능력'과 같은 넓은 범주에서 고민하기 때문에 막연할 수도 있다. 어떤 원칙으로 나와 내가 속한 팀의 코드 품질을 관리해야 할지 고민하며 적용하다 보면 좋은 코드에 대한 관점이 더 단단해지고 균등한 코드 품질을 유지하는 팀의 성장 또한 목격할 수 있다.

8.5.3 코드 리뷰를 더 잘하기 위한 방법

> 컴퓨터가 이해할 수 있는 코드는 멍청이도 작성할 수 있다. 좋은 프로그래머는 사람이 이해할 수 있는 코드를 작성한다. – 마틴 파울러

좋은 개발 조직은 CoC$^{\text{Convention Over Configuration}}$(설정보단 관례)를 바탕으로 팀 내 코드 리뷰를 위한 가이드를 만들어서 네이밍, 코드 준수 사항의 의사결정 횟수를 줄이고 단순하고 유연하고 통일감 있는 코드를 지향한다. 따라서 보다 효율적인 팀 코드 문서를 생산하는 것을 목표로 한다.

- 새로 합류한 직원도 팀의 가이드라인을 준수할 수 있도록 코딩 가이드와 코드 리뷰 가이드를 작성한다.
- 코드의 네이밍만으로도 기능을 유추할 수 있어야 한다.
- 코딩 가이드와 코드 리뷰 가이드는 팀 내 개발 문화로서 엄격한 준수를 지향한다.

- 툴의 통일성, 단축키의 기본 설정화를 지향하여 코드 리뷰 시 단축키 사용 등의 팁 또한 공유되어야 한다.
- 단순히 코드 품질만 논의하는 게 아니라 버그나 방어 코드 필요 여부, 관행적 명명을 준수하였는지 사이드 이펙트는 없는지 고민해서 리뷰한다. 또한 항상 본 문서 이외의 방식에서 주장하는 바는 근거 자료를 찾아 보충하도록 한다.
- 개선이 필요하다면 '왜 개선해야 하는가?'에 대해 충분히 설명이 필요하다. 설명이 없다면 결국 코드에 트집을 잡겠다는 것밖에 되지 않으므로 개선을 위한 구체적인 제안이나 사례를 소개한다. 참고할 만한 사례가 없다면 개선 이유를 상세히 설명한다.

팀 코딩 가이드 준수는 매우 중요하다. 코드는 항상 같은 사람이 작성하는 게 아니다. 팀 전체의 작업이자 크게 보면 회사의 작업이기도 하다. 설령 혼자 하더라도 규칙 준수는 기본이다.

자바는 자바 표준 가이드[4]를 따름으로써 가독성이나 추후 유지보수까지 적은 비용으로 더 많은 효율을 추구할 수 있다. 코딩 가이드Coding Guide, 코딩 컨벤션Coding Convention이라고 보통 명명하는데 코드의 시그니처와 네이밍만으로 무엇을 하는지 쉽게 파악할 수 있도록 작성한다. 이런 코딩 가이드를 준수함으로써 더 좋은 코드 리뷰 규칙을 따르게 되고 성장에도 도움이 된다. 코딩 가이드는 그 자체로써 가독성을 가지며 코딩 컨벤션은 그 자체로써 문서와 같은 역할을 한다(마틴 파울러Martin Fowler는 이를 Code as documentation[5]이라고 명명하였다).

인수인계를 생각해보자. 넘겨받은 코드가 명확하고 네이밍만으로 의미나 역할을 이해할 수 있다면 그것 자체가 하나의 문서가 될 수 있다. 인계자가 먼저 노력하는 것이 중요하겠지만 팀의 컨벤션과 코딩 가이드가 명확하면 코드 히스토리를 따로 정리하지 않아도 되고, 인수자가 '왜 클래스명, 메서드명을 이렇게 지

---

[4] 참고: https://www.oracle.com/java/technologies/javase/codeconventions-contents.html
[5] 참고: https://martinfowler.com/bliki/CodeAsDocumentation.html

었지?'와 같은 고민을 하지 않을 것이다. **쓸데없는 고민을 줄여주는 것이 선임자들의 역할이고 프로세스이다.**

언어마다 존재하는 표준을 토대로 확장해야 하며 모든 이들이 동일한 품질의 코딩 가이드를 준수해야 한다. 한두 명이 어기기 시작하면 코드는 난잡해지고, 코드 리뷰 시간에 기본 사항이나 지적하면서 서로 불편한 관계가 된다. 결국은 좋은 코드를 위한 스타일을 가이드함으로써 개발에 집중하는 시간을 늘릴 수 있다. 개발 환경이나 개발 툴, 심지어 개발 단축키 등도 표준으로 설정하는 것을 권고한다. 이는 코드 리뷰 혹은 페어 프로그래밍을 할 때 큰 도움이 된다.

코드 리뷰의 목적은 무엇일까? 최우선 목적은 코드 자체를 이해하는 것이다. 다만 이해에 그치지 않고 구조적으로 명확한지, 로직의 흐름이 기존 로직에 영향을 미치는지, 요구사항에 부합되는 코드인지를 리뷰한다.

코드 리뷰를 하기 위해 이해해야 할 항목을 다음과 같이 정리하였다. 이 내용들은 엄격한 표준이라고 정의해도 무방하다(컴파일이랑은 상관없지만, CoC라고 함의적으로 해석할 수 있다). 코드 리뷰 절차가 간소화되는 것은 찬성이지만, 적어도 다음 사항들은 정리되어야 논의 시간이 줄어들게 될 것이다.

- 비즈니스 요구 사항에 대한 이해
- 작성자 의도 파악
- 코드의 구조적 이해
- 코드의 기능적 이해
- 코드의 명확성과 가이드라인 준수 리뷰(가독성, 유지보수성, 확장성, 테스트 준수)

- 개선 제안 활동과 개선 영향도 파악(버그 유발, 레거시 코드와의 사이드 이펙트, 성능 향상)
- 팀의 커뮤니케이션 활동

이 가이드라인을 토대로 코드 리뷰를 제도화하는 것을 권하지만, 이 코드 리뷰 자리가 절대 불편해서는 안 된다고 생각한다. 코드 리뷰 문화가 잘되어 있는 개발 회사와 그렇지 않은 회사 간에는 극명한 차이가 있다. 남의 코드를 고치거나 지적하는 게 불편해 기피하는 회사가 있는가 하면, 개인 코드도 팀의 유산으로 인정하고 서로의 코드를 보완하여 버그를 줄이고 좋은 소프트웨어 품질을 유지하는 회사도 있기 마련이다. 나의 기존 스타일을 벗어나 더 나은 수준의 코드를 바로 옆에서 지켜볼 수 있는 값진 기회이다. 리뷰가 불편한 건 코드에 대한 지적 때문이므로 코드는 개인 산출물이 아니라는 인식부터 선행되어야 한다.

원칙만 명확하다면 리뷰 시 감정을 얹어서 불만을 표출하기보다는 나의 코드, 팀의 자산이 더 나은 결과물로 업그레이드된다는 인식을 갖고 때론 불편함을 감수해야 지속적으로 견고한 팀 프로덕트를 유지할 수 있을 것이다. 따라서 코드 리뷰에서 해야 할 것과 하지 말아야 할 것에 대해서도 구성원들과 합리적으로 고민해야 한다. 그러기 위해서 Gunnar Morling이라는 개발자의 블로그에서 소개된 **코드 리뷰 피라미드 규칙**을 소개하고자 한다. 코드 리뷰의 전반적인 방식이나 툴을 제안하는 것은 상당히 어려운 일이지만 코드 리뷰 피라미드 규칙은 참고하기 좋은 제안이므로 간단하게 설명하겠다.

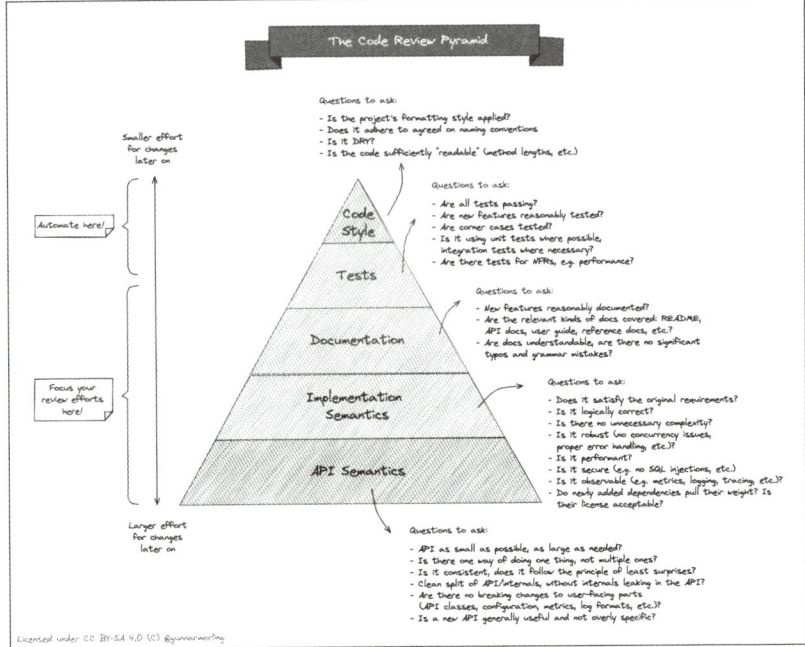

그림 8-1 코드 리뷰 피라미드[6]

코드 스타일에 대한 질문

1 프로젝트 포매팅 스타일이 적용되었나?

2 네이밍 컨벤션이 준수되었는가?

3 DRY(Don't Repeat Yourself)가 준수되었는가?

4 코드의 가독성이 충분한가?

테스트에 대한 질문

1 모든 테스트를 통과했는가?

2 새 피처들이 적절하게 테스트되었는가?

---

6 출처: https://www.morling.dev/blog/the-code-review-pyramid

3 코너 케이스들이 테스트되었는가?

4 유닛 테스트와 통합 테스트가 적절하게 사용되었는가?

5 비 기능 요건(ex. 성능 테스트)에 대한 테스트가 이뤄졌는가?

문서화에 대한 질문

1 새 피처들이 문서화되었는가?

2 관련 문서들이 모두 나왔는가? (ex. README, API 문서, 유저 가이드, 레퍼런스 문서)

3 문서는 모두 이해하기 쉬우며 중요한 오타나 문법적인 오류는 없는가?

Implementation Semantics에 대한 질문

1 요구사항을 만족하는가?

2 로직이 올바른가?

3 불필요하게 복잡하지는 않은가?

4 견고한가? (동시성 이슈, 에러 핸들링 등)

5 성능이 좋은가?

6 보안이 좋은가? (SQL 인젝션 등)

7 모니터링할 수 있는가? (메트릭, 로깅, 트레이스 등)

8 새로 추가된 의존성이 그 역할을 하는가? 라이센스 문제는 없는가?

API Semantics

1 API들은 적절한 크기로 구현되었는가?

2 한 가지 일을 하기 위한 한 가지 방법이 있는가?

3 일관성이 있는가? 놀람 최소화 원칙[7]이 적용되었는가?

4 API와 내부 함수가 명확하게 분리되어 있는가?

---

7   참고: https://ko.wikipedia.org/wiki/놀람_최소화_원칙

5 사용자 대면 영역에서 호환성이 깨지지 않는가? (ex. API 클래스, 설정, 메트릭, 로그 포맷 등)

6 새로 작성한 API가 충분히 사용 가능한가? 쓸데없이 구체적인 것은 아닌가?

이 내용들은 상단일수록 나중에 바꾸기 쉽고 자동화가 가능하며, 밑으로 내려갈수록 나중에 변경하기 어려우므로 해당 부분 리뷰를 집중적으로 공들여야 한다고 설명하고 있다. 즉, 집중해야 할 부분에 더 나은 규칙과 더 나은 기술적 향상을 고민해서 한 단계 더 높은 코드 리뷰 문화를 꾀해야 한다는 것을 뜻한다. 이를 참고로 꽤 많은 부분을 자동화할 수 있다는 사실을 알게 되고 중요하지도 않은 것을 가지고 동료들과 언쟁을 한 건 아닌지 되돌아볼 수 있다.

더 좋은 품질의 제품을 개발하고 유지하는 일은 굉장히 어렵고 꾸준한 노력이 필요한 업무이다. 집중할 곳에 좀 더 세밀한 룰을 만들고 더 높은 퍼포먼스를 발휘해야 한다. 사이드 잡에게 시간을 투자하는 우를 범하지 않길 바란다. 만약 코드 리뷰 문화가 익숙하지 않다면 본 문서를 코딩 가이드로 첨부하고 이 코딩 가이드라인을 제대로 지키는 노력부터 기울여보자. 마찬가지로 큰 피처일수록 코드 리뷰를 1차, 2차로 나누어 전반적인 흐름을 먼저 리뷰한 후 세밀한 문법이나 버그 방지 리뷰를 하는 방식으로 해야 한다. 즉, 큰 쪽에서 세세한 쪽으로 진행하며 때마다 논의 주제를 정해 간단히 리뷰하는 것도 좋은 방법이라고 본다.

- 코딩 가이드와 네이밍 컨벤션을 마련하자.
- 코드는 나의 결과물이 아니다. 팀의 공통 자산이고 회사의 자산이므로 내 코드를 지적당하는 시간이 아닌 더 나은 결과물을 위한 과정으로 인식하자.
- 팀에 더 나은 코딩 노하우를 전파하는 공통 문서를 업그레이드하며 지속적으로 관리한다. 더 나은 코드에 대한 제안은 항상 열려 있고 팀에 기여하는 중요한 활동으로 인식하도록 독려한다.
- 새로 온 멤버가 쉽게 따라올 수 있도록 표준화된 명세서를 만든다.

- 코드 스타일 검수와 테스트는 가급적 자동화한다.
- 문서화와 분석, 개발, 리뷰, 배포 표준화에 대한 프로세스를 확립한다.
- 코드 리뷰가 익숙하지 않다면 먼저 위의 사항들을 마련한 뒤 전체 플로우에 대한 리뷰와 핵심 로직에 대한 세밀한 리뷰를 분할하자. 코드 리뷰 자체는 20~30분 정도 간결하게 여러 번 하는 게 낫다.
- 새 업무에서도 좋은 품질을 유지하는 것이 개발자의 실력이며, 예상 가능한 퍼포먼스를 내는 것이 프로들의 업무 역량이다.
- 코드 리뷰를 통해 팀의 제품이 견고하게 발전하며 꾸준히 성장한다는 사실을 구성원들이 명확히 인지하고 따라야 한다. 따르지 않는다면 당신은 팀에서 배제되어도 상관없는 인력이라는 뜻이며, 협업하기에 까다로운 사람이라는 근거가 된다.

이런 활동으로 소프트웨어 품질 개선과 프로세스 효율성을 제고할 수 있다면 팀의 개발 문화 개선과 업무 역량의 증대로 이어질 수 있다.

8.5.4 일정과 품질의 트레이드 오프

> Q. 입사한 회사에서 퇴사자의 코드를 인수인계받았는데, 특정 시스템에 접속하기 위한 정보가 하드 코딩되어 있는 걸 발견했습니다.
> 개발 당시 제대로 된 프로세스를 논의하지 못해 이러한 주요 정보들이 관리되고 있지 않다는 것을 알게 되었을 때 이 코드의 문제점과 해결 방식은 무엇일까요? 지원자에게 주어진 시간은 3일이라고 가정하고 어떻게 해결할지 설명해주세요.

8.1절 서두의 질문을 기억해보자. 기술과 일정의 트레이드 오프는 꽤 많은 조직에서 고민하고 있다. 해결책이라고 해봐야 기술을 도입하고 일정을 늘리거나, 일정을 고집하고 기술을 포기하는 단순한 선택을 하면 되겠지만 면접에서 요구

하는 것은 'A or B를 선택할 것이냐'가 아니다. '어떤 방식으로 해결할 수 있겠는가'일 것이다. 그렇다면 품질의 경우는 어떨까? 신기술 적용과 다르게 장애나 고객 경험에 바로 연결되므로 신중한 답변이 필요하다.

일정과 업무의 우선순위 조정

일정이 촉박할수록 품질은 떨어지기 마련이다. 몇 해 전 개발을 하다가 '너무 급해서 이렇게 작성했어요'라는 주석을 본 적이 있다. 그 당시 개발 트렌드는 하드 코딩된 주요 정보들은 외부 변수화하는 게 원칙이었다. 더군다나 시스템 접근 데이터가 담겼다면 코드를 읽어 들이는 시점에 암복호화 모듈을 적용하여 필드 암호화를 해두어야 했는데 그러지 않았다. 이를 보고 한심하기보다는 '얼마나 촉박했으면 30분도 더 투자하지 못했을까?'라고 생각했다. 단순한 설정 외부화는 10분이면 테스트까지 끝낼 수 있을 텐데 말이다.

이번 절의 질문엔 어떻게 답해야 할까? 단순히 외부 변수화나 암호화 라이브러리 적용을 알고 있는지 물어보는 게 아니라 얼마나 견고하게, 다른 동료들도 사용할 수 있게 쉬운 적용이 가능한 시스템을 마련할 건지 보여줘야 한다. 물론 외부 변수화와 Jasypt와 같은 라이브러리 적용도 틀린 답은 아니다. 하지만 이보다는 **'프로젝트 전반에 걸친 주요 정보들이 관리되고 있지 않은 점'**과 비교적 충분한 시간인 '3일'이 주어졌다는 것에 주목하여 답변하자.

전반적으로 Secrets Management 도구를 적용하여 프로젝트 표준을 마련하고, 다른 개발자도 이 시스템을 검토하도록 상위 조직장을 통해 권고하는 것을 고민할 것이라고 한다면 좋은 점수를 받을 수 있다. 면접에서 더 기술적인 대화를 해보고 싶다면 주어진 시간에는 본인이 담당한 문제를 해소할 수 있지만, 다른 개발자들에게도 중앙관리형 시스템의 검토와 충분한 테스트를 위해 추가적인 시간을 요구하여 해당 프로젝트 전반에 걸쳐 도입할 수 있도록 유도하는 편이 더욱 지원자를 돋보이게 만들 답변이 아닐까 한다.

중앙 집중형 관리 방법인 Secrets Management 관련 솔루션은 여러 제품군이 존재하며 하시코프HashiCorp의 볼트Vault가 가장 대표적이다. 이 밖에 AWS의 AWS Secrets Manager, 구글 클라우드의 Secret Manager 등을 활용할 수 있고, 스프링이라면 스프링 볼트Spring Vault가 대표적이다.

일정이 촉박하다면 '인원 추가로 해결하겠다'라는 답변은 좋지 않다. 신규 인력은 업무 이해도나 개발 스킬셋에 대한 이해도가 떨어지기에 기존 인력이 새 인력에 시간을 투자해야 하기 때문이다. 단순 작업이 많다면 모를까 그렇지 않다면 **예외 사항을 점검하고 위험 요소들을 제거해야 예상 가능한 선에서 합리적인 안**이 나올 수 있다.

가장 좋은 것은 작은 단위 기능으로 중요한 업무 단위를 나누고 우선순위에 따라서 개발하되, 우선순위가 낮거나 투자 대비 효용가치가 떨어지는 기능(난이도는 높은데 기능의 중요도가 떨어지는)을 최대한 축소하거나 제거하고 오픈 이후 추가해야 한다. 이렇게 되면 우선순위에 따라 적절한 업무 배분이 가능해진다.

스타트업이라면 결과물을 빠르게 도출하기 위해 MVPMinimum Viable Product (최소 기능 제품)[8] 방식의 개발을 추구해야 한다. 기능 스펙이 길고 중요도가 떨어지는 것들은 과감하게 후 순위로 미루고 필수 기능만 구현하여 빠르게 시장에 출시하

---

8   참고: https://ko.wikipedia.org/wiki/최소_기능_제품

여 반응을 보는 것이다. 이런 방식으로 하면 새로운 기술을 사용할 수 없게 되지만 기술적 자유도보다는 일정이 최우선이 되어야 할 것이다.

회사와 개인의 입장 사이에 생기는 차이를 좁히는 것은 '상황을 정확히 이해시키는' 설득과 공감의 과정을 거친 원칙이다. 그래야 서로 한 발씩 양보가 가능하다. 상황 설명 없이 무턱대고 안 된다고만 하면 불만이 쌓이고 사기 저하와 이탈 가속화로 이어지게 된다.

또한 일정이 급해도 기술 부채가 쌓이는 것을 경계해야 한다. 좋은 품질의 코드를 작성해야 한다는 의미가 아니다. 추후에 고도화할 수 있는 경계를 미리 그어놓고 오픈 이후에 후 순위 업무들을 고려한 엔터티 설계나 아키텍처 설계 정도는 확보해야 한다. 엔터티나 아키텍처 변경은 코드 변경보다 훨씬 시간이 오래 걸린다. 따라서 후순위 업무나 고도화를 통해 추가해야 할 범위를 파악하여 설계에 반영하는 것까지는 해놓아야 추가적인 기능 추가나 변화에 유연하게 대응할 수 있다. 기능 이해도가 떨어져서 두세 번 코드를 수정하는 일이 반복되면 안 된다. 따라서 필수 기능이나 우선순위가 높은 화면은 간단히 자리에서라도 시연하여 이해관계자들의 의도대로 동작하는지 확인하고 다음 사이클로 넘어가야 한다.

나 같은 경우 **중요 프로젝트를 진행할 때는 보통 2~3주 단위로 데모 데이를 갖고 주요 기능들을 시연하고 유관 부서 담당자들에게 기능 수정 사항을 확인**한다. 화면이 없더라도 간단한 버튼이라도 나열하고 '이 기능이 이런 데이터들을 불러오고 그다음 액션은 어떤 기능이 될 것이다' 정도의 간단한 스펙 구현을 검증하여 유관 부서의 요구사항을 확인한다. 이를 통해 기획 의도와 기능 수정 사항, 문제점을 미리 파악할 수 있으며 이는 출시 제품의 품질 향상으로 이어진다.

신기술의 도입으로 인한 일정 지연

기술적 자유도가 높은 회사여도 스킬셋을 선택할 때 학습 곡선learning curve[9]과 유지보수성software maintenance[10]은 최우선 순위로 고려해야 할 사항이다. 보통 이 비용들을 간과하고 새로운 기술을 채택하는 경향을 많이 보아왔다. 개발 분야에서 학습 곡선은 해당 분야에 능숙해지는 데 필요한 지식과 기술을 습득하는 데 필요한 시간과 노력을 의미한다. 학습 곡선은 개인의 배경, 기술의 복잡성, 특정 직무 또는 역할과 같은 여러 요인에 따라 달라질 수 있으므로 쉽게 예측하기 어려운 영역이기도 하다.

과거 같이 일하던 동료들이 기술적인 장벽으로 도입에 어려움을 겪었던 두 가지 기술이 있다. 하나는 2009년도 즈음 1.x 버전의 스프링 프레임워크를 적용하는 것과 다른 하나는 2015년경 쿠팡에서 JPA와 같은 ORM 기술을 적용할 때였다.

스프링의 경우 XML 설정 지옥에서 헤어나오지 못할 정도로 기존 자바 서블릿 기반의 경력을 가진 백엔드 개발 구성원들이 굉장히 어려워했으며, JPA의 경우 개발 사상을 바꾸는 수준이라(쿼리를 직접 작성하는 영역에서 엔터티 연관 관계 매핑을 통한 자동화된 쿼리를 사용하는 영역) 나를 포함한 많은 동료가 거부감을 갖고 있었다.

이를 해결하기 위해 스프링은 약 6주에 걸쳐 매주마다 기술 세미나를 반복했다. 강의 자료를 만들어 팀에 공유하고 발표하는 방식으로 조직 구성원들이 잘 사용할 수 있게 한 것이다. 그만큼 기존 개발자들에게는 러닝 커브가 심한 편이었다.

후자인 JPA 도입은 실제 SI 프로젝트에서 실패한 케이스도 목격한 적이 있을 정

---

[9] 참고: https://ko.wikipedia.org/wiki/학습_곡선
[10] 참고: https://ko.wikipedia.org/wiki/소프트웨어_유지보수

도로 허들이 높았었다. ORM 기술은 같이 일하는 동료와 당시 쓰던 SQL Mapper(MyBatis)로 할 것이냐, JPA로 할 것이냐로 사내에서도 의견이 나뉘었다. 기술적인 장벽보다 의도하지 않은 쿼리가 자동으로 생성되어 호출되고 튜닝하기 어려운 복잡한 구조의 쿼리를 작성하기 어렵다는 심리적인 장벽이 컸다. 안정적으로 적용하기까지 꽤 시간이 걸렸었다. 지금은 다행히 주류 기술로 인정되어 이제 자바 백엔드 영역에서 가장 많이 사용되는 기술이 되었지만 당시에는 오류 하나를 잡지 못해서 반나절에서 하루를 낭비하는 경우도 허다했다. 공식 자료나 기술적 성숙도가 낮았기 때문이다.

기술 도입 이후 롤백하는 경우는 생각보다 많다. 따라서 개발 입장에서 기술을 적용하는 것은 자유로울 수 있지만 학습 곡선과 유지보수를 고려하지 않은 도입을 주장한다면 그것은 회사의 기회비용을 전혀 고려하지 않은 단순한 개인의 고집이나 기호에 불과할 뿐이다.

스타트업의 경우 사업이 번창하면서 해당 스킬셋이 주력이 될 것이고, 해당 언어나 프레임워크, 관련 인프라 기술의 인력을 쉽게 구하지 못할 수도 있다. 회사 입장에서는 기술을 선정하고 학습 곡선이 얼만큼 발생하는지, 유지보수를 할 수 있는지 여부를 판단하기 어렵다. 비교적 기술 적용이 자유로운 스타트업일지라도 **기술 검토를 할 때 '개인의 의견'보다는 회사의 입장을 고려하는 게 맞다.** 기술 도입을 주장하는 당사자라면 적어도 다음 사항 정도는 고민해야 한다.

- 해당 기술이 시장에서 문제없이 작동하는지 검증되었는가?
- 해당 기술을 이끌 기술 리더가 존재하는가? 혹은 도입을 주장하는 본인이 기술 리딩을 할 수 있을 정도의 숙련자인가?
- 러닝 커브를 감수하고(업무적으로 솔루션이 될 수 있는) 적용할 만한 기술인가?
- 기술적인 영역에서 담당하던 인력이 퇴사한 이후에도 유지보수가 가능한가?

신기술 도입은 너무나 무거운 일인데도 '해보고 싶다'는 단순한 이유로 적용하게 되면 일정 지연과 그로 인한 각종 비용(인력 공백, 유지보수, 학습 비용)으로 이어진다. 그것은 또 일정이나 제품 품질과 직결되는 문제이며 회사 입장에서는 기회비용의 부담, 개발 그 이후의 유지보수까지 고려하여 판단을 내려야 하므로 무엇보다 가치 판단에 신중해야 마땅하다.

8.5.5 기술 부채 해소하기

> Q. 우리 팀에서 A 서비스를 운영한 지 5년이 경과되었습니다. 성장하는 서비스라 많은 피처가 반영되고 있는데요. 현재 운영 중인 A 서비스에서 오래되어 쓰지 않는 코드도 있고, 담당자의 퇴사 등으로 히스토리를 파악하기 어려운 레거시 서비스의 기술 부채는 어떤 방식으로 해소할 수 있을까요?

주니어에게는 잘 하지 않을 질문이겠지만 여기서 기술 부채technical debt만은 알고 넘어가야 장기적으로 유리하기에 관련 내용을 정리해보았다.

기술 부채 해소를 위한 팀의 노력은 상시적이고 지속적이어야 한다. 프로젝트 개발이나 피처feature(기능) 개발 시에는 최소한의 가이드라인만 지키되 주기적으로 기술 부채를 해소하기 위한 활동 기간을 따로 갖거나 내부에서 경품을 걸고 행사처럼 제도화한다면 팀 빌딩에도 유용한 조직 관리 기법이 될 것이다. 나 같은 경우도 1년 중 별도의 기간을 두어 이 기술 부채를 해소하는 데 쓰는 편이다. **'기술 부채 해소의 날'과 같은 행사를 만들어 '해야 되는 일이지만 그동안 미뤄두고 못 해온 일'을 처리**하는 것이다.

지원자가 만약 개발 조직 관리자라면 이런 활동을 팀원들에게 주기적으로 독려하는 것으로 팀 빌딩이나 기술 부채를 관리할 것이라는 답변을 할 수 있게 된다. 주니어라면 팀 리더에게 제안해 팀 빌딩에도 도움이 되는 행사를 제도화하겠다고 답변한다면 좋은 인상을 받을 수 있을 것이다.

'코드 청소하는 날', '클린 데이', '벌레(Bug) 잡는 날'처럼 프로젝트 종료 후 일정 시간을 투자하여 모여서 업무를 나누고 처리한 뒤 지표를 확인하는 활동이 필요하다. 마치 게임 팀플레이를 하듯 미션을 부여하고 수행 측정으로 성과나 상품을 부여한다면 유쾌한 기억으로 남을 것이다. 팀 빌딩 측면에서도 무척 의미 있는 활동이다. 이런 활동을 하기 위해서는 객관적인 지표를 측정할 수 있어야 한다. 그럼 그 방법들을 어떻게 마련할 수 있을까?

일정에 밀려 임시 처리했다거나 작동하게만 만들어놓고 나중에 하려고 계획한 일들, 규모에 맞지 않는 아키텍처(오버 엔지니어링 포함) 등으로 인해 시간이 지날수록 기술 부채는 쌓일 것이다. 이를 측정하고 개선하는 것도 소프트웨어 품질 향상에 꼭 필요한 영역이다.

가장 쉬운 방법부터 하나씩 해소하면 시간이 지나 비교적 견고한 품질을 유지할 수 있는데 사실 쉽지는 않다. 먼저 품질 관리를 위해서 가장 적극적으로 해야 할 건 테스트 케이스이다.

① 코드 커버리지 지표 관리

코드 커버리지는 자동화된 테스트(주로 단위 테스트)를 통해 소스 코드가 얼마나 테스트되었는지를 나타내는 지표이다. 테스트 스위트$^{test\ suite}$가 실행된 결과로 얻어지며 주로 백분율로 표현된다. 수치가 높을수록 코드에 대한 테스트 커버리지가 높다는 뜻이다. 배포를 위한 최소한의 가이드라인은 이 부분에서 지켜져야 한다. 팀이나 업무별로 목표 수치는 다를 수 있지만 주요 핵심 로직들을 리뷰하며 테스트 케이스를 같이 살펴봐야 업무 요건이 명확해지는 것은 자명하다. 또 테스트를 만들다가 마주하는 나쁜 냄새$^{code\_smell}$를 바로바로 쳐내야 한다. 코드 커버리지를 높이는 동시에 중복되는 기능의 병합과 기능 최소화를 같이 수행하면 재사용성이나 함수 역할이 적절하게 나눠지는 효과도 얻을 수 있다.

② 정적 코드 분석

소나큐브^{SonarQube}같은 정적 분석 도구의 힘을 빌리는 것도 추천한다. 정적 코드 분석은 소스 코드를 실행하지 않고도 코드를 분석하여 잠재적인 버그, 취약점, 스타일 가이드 위반 등을 찾아내는 분석 기법이다. 이를 통해 소프트웨어의 코드 품질 지표를 향상시킬 수 있다.

③ 장애 알림과 일별 지표 확인

모니터링 도구에서 제공하는 자원별 임계치를 운영 시점에 설정하여 미리 장애 알림을 받는다거나 일별로 자원들의 지표를 확인하는 작업도 필요하다. CPU와 메모리의 사용률, 잔여 디스크 용량, 요청 처리량, 네트워크 지연이나 에러 로그를 매일 아침 모아서 운영 부서가 한눈에 확인할 수 있도록 처리하면 좋다. 트래픽 임계치가 팀 전체에 공유되기 때문에 장애 대응을 기민하게 처리할 수 있다. 서비스의 운영 기간이 길어지고 연결된 서비스가 복잡해지면 응답 시간이나 트랜잭션 처리율 지표도 바뀌게 된다.

어느 정도가 임계치인지 사전에 인식하고 있어야 더 큰 장애로 이어지지 않는다. 서버 체크 리포트나 데이터 클렌징과 같은 정기적 업무에 대해서 자동화 처리하는 것도 업무 생산성을 향상시키고 기술 부채를 누적시키지 않는 좋은 방법이다.

8.6 회고와 성장, 그로스 마인드셋 갖추기

> Q. 본인을 다섯 명 규모의 팀을 이끄는 리더라고 가정하면, 팀의 성장을 도모하기 위해 해야 할 것들은 무엇이 있을까요?

다음 질문도 비슷한 의도의 질문이다.

> Q. 5년 뒤에 지원자는 어떤 모습일까요? 개인적인 목표가 있을까요?

그저 개인적인 꿈이나 목표를 묻는 게 아니라 개발자로서 지향하는 성장 방향을 듣고 싶은 것이다. 또한 어떤 리더가 될 수 있을지 궁금해하는 것이다. 모든 개발자는 자의든 타의든 경력이 쌓이며 업무적, 기술적 리더로서 능력을 발휘해야 하는 순간이 온다. 지금부터 나열하는 제목과 내용이 이 질문에 대한 답변이 될 것이므로 참고한 뒤 본인 스타일에 맞는 전문성을 키워보길 추천한다.

성장하는 개발자

지금 주니어라 해도 시간이 지나면 프로젝트를 리드하고 팀을 책임지는 입장이 된다. 아직은 일부이긴 하지만 다행히 IT 업계에서는 개발자로서의 커리어 성장을 추구하는 IC^Individual Contributor 트랙과 TM^Technical Manager 혹은 PM^Program Manager 트랙으로 나뉘어 개발자로서 리드하는 위치에 간다거나 제품이나 프로젝트를 관리하는 관리자의 위치로 갈 수 있다.

회사마다 트랙의 명칭이 다른데 해외 빅테크의 경우 Software Development Engineer(SDE) 트랙과 Technical Program Manager(TPM) 트랙이 있고, 어떤 곳은 Technical Lead와 Technical Manager로 나눈 후 각 트랙별 주니어 레벨, 시니어 레벨, 리드 레벨, Head 혹은 Principal 레벨 등의 직급 체계가 존재한다. 또한 최근 들어 해외 빅테크 기업들 사이에서는 테크 리드 업무를 하는 직급을 Staff Engineer라고 명명하고 기술 관점의 전략이나 문제 해결을 전담하는 인력을 배치하는 경우도 많다. 이미 이와 관련한 책 『개발자를 넘어 기술 리더로 가는 길』(디코딩, 2023)도 번역되어 출간되었다.

Head나 Principal이 조직의 장급에 부여된 직책이라면 Senior Lead나 Staff Engineer의 경우 개발 트랙과 관련된 역할로 이해하면 좋을 것이다. 국내에는 쿠팡이 스태프 직급을 부여하는 걸로 알고 있다. 보통은 이런 직급 체계에 따라 권한과 책임이 다르고 연봉 또한 차이가 많이 난다. 즉, 승진할수록 연봉 차이가 극명하다. 따라서 해외 기업은 승진 동기가 명확하게 처우에서 드러나는 것으로 알고 있다. 그러나 한국은 이런 체계를 따르지 않는 곳이 많고 레벨 체계를 적용했어도 레벨업에 따른 연봉 상승도 크게 기대하기 어려워 승진 동기로 작용하진 않는다. 그래서 이직을 선택하기도 한다. 그래도 개발 직군으로 남기로 결정했을 때 과거처럼 획일적으로 매니저로 전향하기보다는 개발 그룹 리더로 성장할 수 있는 선택지는 있다.

주니어도 레벨에 따라 연봉이 다르고 얼마나 좋은 평가를 받고 성장했는지를 기준으로 승진 여부가 결정된다. 이는 연봉 상승을 기대하는 동기부여 요인이기 때문에 성장의 방향과 목표는 개인과 회사 모두에게 굉장히 중요한 요소이다.

기술적인 성장으로는 팀원별로 관심 분야에 대한 기술 세미나 형태의 짤막한 지식 공유 세션이 도움이 될 것이다. 팀 스터디를 허용하는 유연한 조직이라면, 새롭게 도입하는 기술 스터디를 한 후 토이 프로젝트를 만들어보는 것도 좋은 경험이다. 만약 이런 개인이나 조직의 시간을 따로 투자하기 어렵다면 매달 나오는 이슈에 대한 트러블 슈팅 리뷰, 장애 대응 리뷰 등 일련의 해결 과정을 반드시 리뷰하는 시간을 갖자. 이를 제도화하고 각 케이스별로 문서화하여 공유하는 문화가 자리매김한다면 조직도 성장하고 개인의 대응 능력 또한 상향 평준화할 수 있다고 본다.

주변에 영향을 미치는 개발자

성장은 좁게 보면 개인의 기술적, 경험적 성장을 의미하지만 넓게 보면 나와 같이 일하는 동료들의 성장이기도 하고, 내가 몸 담고 있는 조직의 성장을 의미하기도 한다. 또한 팀 구성원으로서의 성장도 있을 수 있고, 팀의 리더로서 팀 성장을 도모하는 것을 뜻하기도 한다.

팀에 간혹 지식 공유를 즐기는 개발자들이 존재한다. 일부러 팀원들에게 알려주려고 공부하는 것까지는 아니어도 흔쾌히 알게 된 것을 공유하는 데 주저함이 없다. 이런 활동으로 남들보다 빠르게 성장할 수 있음을 알기 때문이 아닐까 싶다.

어떤 기사에서 '남에게 공부한 내용을 설명하다 보니 더 잘 이해가 됐다'라고 하는 수능 만점자의 인터뷰를 본 적이 있다. 동료는 개발자의 성장에 가장 중요한 영향을 미치는 존재이다. 실력이 좋은 동료들과 일하고 싶은 욕구는 누구나 있을 것이라고 생각한다. 자신은 주변에 어떤 영향을 미치는 동료인지 고민해보고 면접에서 본인이 '주변의 지적 성장과 업무의 확장에 영향을 주는 개발자'라는 대답을 한다면 꽤 좋은 점수를 받을 것이다.

업무의 개선, 팀의 개선

애자일 회고Agile Retrospective는 특정 기간 동안(ex. 스프린트 혹은 프로젝트, 월간, 반기, 연간 등) 팀 목표를 달성했는지 점검하고 성장하는 조직을 만들고자 하는 애자일 실천 도구 중 하나이다. 목표를 상정하고 그 목표에 다가가기 위해 실행했던 방식에 문제가 없는지, 부족하거나 필요한 것들은 없었는지 논의하는 것이 목적이다. 주요 목표는 더 좋은 팀과 프로세스를 발굴하는 것이다.

즉, 주어진 프로세스나 실행 방법을 지속적으로 개선하는 것이다. 회고는 일반적으로 반복 활동의 끄트머리에서 지난 일들을 고찰하는 형태로 많이 진행한다. 스프린트(보통 2~3주) 또는 이터레이션iteration이라고 표현하는 짧은 기간 동안 소프트웨어가 완성될 때까지 회고를 반복하거나, 소프트웨어의 릴리즈 시점 혹은 프로젝트 마무리 시점에 보통 진행한다. 그리고 이 회고에는 팀 구성원 및 이해 관계자가 모두 참여하는 것을 권고한다.

이해관계자stakeholder는 기획/Product Owner/디자인/개발팀과 실제 결과물을 사용하는 운영 부서, 해당 결과물을 이용해서 서비스를 하는 업무 관계자들이 포함되며 회사마다 조금씩 다르다. 따라서 애자일 회고의 모든 사항을 이해관계자까지 고려해서 진행하는 것보단 개발 조직 내에서 간소하게라도 진행하는 것을 추천한다. 이는 개인에게도 마찬가지로 적용할 수 있다.

개발팀에서 진행하는 프로젝트라면 하나의 개발 조직에서 생산하는 여러 부서의 동료들을 이해관계자로 보고 진행해도 무방하지만 소속된 최소 단위 조직에서 진행해도 좋다. 그것이 세 명이든 열 명이든 관계없이 특정한 주기로 회고하는 것이 중요하다. 회고할 때 팀원들은 지난 프로젝트 진행 기간 동안 가진 생각이나 문제점, 경험 등을 공개적으로 공유하고 그에 따른 피드백이나 실행 계획들도 세워 전체에게 공유하는 것을 권장한다.

성장 마인드셋(Growth MindSet) 설정

개발자는 코드만 잘 짜는 사람이 아니라, 끊임없이 배우고 성장하는 자세를 갖춘 사람이어야 한다. 성장하는 개발자는 현재에 안주하지 않고 새로운 기술과 지식을 익히며 더 나은 문제 해결 능력과 협업 스킬을 갖추는 등 명확한 덕목이 존재한다. 당연히 기술 면접과 인성 면접에서 이러한 덕목들을 검증하기 위한 여러 가지 질문들을 던지게 될 것이다. 적어도 다음의 '개발자 우매함 지표'에 해당되는 습관이나 생각들을 면접 자리에서 주장하는 어리숙한 행동을 하진 않겠지만, 기본적인 기준을 다시 생각해볼 수 있는 마인드셋이므로 이를 고려하여 답변하는 것이 유리하다. 한번 읽어보고, 우매함의 지표에 해당하는 함정 질문에 덜컥 걸려드는 일이 없길 바란다.

표 8-1 개발자의 우매함 지표 vs 탁월함 지표

주제	우매함 지표(Ineptitude)	탁월함 지표(Excellence)
기초 CS 개념 부족 vs 숙련	OS, 네트워크, DB, 데이터 구조, 알고리즘 등 기본 개념 미숙	자료구조, 알고리즘, OS, 네트워크, DB 등 CS 기본 개념의 이해
복사/붙여넣기 개발 vs 문제 해결 개발	생각 없이 블로그, 스택 오버플로, 챗GPT 코드 복사	동작 원리를 파악하고 최적의 해결책 고민

Print 디버깅 vs 체계적 디버깅	System.out.println, 로그 출력 만능론	디버거, APM, 로깅, 프로파일링 등을 활용한 디버깅
일관성 없는 코드 vs 유지보수성 높은 코드	매직 넘버, 하드코딩, 난잡한 네이밍	코드 스타일 통일, 환경 설정 분리, 코딩 가이드 준수
문서화/리뷰 기피 vs 협업 중시	"난 개발만 할 거야! 운영 업무나 리팩토링, 문서 작업은 신경 안 써!"	코드 리뷰, README, API 문서화와 현행화
새로운 학습 거부 vs 지속적 성장	"새로운 거 귀찮아, 기존 방식이 최고"	스터디, 최신 기술 학습, 커뮤니티 참여 및 지식 공유
비효율적 DB 설계 vs 최적화된 DB 설계	무분별한 SELECT *, 인덱스 없이 쿼리 남발	정규화, 인덱스 설계, 효율적 SQL · 모델링 고민
기술 부채 무시 vs 코드 개선	"레거시 리팩토링? 버그나면 책임지기 싫은데…"	점진적 구조 개선, 테스트 케이스 작성, 적극적 리팩터링
보안 인식 부족 vs 보안 강화	"SQL Injection? XSS? 몰라도 개발하는 데 지장 없어"	OWASP Top 10 숙지, SQL 인젝션 · XSS · CSRF 방지 코드 작성
버그 양산 vs 품질 높은 코드	잦은 버그 발생, 남 탓하기	예외처리 표준화, 재사용 고려한 구조, 읽기 쉬운 코드 작성
책임 회피 vs 주인의식	"문제 생길 줄 알았어. 수정하지 말자고 했잖아"	코드 품질 관리, 팀 산출물에 대한 주도적 책임
비효율적 반복 작업 vs 자동화	"수작업으로 하자. 나중에 또 고민하면 되지"	자동화된 빌드 · 배포 시스템 구축, 단순 반복 업무 자동화
부족한 자기객관화 vs 겸손한 태도	"내가 제일 잘해. 남들 의견 필요 없어"	피드백 수용, 지식 공유, 팀워크 중시
같은 실수 반복 vs 성장형 사고방식	똑같은 질문 남발, 같은 실수 반복	경험으로부터 학습 · 성장, 논리적 질문, 재발 방지 노력

얼핏 보면 '당연한 것 아닌가?'라고 생각할 수 있는데, 이런 기본적인 내용도 생각보다 실천하기 어렵다. 탁월함 지표에 해당하는 항목을 꾸준히 실천해야 성장하는 개발자, 함께 일하고 싶은 개발자로 인정받게 된다. 이해와 실천은 엄연히 다른 맥락이다. 나는 이 탁월함 지표들을 실천하는 사람이 성장 마인드셋을 갖춘 사람이라고 생각한다. 그리고 생각보다 이런 마인드셋을 가진 사람이 많지 않다. 면접 자리에서 이러한 생각들을 검증하고자 함정을 파놓고 질문하는 경우도 있다. 예를 들면 다음과 같은 질문들이다.

> Q. 기존의 익숙한 기술이 아닌 새로운 기술을 배워야 할 때 어떻게 접근하는 편인가요?
>
> Q. 팀에서 특정 업무의 단순 반복적인 일을 지속해왔을 때 분명히 이유가 있을 텐데, 이런 상황에서 본인이 취할 수 있는 방법은 무엇이 있을까요?
>
> Q. 만약 코드 리뷰 자리에서 자신의 코드가 심하게 지적받는 상황이 여러 번 반복된다면 어떻게 해야 할까요?
>
> Q. 본인이 작성한 코드가 아무래도 나아 보이는데 팀원들이 다른 방식으로 하자고 주장한다면 어떻게 해야 할까요?
>
> Q. 지난 3년간 지원자의 노력으로 개발 방법이나 협업 방식을 바꾸게 된 경험이 있었나요?

이런 류의 질문은 생각보다 답변하기 어려운 유형이다. 명확한 해법이 있는 것도 아니고 개인의 경험에 따라, 회사가 추구하는 가치에 따라 원하는 답변 방향이 미묘하게 달라질 수 있다. 이럴 때 탁월함의 지표에 근거한 답변을 고민해본다면 탈락의 위험을 방지할 수 있을 것이다. 그냥 넘어가지 말고 곰곰이 이 질문에 어떤 답변이 좋을지 고민해보도록 하자.

팀의 회고 기법

애자일에서 말하는 회고 방식은 여러 가지가 있다. 방식은 다 다를 수 있지만 추구하는 바는 명확하다. 같은 실수를 하지 않도록 제도화하는 것, 한 일을 되돌아보며 더 나은 방향으로 가기 위해 해야 할 것을 정리하고, 최종적으로 하나의 목표에 근접한 것인지 평가하는 것이다.

이를 위해 CSS – Continue(팀에서 지속해야 할 것), Stop(그만할 것), Start(시작해야 할 것)와 같은 항목으로 팀의 개선에 중점을 둔 의견을 모을 수 있다. 또는 4L – Liked(좋았던 것), Learned(배운 것), Lacked(부족한 것), Longed for(해야 할 것)과 같이 재점검을 위하여 개인 의견 반영에 중점을 둔 회고 방식도 있다.

이외에도 KPT(Keep-Problem-Try), WIW(What-I-Did, What-I-Learned, What-I-Will-Do)와 같은 회고 기법들이 있다. KPT 회고의 경우 개인과 팀 모두에게 적용 가능하다. 잘하고 있거나 유지하고 싶은 일(Keep), 개선이 필요한 일이나 해결해야 할 일(Problem), 시도해야 할 일(Try)로 나눠진다.

개인으로서는 업무나 학습에 대한 반성과 개선을, 팀의 경우는 업무적인 학습과 성장을 증진하는 데 적용할 수 있겠다. WIW는 다음의 세 가지 질문에 초점을 맞추어 개인의 목표를 설정하고, 구체적인 행동 계획을 수립해 적극적으로 움직일 수 있도록 하는 회고 기법이다.

- 무엇을 하였는가 (경험, 수행한 프로젝트 등)
- 배운 것은 무엇인가 (경험으로부터 얻은 지식, 어려움 등을 정리)
- 해야 할 것은 무엇인가 (미래 목표와 계획 수립)

WIW 방식은 개인이 미래에 바라는 목표와 희망을 공유하고 이야기하는 구조적인 회고 방법이다. WIW 회고는 지난 경험에만 초점을 두는 것이 아니라 미래의 목표와 성취를 중심으로 계획을 세우고 행동함으로써 개인의 성장과 발전을 이끌어내는 기법이다. 물론 팀 회고에 사용해도 무방하다. 팀의 회고도 똑같이 팀 관점에서 세 가지 항목을 정리하여 프로젝트에 반영하거나 개선할 점을 찾아내는 활동 계획이 될 것이다.

원칙을 갖고 이슈를 도출하고 여러 시각에서 의견을 수립한 뒤, 어떻게 할 것인가? 어떤 방식으로 해결할 것인가? 까지의 실행 계획$^{\text{action plan}}$이 도출된다면 조직의 업무이든 개인의 삶이든 목표 지향적 측면에서 큰 도움을 받을 수 있다. 따라서 프로젝트 마감마다 회고를 진행하며 새로운 목표를 수립함으로써 나와 구성원들의 변화 추구를 핵심 가치로 둘 수 있다.

자신의 발전을 고려한다면 매일, 매주 혹은 좀 더 긴 계획의 사이클 동안 회고를 반복하며 변화하는 모습을 기록한다. 단순 회의로 논의하고 끝나는 게 아니라 회고를 통해 틀을 만들고, 틀 안에서 실천해 변화를 모색하는 것이다.

팀의 회고는 사회자가 있어야 진행이 수월하다. 보통은 개발 리더나 스크럼 마스터가 그 역할을 대신해주기도 하고 없다면 돌아가면서 진행하면 된다. 사회자는 회고 방식 중 하나를 선택하여 포스트잇이나 칠판 공간을 나눠 참여자가 각 영역을 채워 넣게 한다. 그 후 공유한 생각을 바탕으로 목표를 설정하고 설정한 목표가 얼마나 실현 가능한지 투표한다. 각자의 역할에 맞게 TO-DO를 나누면 된다. 기왕이면 기한을 명시해서 결과물을 확인하는 회고까지 진행한다면 팀이 목표했던 결과물을 완성해나가는 동시에 생산성이 증대되는 효과를 가져올 수 있다.

개인의 회고 기법

개인 회고에는 목표를 이루는 기법 중 하나로 '4줄 일기'라는 것이 있다. 하루를 마감할 때 사실, 느낌, 배운 점, 선언을 각 한 줄씩 총 네 줄로 일기를 쓴다. 이를 통해 미래 목표를 되새기는 회고 기법이다. 일기에 가깝기에 개인의 성장은 물론 차분한 하루 마무리로 유용할 것이라고 생각한다.

일본의 의사이자 작가인 고바야시 히로유키는 창작 활동을 위해 3줄 일기 습관을 가지고 있었다. 3줄 일기의 구성은 사건 또는 경험을 기준으로 오늘 안 좋았던 일, 좋았던 일, 내일 해야 할 일을 간략한 경험과 감정, 기분을 중점으로 정리한다. 그날 드는 생각이나 깨달은 점을 매일 작성했다고 한다.

물론 TIL(Today I Learned)도 회고에 좋은 방식 중 하나이다. 개발자로서 매일 학습한 내용을 기록하는 습관을 들여놓으면 크나큰 무기가 된다. 나뿐만 아니라 다른 사람도 이해할 수 있도록 지식을 공유할 수 있다면 성장에 도움이 될 수밖에 없다. 단순 커밋 내역만 기록하는 것으로는 살짝 부족하다.

기록이란 결국 문서이므로 다른 이에게 읽혀짐으로써 가치가 주어진다. 단순 커밋 히스토리 관리보다는 타인에게 보여지는 문서 형식을 갖추기 위해 노력하는 것이 훨씬 큰 가치가 있다. 목표가 높다면 중간 단계를 밟아 올라갈 수 있도록 계획을 할 것이다. 목표한 지점에 가기 위해 회고나 문서화, 즉 기록은 큰 힘이 된다. 게다가 비용이 전혀 들지 않는 효과적인 방법이다.

'5년 뒤에 어떤 개발자가 되어 있을 것 같은가요?'라는 질문에 나는 어떤 목표를 가진 사람으로 각인시킬 수 있을지 고민해보자. 면접관은 이 대답을 통해 개인의 성장 가능성을 엿본 후 조직 방향성에 일치하는지까지 판단하게 될 것이다.

8.7 Wrap up

시니어라고 반드시 주니어보다 기술 능력이 뛰어날 거라는 생각은 착각일 수도 있다. 뛰어난 주니어도 있고 뛰어나지 않은 면접관도 있다. 면접자든 면접관이든 말로 자신의 생각을 잘 표현하지 못하는 개발자도 존재할 것이다. 지원자 역시 회사와 본인이 일할 조직을 평가하는 자리이다.

일방적인 심사의 자리라기보다는 회사와 나, 조직과 나 사이의 간극을 줄이고 알아가는 일종의 소개팅 자리라고 생각하는 게 편하다. 소개팅을 잘하기 위해 미리 약속 날짜를 정하고 식당을 예약하는 준비를 하는 것처럼 말이다.

다음은 한 번 더 상기해두면 좋을 내용들을 정리해봤다. 지금까지 반복적으로 언급했으니 한 번 더 리마인드해보자.

- 업무와 역할의 이해
  - 관련 도메인의 이해
- 스킬셋의 이해
  - CS 전반에 걸친 공고한 이해
  - 문제 해결 방법
  - 문제 해결을 하기 위한 Deep dive
  - 자신의 스킬셋과 회사의 기술 스택의 일치 여부
- 관심 분야 스터디
  - 관심 분야에 대한 일상적인 관심이나 사용 경험, 적용해보고자 한 흔적(커밋 로그 기록 등)
  - 유관 업계에서 쓰는 기술이나 뉴스를 통해 접한 정보가 있다면 면접 자리에서 자연스럽게 대화할 수 있다.
    [예시] 기업 A에서 재고 문제로 큰 장애가 났는데 어떤 문제인지 아시나요? 혹시 해결 방법이나 대비책, 재발 방지에 대해서 생각해본 적 있으신가요?

- 성장 가능성
  - 개발에 대한 열정 및 자기계발 노력 어필
  - 회고를 통한 개인의 발전과 조직의 발전을 추구하고 그 기법들에 대해 이해하고 실천해보자.
- 해결하기 어려웠던 문제의 해결책이나 개선 방향, 동료들에게 긍정적인 영향을 미친 사례

다음은 면접이나 학습에 도움이 될 만한 깃 리포지터리 모음이므로 본인의 상황에 맞게 참고해보길 바란다.

- **각 언어별 알고리즘 코드를 구현한 오픈소스 커뮤니티**: https://github.com/TheAlgorithms
- **grind75를 비롯한 면접을 위한 모범 사례, 이력서 가이드 등 채용 전반 자료**: https://github.com/yangshun/tech-interview-handbook
- **소프트웨어 개발자를 꿈꾸는 사람들이 애플리케이션을 처음부터 만드는 방법을 배울 수 있는 프로그래밍 튜토리얼 목록**: https://github.com/practical-tutorials/project-based-learning
- **프로젝트나 제품에 필요한 프런트엔드 체크 리스트**: https://github.com/thedaviddias/Front-End-Checklist
- **커맨드 라인 활용 모음**: https://github.com/jlevy/the-art-of-command-line
- **프로그래밍 문법 cheatsheet 모음**: https://github.com/LeCoupa/awesome-cheatsheets
- **Free Ebook Foundation**: https://github.com/EbookFoundation

8.8 처우 협상이 제일 어려웠어요

꽤 오랫동안 스터디를 같이해온 후배들이 입사를 준비할 때 가장 많이 물어보는 것이 처우 협상에 관한 것이다. 나도 수십 번 면접에 도전했고, 꽤 잦은 연봉

협상을 진행해보았기에 어떤 어려움이 있는지 잘 알고 있다. 과거에는 회사 처우에 대한 정보도 공개된 게 거의 없었고 기준점도 없었기에 깜깜이 협상에 휘둘리기 십상이었다. 이전 회사 연봉이 주된 기준이 되다 보니 거기서 몇 퍼센트 정도만 올려주고 더 이상 협상의 여지를 주지 않거나 성과급이나 사이닝 보너스 signing bonus[11] 등 현금성 제도들도 공유되지 않곤 했다.

하지만 최근에는 구직이나 기업 평가 사이트에서 평균 연봉이나 처우 정보를 볼 수 있고, 직장인 커뮤니티를 통해서도 신입 공채의 연봉부터 경력직 정보에 대한 질문 답변이 오고 가므로 좀 더 나은 환경이 되었다고 볼 수 있다. 심지어 채용 시 몇 퍼센트 이상 보장, 사이닝 보너스 조건 등을 내세우는 기업도 있다. 2023년 이후 글로벌 경기 침체의 여파로 채용과 이직 시장이 많이 가라앉은 것은 사실이나 그래도 성장하는 곳은 아직도 필요한 인재를 구하지 못해 적극적으로 채용을 하고 있다.

네카라쿠배의 신입사원 초봉 수준은 대략 5~6000만 원 정도이고 여기에 성과급을 포함하면 1000만 원 내외가 추가된다고 봐도 무방하다. 경력직은 연차에 따라 신입 공채보다 10~20퍼센트 혹은 현 직장 연봉의 10~20퍼센트 내외 정도로 잡을 수 있다. 어쨌든 최종 협상의 근거 기준은 이전 회사의 TC$^{total\ compensation}$ (총 보상액)이다.

결국은 지원자가 '꼭 뽑고 싶은 사람'이어야 처우 협상에서 유리할 수 있다. 어떤 일이든 급한 쪽이 더 고개를 숙이는 게 일반적이다. 지원 후 면접을 잘 봤다는 전제하에 다음 내용을 참고해보자.

---

[11] 회사에 새로 합류하는 직원에게 주는 1회성 인센티브

- 최소 두 군데는 붙고 나서 오퍼를 받아보자.
- 현재 시점의 내 연봉 수준이나 능력이 어떤지 궁금하다면 여러 오퍼를 통해 데이터화해보면 객관적인 평가가 가능하다.
- 보통 현재 연봉 대비 10퍼센트에서 최대 30퍼센트까지 인상안을 제시한다. 업무가 많거나 회사 보상 정책에 따라 50퍼센트까지 제안하는 곳도 있으나 일반적이지는 않다. 2023년 들어 채용이 많이 닫혀 인상률 역시 하향 조정되는 추세이다. 2024년 이후는 채용이 더 줄었기 때문에 협상의 폭도 줄어들었다고 유추할 수 있다.
- 면접을 잘 보았다던가 구인이 어려운 기술이나 업무라면 상황에 따라 연봉의 상승 폭이 다르므로 객관적인 데이터를 모아 스스로의 가치를 평가하는 게 좋다.
- 사실 오프라인에서 상담을 받는 것을 추천한다. 좋은 헤드 헌터, 좋은 동료나 선배에게 시간과 돈을 지불해서라도 배워야 할 부분이다. 이직 경험이 많은 선배나 해당 회사에 이미 재직하고 있는 동료들이 있다면 커피나 술 한 잔이라도 하면서 오프라인에서 듣는 것이 낫다. 온라인 정보는 사실 관계가 불분명하고 소위 카더라만 가지고 협상하기에는 리스크가 너무 크다. 정확한 정보를 가지고 있는 사람에게 그 정보의 값을 지불하는 편이 현명하다.
- 나는 스터디 그룹 멤버들에게 연봉 협상 조언을 요청하고 주기도 한다. 이때 지원자가 쥐고 있는 카드와 객관적인 오퍼 금액 등을 통해 최대한 서면(이메일)으로 받아낼 수 있는 몇 가지 팁들을 알려주는 편이다. 협상 시 메일로 주고받은 내용과 정확한 보상 정책을 알아야 조금이라도 정확하게 도움을 줄 수 있으며, 이때 주고받는 내용에 대해서 교정과 어필 포인트 등을 정리해주면서 희망 액수에 근접하게 계약할 수 있게 도움을 준다.
- 무턱대고 희망액만큼 안 주면 안 간다는 식이면 협상 자체가 결렬될 가능성이 매우 높다.
- 본인이 생각하는 처우와 업계의 처우에는 갭이 있고 그게 높은지 낮은지는 회사, 업무, 직무마다 다르므로 온라인 정보로는 섣불리 결정하지 말자.
- 현 직장의 연봉 외 복지나 성과급 같은 처우, 기술 커리어 관리가 만족스럽다면 이직이 최선의 선택은 아니다. 능력이 충분하다면 이직 예정인 곳의 연봉을 바탕으로 현재 회사에서 카운터 오퍼를 받을 수도 있다. 연봉 인상만 목표로 한다면 카운터 오퍼 시도도 좋은 방법이다.

CHAPTER 09

AI 시대의 개발자,
AI 도구 활용으로 업무 능력 향상하기

이제 코딩 테스트는 AI가 훨씬 더 잘 풀게 될 것이다. 이미 많은 기업이 AI 기반 코딩 도구를 활용해 코드 작성 및 최적화를 진행하고 있으며, 개발자 채용 방식 또한 이러한 흐름에 맞춰 변화할 것으로 예상된다. 전통적인 과제 구현 및 알고리즘 코딩 테스트보다는 라이브 코딩 테스트, 시스템 분석 및 설계 능력, 문제 해결 접근 방식에 더 많은 초점이 맞춰질 가능성이 크다. AI 도구를 효과적으로 활용하는 능력이 개발자의 필수 역량으로 자리 잡을 것이다.

AI 도구와 협업을 하는 시대에서 개발자가 해야 할 일은 단순히 코드 작성이 아니라 AI와 협력하여 더 빠르고, 더 정확한 문제 해결 방법을 찾아내는 것이다. 그렇다면 AI 시대에 개발자가 갖춰야 할 핵심 역량은 무엇인지, 채용 과정에서 도움을 받거나 지식을 습득하는 데 어떻게 활용할 수 있을지 살펴보자.

9.1 AI 시대에 개발자가 갖춰야 할 능력

AI와의 협업 능력

이력서부터 포트폴리오, 코딩 테스트에 걸쳐 AI 도구들의 도움을 받을 수 있다는 것은 정작 나는 그 내용을 명확히 설명하지 못하는 함정에도 빠질 수 있다는 뜻이다. 따라서 AI가 생성한 이력서나 과제를 제출해서 합격하게 되었더라도 본인이 '왜 지원했는지', '이 코드는 왜 이렇게 짠 건지', '개선할 점은 무엇인지'와 같은 질문에 제대로 답할 수 없다면 단순히 면접을 탈락하는 수준을 넘어선 불이익까지 받을 수 있음을 염두에 두어야 한다.

AI 시대에는 동료와의 협업 이상의 도구 활용 능력을 필요로 하게 될 것이다. 단순히 코드 작성에 도움을 받는 수준을 넘어서 설계나 문제 해결, 도메인 분석 능력을 바탕으로 AI 도구에게 어떤 방식으로 업무를 시키고 협업하는가를 더 중요하게 판단하게 될 것이다.

AI가 생성한 코드를 검토하거나 좀 더 개선을 할 수 있을 정도의 지식을 갖춰야 하고, AI가 생성한 결과물이 제대로 된 내용인지 판단할 수 있어야 한다. 회사의 도메인 업무는 인터넷에서 서치한 내용으로 진행할 수 없다 보니 업무의 정의와 적합한 설계, 변화에 대한 대응과 문제 해결 과정은 온전히 사람을 통해 당분간은 해결해야 할 것이다. 따라서 이와 같은 도구를 활용한 업무 프로세스의 변화를 온몸으로 받아들여야 한다.

보안 관리 및 검토 능력

또한 보안 관련 사항도 중요해질 것이다. AI에게 데이터를 넘기는 순간부터 노출의 위험이 있으므로 어떤 데이터를 넘겨야 할지, 보안 조치는 어떤 식으로 해야 할지 정책적인 한계도 세워두어야 한다. 실제로 많은 기업이 AI 도구 활용을 주저하는 이유는 업무 보안 사항이 외부로 유출될 수 있다는 우려 때문이다. 물론 설정 항목에 외부로 데이터를 보내지 않도록 하는 옵션이 존재하지만 이 사실만 온전히 믿고 업무를 진행하는 것은 무책임한 결정이다. 결국 검토와 보완 등 문제의 정의부터 해결까지 결정하는 것은 개발자의 몫이다. 이에 더해 보안 측면에서 활용에 제한을 두는 것도 고려해야 한다. 당분간은 AI 도구를 어느 선까지 활용해야 하는지 정책적인 결정과 협업 측면에서 개발자의 역할이 중요하게 부각될 것이다. 즉, AI는 코드만 짜주는 역할이고 문제 제기와 해결까지의 과정에 개발자, 기획자 등이 협업하여 결정하는 영역이 많아질 것이다.

AI도 결국 컴퓨터이기 때문에, 필요하고 명확한 데이터만 추려줘야 하고 나온 결과물 또한 요건에 부합하는지 판단해야 한다. 따라서 자기 주도형 문제 해결 능력과 리더십이 필수이다. 경우에 따라 설계나 코드가 타당한지, 사업 요건에 부합하는 사이즈의 시스템이 맞는지 전반적인 단계에서 검토와 조율을 해나가는 능력이 필요하게 될 것이다.

이제 개발 자체는 AI 도구에 의존하고 아키텍처나 도메인의 설계, 인프라스트럭처infrastructure의 구성, 팀워크와 커뮤니케이션 능력이 더 깊고 넓게 필요한 시대가 오리라 생각된다. 그외 대부분은 자동화 기술이나 명령어 등을 통해 반 자동화된 시스템으로 디지털 리소스들이 변화하게 될 것이다.

단순히 구현 능력만 보면 인간이 AI보다 나을 수 없기 때문에, 사업의 방향성을 정하고 요구 사항을 정리한 후 구현을 맡기고 결과물을 검수하는 단계에서의 역량이 필요할 것이고, 이 역량을 가진 이가 채용과 이직에 더욱 유리한 것은 당연하다. 특히나 시스템이 큰 경우 예상치 못한 곳에서 발생하는 문제점들은 사람의 개입 없이는 해소하기 어렵다.

9.2 AI 도구를 업무에 활용하기

가장 쉬운 활용 방법은 단순 반복 업무들을 자동화하는 것이다. 그렇게 되면 2~3인 몫의 개발 업무 중 절반 이상은 AI 도구들의 도움을 받아 구현하게 되면서 개발자는 나머지 역할, 즉 핵심 설계와 문제 해결에 집중하는 형태로 역할이 변하게 될 것이다. 기획부터 시장 조사 및 분석, 벤치 마킹, 요구 사항 분석, 아이디어 구체화 등 여러 사람이 며칠에 걸쳐 해오던 업무들을 AI 도구는 하루만에 할 수 있다. 설계 단계에서도 AI 도구를 활용하면 기능 명세, ERD$^{Entity\ Relationship\ Diagram}$, 시퀀스 다이어그램 등의 문서를 빠르게 생성할 수 있다. 이를 통해 개발팀은 보다 빠르게 MVP$^{Minimum\ Viable\ Product}$를 출시하고 시장 반응을 살펴볼 수 있다.

나는 챗GPT를 이용해서 시퀀스 다이어그램을 그리거나, 클로드를 이용해 발표용 자료를 시각화(HTML 형태의 16:9 PPT용 SVG 작성)하기도 한다. 예를 들어 plant-uml[1]의 링크를 챗GPT에 첨부해 요건들을 정의해주면 다이어그램을 훌륭하게 그려준다. 다음 프롬프트를 참고해보자.

주문/배송 간의 시나리오 예시

> - Order 도메인: 주문 상태를 초기로 설정하고 메시지를 전송.
> - Consumer(Shipping 도메인): 주문 상태를 CONFIRM(처리 성공) 또는 CANCEL(처리 실패)로 변경하여 메시지 발행.
> - 최종 큐: CONFIRM/CANCEL 상태 메시지는 Order가 바라보는 단일 큐로 수신.
> - 배치 처리: Order와 Shipping 도메인에서 시간 단위로 메시지 카운트를 대조하여 보정.

---

[1] https://plantuml.com/ko

이 요건에 해당하는 Sequence diagram을 plant-uml에서 사용할 수 있도록 만들어주세요.

- 주문은 최종 TCC(Try-Confirm/Cancel)로 CONFIRM 혹은 CANCEL 처리 후 일 배치로 재인식 작업을 통해 확정짓는 단계가 필요합니다.

이렇게 프롬프트를 전달하면 다음과 같이 챗GPT가 UML을 그릴 수 있는 Syntax로 변환해준다.

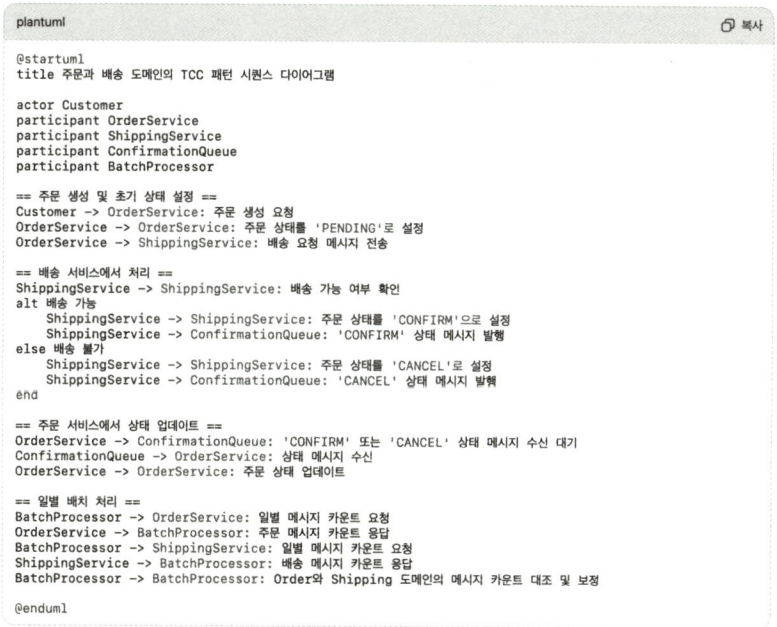

그림 9-1 챗GPT로 생성한 PlantUML 명령어

이 명령어들을 복사해서 Plant UML 사이트에 접속한 후, Online Server 메뉴에 들어가 폼에 붙여넣기한 뒤 실행하면 다음과 같은 실행 결과 파일을 얻을 수 있다.

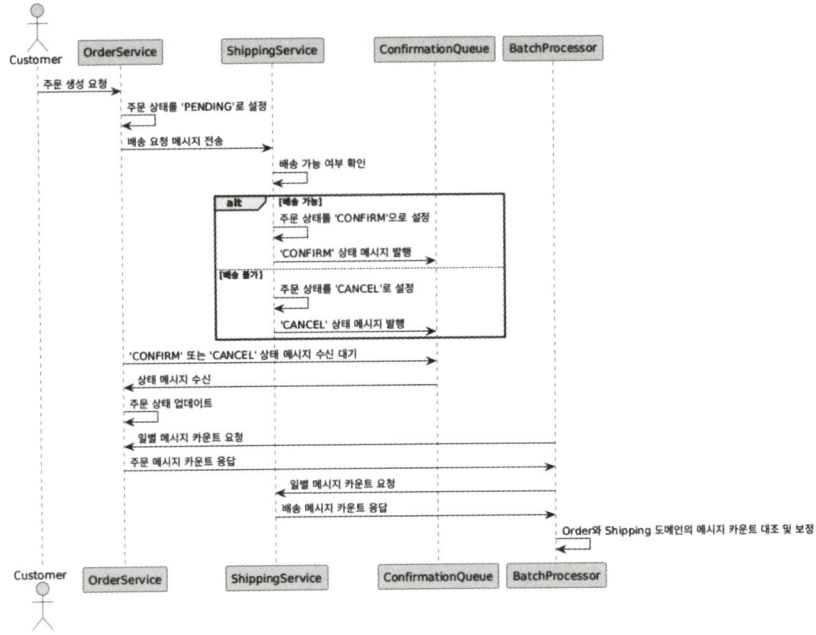

그림 9-2 챗GPT를 활용한 PlantUML 시퀀스 다이어그램

문서 작업도 마찬가지다. 구글에서 제미나이의 캔바스 사용법이나 클로드 시각화 프롬프트 등을 검색해서 그대로 사용하면 굉장히 수준 높은 결과물을 얻을 수 있다. 물론 유료 모델 여부에 따라 차이가 있겠지만 번거로운 작업들을 AI 도구를 활용해 효율적으로 처리할 수 있다는 점이 중요하다. 또한 개발자는 AI를 활용해 코드 작성 속도를 높이고, AI 기반 코드 리뷰 도구를 통해 품질을 향상시킬 수 있다. 이미 시장에 다음과 같은 업무 자동화 워크플로 도구들이 나오기 시작했다.

- **Make** (https://www.make.com)
- **n8n** (https://n8n.io)

이런 자동화 도구로 문서 작성이나 테스트, 배포 등의 프로세스도 변화하게 될 것이고 코드를 push하면 자동으로 코드 스타일과 사이드 이펙트들을 분석하는 코드 리뷰도 이뤄지게 될 것이다. 실제 Github Action를 사용해서 PR을 올리면 코드 리뷰가 자동으로 이뤄지는 도구[2]가 이미 존재한다. 코드 퀄리티는 물론 버그나 생산성에 있어서 이런 도구들이 활발히 도입되면 기존에 두 세명이 해오던 업무를 혼자 더 빠르고 정확하게 수행할 수 있게 된다.

당연히 테스트 자동화도 이뤄질 수 있고, 범용 솔루션이 가진 한계들을 극복한 '기업 업무에 최적화'된 AI 도구를 활용해 사람이 하던 업무를 대체하고 핵심 업무에만 집중하게 됨으로써 생산성의 극대화가 이뤄지리라 전망할 수 있다.

9.3 AI 도구 튜터링을 활용한 개발자 학습과 성장

AI 도구를 잘 활용하면 이력서의 초안 작성이나 첨삭 같은 일들을 요청할 수 있다. 가령 "너는 20년 차 기술 면접관이고, 서류 검토 과정에서 주니어 개발자인 나의 이력서를 보고 첨삭을 해주고 있어. 내 이력서를 점검해서 간결하게 수정해주고 강조하면 좋은 문장을 더 나은 표현으로 변경해줘"라고 명령어를 던지면 첨부한 파일을 가지고 해당 명령을 수행해내는 것을 확인할 수 있을 것이다.

물론 면밀히 검토하고 추가로 수정하는 것은 스스로 해야 할 일이지만 여러 번의 시행착오를 거쳐 질문을 정제하다 보면 분명히 초기 버전과는 다른 양질의 문장들을 획득할 수 있을 것이다. 이른바 AI 이력서 첨삭 서비스, AI 기술 면접

---

[2] https://www.coderabbit.ai

관의 모의 면접 서비스, 코딩 테스트 튜터 등의 역할을 AI 도구에게 부여함으로써 채용 전반에 걸친 컨설팅을 받을 수 있다.

이력서 가독성 등 문장 개선은 물론 AI에게 면접관의 역할을 부여해 질문과 답변을 번갈아 주고받을 수 있게 훈련할 수 있다. 물론 내 답변에 대한 피드백까지도 받아볼 수 있다. 그러나 대체할 수 없는 것도 당연히 존재하므로 이 부분은 개인적인 노력으로 보완해야 한다. 대표적으로는 면접관과 함께 자리에서 풀어보는 라이브 코딩 테스트나 특정 상황에서의 시스템 설계 방식에 대한 지식은 현장에서 설명하면서 진행하기에 사전에 미리 훈련해두지 않으면 문턱에서 좌절을 맛볼 수 있다.

AI 도구 추천

현재 가장 사랑받는 AI 도구들은 다음과 같다. 대부분 유료인데다, 개인적인 성향도 다를 것이므로 가급적 직접 사용해보고 난 뒤 결정하길 추천한다.

- **챗GPT**(https://chatgpt.com): 개인적으로 가장 많이 쓰고 있는 도구로 질문에 대한 추론이나 코드 결과물이 중간 정도 이상의 퀄리티를 보인다.
- **퍼플렉시티**Perplexity(https://www.perplexity.ai): 자료 조사에 탁월하고 코드는 챗GPT와 비슷한 수준이다. 다만 현재 기준으로 응답 분량이 챗GPT보다 떨어진다. 따라서 더 자세한 내용을 얻어야 한다면 챗GPT를 먼저 쓴 뒤, 세부적인 결과 비교 용도로 사용하는 편이다.
- **클로드**Claude(https://claude.ai): Cursor AI와 같은 AI 개발 툴에서 코드를 생성할 때 가장 많이 참조하고 있는 도구로, 코드 작성 능력이 탁월하다. 알고리즘과 같은 정해진 코드는 토큰 낭비이므로 가급적 무료 도구로 확인하고, 수정이나 높은 정확도가 요구되는 코드에 활용하는 편이 더 나을 것이다.

이 같은 도구들을 통해 다양한 훈련을 할 수 있다. 다음은 좀 더 구체적인 활용법인데, 요즘 핫한 딥시크^{DeepSeek}를 포함한 여러 AI 도구들에게 질문하여 정리한 결과물이다.

학습 단계에서 AI 활용

AI 도구를 활용하여 기술 스택을 빠르게 학습하거나 개념을 이해하는 데 도움을 받을 수 있다.

- **특정 개념 이해 및 코드 예제 생성**
  - **질문 예시**: "파이썬에서 데코레이터(decorator)가 무엇인지 설명해주고, 간단한 예제 코드를 보여줘."
- **오류 해결 및 디버깅**
  - **질문 예시**: 오류가 난 부분의 코드나 메시지를 입력한 뒤 "이 코드에서 'NullPointer Exception'이 발생하는 이유와 해결 방법을 알려줘."
- **학습 로드맵 설계**
  - **질문 예시**: "스프링 부트를 기초부터 학습해서 쇼핑몰을 구축하려고 해. 한 달 동안 공부할 로드맵을 만들어줘."

학습 단계에서는 원하는 주제를 포괄적으로 묻는 것보다, 세밀하게 조정해서 핵심만 질문하는 것이 좋다. 코드 이해 수준이 어느 정도 갖춰져 있어야 학습할 때 의미가 있으므로 기초 문법부터 AI 도구를 통해 학습해보고 따라하기 형태로 실습해야 효과가 증대된다. 예를 들면 "vue.js를 통해 간단한 로그인 화면을 만들어보고 싶어. 아무 지식이 없는 상태에서 vue.js 문법을 배우고 HTML 파일을 작성해서 로그인 화면을 만들 수 있는 학습 커리큘럼을 작성해줘. 학습 단위는 1일 4시간으로 계획해줘." 이렇게 질문하면 다음과 같은 결과물을 보여준다.

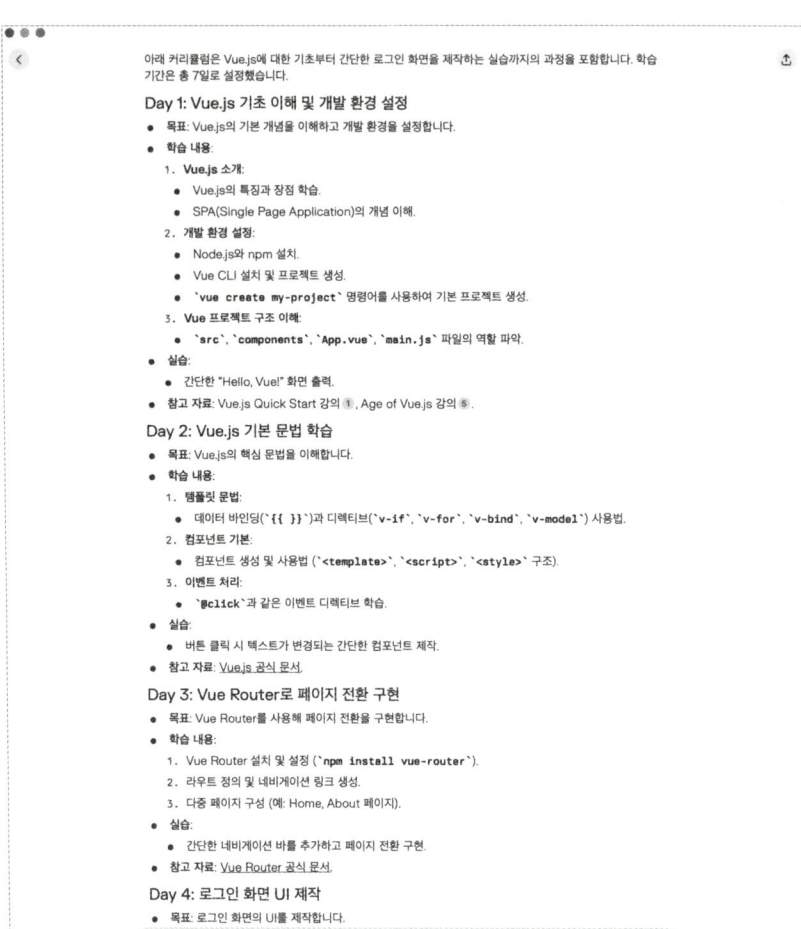

그림 9-3 퍼플렉시티의 답변 화면

이 내용을 토대로 Day 1의 내용을 실습할 수 있도록 설명해달라고 입력하면 실제 1일 차에서 학습할 수 있는 예제 코드들을 설명과 함께 보여준다. 목차를 뽑고, 나에게 맞는 수준으로 수정한 뒤, 1단계부터 진행하는 식으로 활용하면 충분히 원하는 지식을 습득할 수 있을 것이다.

기술 면접 준비 단계에서 AI 활용

AI 도구를 활용하여 관심 있는 분야의 세부 기술 질문들을 훈련할 수 있다. 이런 연습을 통해 문제 해결 능력을 키우고, 예상 질문을 시뮬레이션해보며 실전과 다름없는 경험치를 쌓을 수 있을 것이다. 물론 직접 대면으로 진행하는 상황과는 다르기 때문에 여유가 된다면 멘토링 등을 통해 모의 면접을 같이 병행하면 더욱 좋은 결과를 얻을 수 있을 것이다. 다음 사용법 예시들을 참고하자.

- 코딩 테스트 연습
  - **질문 예시**: "LeetCode Medium 난이도의 배열(Array) 문제를 출제해줘."
- 알고리즘 및 자료 구조 설명
  - **질문 예시**: "BFS와 DFS의 차이점을 설명하고, 각각의 시간 복잡도를 알려줘."
- 시스템 설계 질문 대비
  - **질문 예시**: "URL 단축 서비스를 설계하는 과정을 단계별로 설명해줘."

먼저 관심 분야에 맞는 질문을 한 뒤, 세부적인 2차 질문을 하며 꼬리 물기 질문에 대비할 수 있을 것이고, 특정 분야에 대한 모의 면접을 진행하자고 역할을 부여한 뒤 피드백을 요청할 수도 있을 것이다. 예를 들면 "Spring Boot와 RabbitMQ에 관한 모의 면접을 진행해줘. 내가 답변하면 피드백을 줘."라고 작성하거나 음성 인식을 통해 실제 면접을 보듯 진행한 뒤 본인의 부족한 지식이나 잘못된 내용을 피드백을 통해 개선할 수 있다. 주의할 점은 앞서 설명한 것과 마찬가지로 AI 도구의 환각 작용을 최소화하기 위해서는 사전에 프롬프트 설계부터 결과물에 대한 후처리 및 검증 작업까지 여러 단계에서 주의가 필요하다. 적어도 한 번은 직접 돌려 보고 제대로 된 코드인지, 속도 측면에서 결점은 없는지 크로스 체크하고 반드시 공식 출처나 검증 가능한 방법을 같이 근거로 제시 받아 해소해야 한다.

인성 면접 준비 단계에서 AI 활용

인성 면접은 지원자의 태도, 협업 능력, 문제 해결 방식을 평가하는 단계이기 때문에 정답이 없을 때가 많아서 좀 더 구체적인 상황을 만들어서 질의해야 한다. 추상적인 답변이 나오는 이유는 질문이 구체적이지 않기 때문이므로 여러 번의 수정을 통해 원하는 수준의 답을 도출해내야 한다. 다음 예시를 살펴보자.

- 예상 질문 리스트 생성
    - **질문 예시**: "주니어 개발자에게 자주 묻는 인성 면접 질문 10가지를 알려줘."
- 답변 피드백 받기
    - **질문 예시**: "팀 프로젝트에서 갈등이 발생했을 때 어떻게 해결했는지에 대한 답변을 작성했어. 이 답변을 STAR 기법을 통해 더 효과적으로 수정해줘."
- 서류를 바탕으로 한 질문과 답변
    - **질문 예시**: 개인 정보는 삭제한 후 서류를 업로드하여 "서류를 바탕으로 인성 면접 질문을 해주고 적절한 대답을 나의 경험 안에서 찾아서 제시해줘"라고 입력해보자.
- 스토리텔링 연습
    - **질문 예시**: "실패한 프로젝트 경험을 바탕으로 성장한 점을 설명하는 스토리를 만들어줘."

AI 도구들을 사용할 때 가장 중요한 것은 꾸준함과 피드백 반영, 잘못된 정보는 필터링해서 정제하는 자세이다. 월 20달러 정도의 비용으로 개인 면접관이나 커리큘럼을 짜주는 멘토로 만들어서 쓸 수 있다는 점은 매력적이지만, 잘못된 정보를 학습한다거나 꾸준하게 훈련하지 못한다면 되려 독이 될 가능성도 있으므로 모든 부분은 철저하게 검증해야 한다. 올바른 활용 방법을 숙지한다면 좋은 도구라는 것을 느낄 수 있지만, '인풋이 명확해야 아웃풋도 명확하게 나온다'라는 사실을 이해하고 활용해야 할 것이다. 또한 하루가 멀다고 쏟아져 나오는 도구 중에 무엇이 본인에게 필요하고 적합한지 판단하여 활용하는 게 중요하다.

INDEX

3 tier 199
4L 327
5 Why 1 How 299

가상화 209
가중 라운드 로빈 252
고가용성 253
관심사의 추상화 265
그라운드 룰 294
그리디 168
기술 부채 317
깃랩 65
깃 프로필 제너레이터 110

논블로킹 189

다이나믹 가중 라운드 로빈 252
다익스트라 168
대칭 키 166
데드 락 187
데이터독 217
도커 103, 186, 209
동기 190
동시성 187, 193
딥시크 343

라우팅 204
라운드 로빈 246
래빗MQ 39, 209, 267, 269
레디스 39
로그 시간 복잡도 171
로드 밸런서 247
로드 밸런싱 250
리버스 프록시 188, 253
리본 253
리스트 커넥션 252
리트코드 128
리팩터링 77
리플리케이션 204

마이그레이션 194
마이크로서비스 아키텍처 188
메모리 캐시 202
메시지 브로커 209
메시지 브릿지 266
메시지 큐 180
멤캐시드 238
모놀리스 260
모놀리식 202
모듈 202
모듈 번들러 64

바레이저 41
백트래킹 168

범위 샤딩 243
병렬성 187, 193
분산 버전 관리 시스템 179
분산 트랜잭션 261
분할 정복 159
블로킹 189
비대칭 키 166
비동기 190
비동기 아키텍처 186
비정규화 195
빅오 170

사이드 이펙트 202
상수 시간 복잡도 171
상호운용성 265
샤딩 207
샤딩 키 245
서드 파티 56
서버리스 209
서번트 리더십 292
서비스 디스커버리 259
서비스 메시 209
서킷브레이커 261
선입선출 139, 152
선형 로그 시간 복잡도 171
선형 시간 복잡도 171
성장 마인드셋 324
세션 스토리지 188
세션 피너링 253
소스포비아 202

찾아보기 **347**

INDEX

소프트 스킬 124
수직 확장 270
수평 확장 247, 270
스레드 187
스레드간 경쟁 조건 162
스레드 컨텍스트 스위칭 193
스레드 풀 193
스웨거 276
스카우터 217
스케일 아웃 270
스케일 업 247, 270
스크리닝 41
시간 복잡도 144, 155
시퀀스 다이어그램 107

애자일 회고 323
액티브MQ 269
엔터티 123
엔트리포인트 261
역정규화 195
우선순위 큐 151
웹 소켓 209
유지보수성 315
의사코드 167
이벤트 드리븐 261
이벤트 소싱 209
이진 트리 168
이차 시간 복잡도 171
인덱스 설계 195
인-메모리 캐싱 238
인터셉터 188

인프라스트럭처 337

자기 조직화 290
재귀적 157
정규화 195
제니퍼 217
제로MQ 269
제미나이 84
지수 시간 복잡도 171

챗GPT 84, 342
초당 요청 쿼리 수 234
최소 기능 제품 313

카디널리티 225
카이젠 298
카프카 39, 209
캐시 레이어 247
캐싱 196
커넥션 풀 220
컨테이너화 209
컬처 핏 41, 285
코딜리티 128
콘웨이의 법칙 203, 261
쿠버네티스 103, 180, 209
큐 138
클라우드 네이티브 애플리케이션 209

클로드 84, 343
클론 111
클린 코드 77

테이블 파티셔닝 192, 195
트랜잭션 격리 레벨 187
트랜잭션 락 187
트레이드오프 204
트리 188

파티션 키 195
퍼플렉시티 84, 342
페이드아웃 196
페이지 교체 알고리즘 160
포카요케 298
포크 111
포크-조인 194
폴리글랏 56
풀 리퀘스트 110
풀스택 56
프로젝트 오일러 129
프록시 188
프롬프트 엔지니어링 212
피크 뷰 218
핀포인트 217
필터 188

하드 스킬 124

해시 기반 샤딩 245
해시 맵 188
해시 테이블 188
해싱 알고리즘 208
해커랭크 128
회문 129, 132
후입선출 139, 142
힙 154, 188

Abstraction of concerned 265
Access Control List 254
ACID 207
ACL 254
ActiveMQ 269
Advanced Message Queuing Protocol 266
AES 166
aggregation 249
Agile Retrospective 323
AMQP 266
ANSI-SQL 67
API 게이트웨이 50, 249
APM 217
ArgoCD 208
asymmetric key 166
asynchronous 190, 265
Authentication 249
Authorization 249
awk 207

Babel 64
Backpressure 210
Backtracking 171
BFS 150, 168
Big-O 144
Binding 267
blocking 189
B TREE 228
Bubble Sort 171

Cardinality 228
CDN 199, 208
Circuit Breaker 210
clone 111
CoC 304
Composite Key 188
concurrency 193
Consumer 181, 265, 266
contributing 110
CORS 188, 208
CQRS 209
CSS 327
curl 207

Data Flow Diagram 107
DAU 270
dead lock 187
DES 166
DevOps 36
DFD 107
DFS 150, 168
DI 188
Direct Exchange 268
Distributed Version Control System 179
DNS 199
Docker 103
DP 168
DRY 303
DSL 67
Dynamic Weighted Round Robin 252

Ehcache 238
ELB 247
entity 123
ERD 66, 338
ESB 200
Event Bus 258
Exchange 267
Exhaustive Search 171
EXPLAIN 228
EXPLAIN Join Types 229
Explicit Error Handling 303

F

failover 179
Fanout Exchange 268

찾아보기 **349**

INDEX

FIFO **139**
find **207**
Foreign Key **188**, **237**
fork **111**
fork-join **194**

Git-Flow **179**
Gitlab-Flow **179**
GoF **209**
Graceful Degradation **210**
grep **207**
grind75 **128**, **331**
gRPC **208**

HAProxy **247**, **253**
hashing **240**
Header Exchange **268**
heap **154**
Heap Sort **171**
Hibernate **67**
High Availability **240**
horizontal partitioning **240**

I

IC **321**
Immutable **188**
Individual Contributor **321**
InfluxDB **207**
Insertion Sort **171**

Instrumentation **210**
Interoperability **265**
IoC **188**
I/O 멀티플렉싱 **264**
IP Hash **252**
iteration **323**

Jasypt **312**
JConsole **217**
JMeter **216**
JPQL **188**
JUnit **147**
JWT **188**, **208**

Key-based Sharding **245**
kill **207**
KPT **327**
Kubernetes **103**

L4 로드 밸런서 **251**
L7 로드 밸런서 **251**
learning curve **315**
least connections **252**
Least Frequently Used **160**
Least Recently Used **160**
Least Response Time **252**
LFU **149**, **160**
LIFO **139**, **142**

Linear Search **171**
load balancer **247**
Loose Coupling **303**
LRU **149**, **160**
lsof **207**

Markdown **98**
Master **204**
MD5 **166**, **208**
Memcached **238**
Merge Sort **171**
Message Brokers **209**
message queue **202**
Metric **210**
MFA **64**, **70**
Micro-Frontend Architecture **64**
MicroService Architecture **64**, **186**
migration **194**
Mission-Critical **38**
mocking **218**
monolithic **202**
MQ 프로토콜 **266**
MSA **50**, **247**
MST **168**
multi thread **191**
Mutable **188**
MVP **313**, **338**
MyISAM **228**

network latency 191
NFR 213
nGrinder 216
non-blocking 189
Non-Functional
Requirements 213

OAuth 188, 208
OAuth2.0 107
OOP 185, 209
Optimal Pool Size 235
ORM 67, 207
OSI 251
OWASP 208

palindrome 129
parallelism 193
peak view 218
pipes 207
PM 321
POSIX 207
Primary 204
Primary Key 188, 237
Producer 181
Product Owner 323
Program Manager 321
pseudo-code 167
Publisher 267

Pub/Sub 113
pull request 110
PYPL 62

QPS 220
Quata 249
QueryDSL 188
Queue 138, 267
Quick Sort 171

R

RabbitMQ 39
Race Condi-tion 162
Range Sharding 243
Rate Limiting 249
Recursive 157
Reliability 265
replication 204
RestTemplate 191
Ribbon 253
routing 204
Routing Key 267
RSA 166

S

Scalability 265
scale-out 196, 247
scale-up 247
Screening 41

Secondary 204
Secrets Management 312
sed 207
Selection Sort 171
self-organization 290
SEO 70
Sequelize 67
Sequence Diagram 107
servant leadership 292
Server Sent Events 209
Server-Side Rendering 64
service discovery 259
session storage 188
SHA 208
SHA-1,2 166
SHA-256 166
Simple Queue Service 181
Single Entry Point 250
Single Page Application 64
Single Responsibility
Principle 303
Slave 204
SOA 209, 258
SOAP 200, 208
Software Development
Engineer(SDE) 321
software maintenance 315
SonarQube 319
SPA 64
Spock 147
Spring Vault 313
SQLAlchemy 67

SQS 181
SRE 36
SRP 303
SRS 213
SSE 209
SSG 70
ssh 207
SSL/TLS 208
SSL 오프로딩 253
SSR 64
Stack 138
STAR 기법 286
Static Site Generation 70
stderr 207
stdin 207
stdout 207
Swagger 276
symmetric key 166
synchronous 190

tail 207
TC 332
TCP 251
TDD 65
Technical Manager 321
Technical Program Manager(TPM) 321
Telemetry 210
Testability 303
Throttling 210

TIL 95, 329
time complexity 144
Token 188
Topic Exchange 268
total compensation 332
TPS 219, 220
transaction 187
TRUNCATE 188

UDP 251
upstream 254

vertical partitioning 240
virtual IP 240
Virtual User 221
VisualVM 217

WebClient 191
WebFlux 191
Webpack 64
weighted round robin 252
wget 207
WIW 327, 328

XSS 188